Lillian Firestone

Die vergessene Sprache der Kinder

Lillian Firestone

Die vergessene Sprache der Kinder

Kreativität, Mut und Achtsamkeit gemeinsam entdecken

Aus dem Englischen
von Helga Jacobsen und
Robert Cathomas

Chalice Verlag

Die Originalausgabe erschien
2010 bei Indications Press, New York City, NY, USA,
unter dem Titel *The Forgotten Language of Children*

Deutsche Erstausgabe

Umschlagbild und Frontispiz:
Adobe Stock / Noam / Mykola Velychko
Buchgestaltung: Robert Cathomas
Herstellung: BoD – Books on Demand GmbH
Printed in Germany

ISBN 978-3-942914-37-6

Inhalt

LILLIAN FIRESTONE

Liegt Ihnen das Wohl Ihrer Kinder am Herzen, sollten Sie zunächst um Ihr eigenes Wohl besorgt sein. Denn wenn Sie sich wandeln, werden sich auch Ihre Kinder wandeln.

George I. Gurdjieff

Während meiner Arbeit mit den anderen Kindern lernte ich, einen Nagel mit einem Hammer einzuschlagen, eine Mauer zu verputzen, zu sägen, Leitungen zu verlegen, Löcher zu bohren, zuzuhören, stillzusitzen, zu beobachten, zu lauschen, zu sehen... Ich begriff, dass ich etwas zu sagen hatte, dass es viele unterschiedliche Aspekte in mir gab, dass es in Arizona aus dem Nichts heraus zu regnen beginnt, dass der Ausblick von den Bergen in Montana einer der schönsten auf der ganzen Welt sein muss und dass ich Amerika nicht kannte, bis ich ihn gesehen habe – und dass genau das auch auf mich zutraf.

Chris, eines der Kinder

Ermutigen Sie die Kinder, eigenständig zu denken und keine Angst zu haben.

Jeanne de Salzmann

Das Einzige, was im Leben zählt, sind die Anstrengungen.

George I. Gurdjieff

DIE VERGESSENE SPRACHE DER KINDER

Vorwort

von Tenzin Robert Thurman

INDEM LILLIAN FIRESTONE UNS AN DIE VERGESSENE SPRACHE der Kinder erinnert, macht sie uns ein wunderbares Geschenk – irgendwie sind wir ja noch immer Kinder, zumindest wenn wir uns wirklich anstrengen. Sie lässt in diesem Buch die erstaunliche Arbeit wieder aufleben, die Madame de Salzmann* in den 1960er-Jahren begonnen hatte und die von der Autorin und ihren Kolleginnen und Kollegen anschließend über Jahrzehnte hinweg fortgeführt wurde. Es handelte sich um eine nebenberufliche Gruppenarbeit, gedacht als Ergänzung zur regulären Erziehung der Kinder in jener besonderen Gemeinschaft von Schülerinnen und Schülern des sogenannten »Werks« oder »der Arbeit« – des bewussten Praktizierens eines evolutionären Lebens, wie es vom spirituellen Lehrer George I. Gurdjieff** vermittelt worden war.

Wenn ich hier Kapitel um Kapitel die Welt dieser Kinder betrete und mich in ihre Zeit zurückversetze, räumen sie mir einen Platz unter sich ein und ich erhalte die Aufmerksamkeit, an der es mir in meiner eigenen Kindheit schmerzlich gefehlt hat. Ich genieße den festen und zugleich liebenswürdigen Realismus der Erwachsenen,

* Jeanne de Salzmann (1889–1990) war eine der wichtigsten Schülerinnen von George I. Gurdjieff, den sie bereits als junge Frau in Georgien kennenlernte und bis zu seinem Tod im Jahr 1949 eng begleitete. Die in der Schweiz und Frankreich aufgewachsene und bei Émile Jacques-Dalcroze ausgebildete professionelle Tänzerin wurde von Gurdjieff insbesondere damit betraut, seine Tanzübungen, die sogenannten »Bewegungen« (*movements*), zu unterrichten. Sie tat dies zunächst unter seiner direkten Führung und nach seinem Tod weltweit in verschiedenen Gurdjieff-Zentren. Ihre eigenen detaillierten Aufzeichnungen über die Gurdjieff-Arbeit sind unter dem Titel *Die Wirklichkeit des Seins – Der Vierte Weg Gurdjieffs* im Chalice Verlag erschienen [Anmerkung der Übersetzer].

** Georg Iwanowitsch Gurdjieff (1866–1949) war der vielleicht einflussreichste und – was seine Herkunft, seine Methoden und seine Mission betrifft – der wohl mysteriöseste spirituelle Lehrer des zwanzigsten Jahrhunderts. Die Wirkung seiner einzigartigen Lehre auf moderne spirituelle Bewegungen wie auch auf bestimmte Bereiche der Psychologie war einschneidend und nachhaltig. Auch seine Kritiker gestehen dieser höchst charismatischen Figur ein eindrückliches Wissen über die menschliche Psyche zu, dessen Quellen teilweise im Dunkeln liegen, aber die inspirierenden Herausforderungen, mit denen sie die Kinder konfrontierten, und das reiche Spektrum an Erfahrungen, welche behutsam für sie angelegt wurden. Diese Kinder wurden ernstgenommen, von Beginn an als vollständige Menschen wertgeschätzt und respektiert für ihre angeborenen Begabungen, deren Entwicklung gleichzeitig geschickt unterstützt wurde. Es lässt mich an die »Umerziehung« denken, die mir glücklicherweise in meiner fröhlichen »zweiten Kindheit« in meinen Zwanzigern zuteilwurde, als ich von meinem Freund und spirituellen Lehrer, dem ehrwürdigen mongolischen Lama Geshe Wangyal,* nochmals alles von Neuem lernen durfte. Der Strom seiner Lehren aus dem Tibet entsprang vielleicht derselben Quelle, aus der auch die Lehren Gurdjieffs stammen.

Die in diesem Buch beschriebene Arbeit mit Kindern war natürlich nur eine Ergänzung zu deren Besuch der herkömmlichen Schulen. Aber wie notwendig diese Ergänzung war! Ihre Eltern hatten das Glück, Mitglieder einer besonderen Gemeinschaft zu sein, die sich der Arbeit rund um das Erwachen aus unserer mechanischen Routine-Existenz widmete. Ihnen wurden Methoden beigebracht, mittels derer ihr Herz geöffnet und stereotypisches Reagieren durch wahres Wissen ersetzt wurde. Gurdjieff hatte es immer vermieden, Kinder einer formellen Lehre auszusetzen, die ihnen wie eine Art Indoktrinierung hätte vorkommen müssen. Er war sich bewusst, dass es bei Kindern, die in der Gegenwart achtsamer

deutliche Verwandtschaft zu nahöstlichen Lehren wie etwa dem Sufismus oder der Gnostik aufweisen. Mit schockierender Deutlichkeit zeigte er, dass das Selbstbild des modernen Menschen als ein freies, willensstarkes, vernunftgesteuertes und psychisch unabhängiges Wesen zu großen Teilen auf einer Selbsttäuschung beruht. Gurdjieffs Lehren des sogenannten Vierten Weges, er selbst bezeichnete sie als »esoterisches Christentum«, sollten den Schüler oder die Schülerin durch intensive »Arbeit an sich selbst« in die Lage versetzen, diese Ganzheit auch wirklich zu erlangen. Zu seinen engsten Studenten und Exponenten zählten neben Jeanne de Salzmann der russische Mathematiker und Schriftsteller P.D. Ouspensky (1878–1947), der russische Komponist und Pianist Thomas de Hartmann (1885–1956), der schottische Psychiater und Autor Maurice Nicoll (1884–1953) sowie der englische Universalgelehrte, Mathematiker und Philosoph John G. Bennett (1897–1974) [A.d.Ü.].

* Geshe Wangyal oder Ngawang Wangyal (1901–1983) war ein kalmückischer Mongole und hoher Gelugpa-Mönch und gilt als Amerikas erster Lehrer des tibetischen Buddhismus. Er war ein Schüler von Agvan Dorzhiev (1854–1938), dem diplomatischen Vertreter des dreizehnten Dalai Lamas. Im Jahr 1958 erhielt er vom vierzehnten Dalai Lama die besondere Erlaubnis, Amerikas ersten Tempel des tibetischen Buddhismus in New Jersey zu gründen [Quelle: Wikipedia].

Eltern aufwachsen, die an sich selbst arbeiten, um in allen Dingen möglichst bewusst bleiben zu können, einfach darum gehen musste, ihnen ihre Freiheit zu geben und die Ermutigung, ihre eigene Spontanität hervortreten zu lassen, ihre Selbstsicherheit und ihren Mut zu finden und ihre Sensibilität und ihre Fähigkeiten zu verfeinern. Vor allem ging es darum, die Kinder sich selbst finden zu lassen, sie »als sie selbst« leben zu lassen, ihnen ihre Einzigartigkeit zu Bewusstsein zu bringen und sie nicht in vorbestimmte Förmchen von Gebrauchsgegenständen zu pressen, die dem Erhalt der eingeengten Lebensweise unserer Industriegesellschaft dienten.

Anlässlich der Verleihung eines Ehrentitels an der Columbia University in New York bemerkte Seine Heiligkeit der Dalai Lama, wie wichtig Bildung sei, wie geehrt er sich fühle und so weiter und so fort. Doch dann, und das wird mir unvergesslich bleiben, erklärte er derart kraftvoll, als wolle er die Steinsäulen der Memorial Library durchbohren: »Und dennoch bereitet es mir Sorgen, dass die moderne Bildung, der Sie sich hier verschrieben haben, nur dazu dient, ein kluges Gehirn auszubilden, aber kein gutes Herz. Ein kluger Kopf ohne ein kluges Herz reicht nicht; tatsächlich kann er sogar gefährlich sein für sich selbst und für andere.« Die versammelten Würdenträger nickten zustimmend, doch irgendeine Veränderung im Lehrplan konnte ich in der Folge nicht erkennen.

Dieses tiefgründige und außerordentliche Buch erinnert uns an die vergessene Sprache der Kinder. Es ist von unschätzbarem Wert für jeden und jede von uns, die wir nur allzu leicht den Kontakt zu unserer kindhaften Offenheit für den gegenwärtigen Augenblick verlieren. Mit dem liebevollen Zauber und der Leichtigkeit ihres Stils vermittelt die Autorin hier die Direktheit, den Fluss und die Eleganz dieser Ausdrucksweise von Kindern und ermöglicht es uns, unsere eigene tiefere Sprache wiederzugewinnen, uns an uns selbst zu erinnern und dem Ehre zu zollen, was im Alltag das Allerwichtigste ist. Ich habe dieses Buch mit Vergnügen gelesen und bin dankbar, es Ihnen als einen kostbaren Schatz vorstellen zu dürfen.

Woodstock, New York, 5. Oktober 2009

Tenzin Robert Thurman (geboren 1941) ist ein US-amerikanischer buddhistischer Autor und Übersetzer sowie einer der bekanntesten akademischen Vertreter des Buddhismus in den Vereinigten Staaten. Er ist Je-Tsong-Khapa-Professor für Indo-Tibetische Buddhistische Studien an der Columbia University, New York, und Vater der Schauspielerin Uma Thurman.

Vorbemerkung einer Psychiaterin

von Risa Levenson Gold

GURDJIEFFS VORSTELLUNGEN VON DER ERZIEHUNG VON KINdern stimmen mit dem Wissen und dem Verständnis der heutigen Psychiatrie vollständig dahingehend überein, wie mit Kindern zu arbeiten ist, um ihre Integrität, ihre Ethik und ihre Denk- und Entscheidungsfähigkeit zu schützen und zu entwickeln. Mittels der Technik des offenen Fragens versucht die Kinderpsychiatrie, den Kindern einen Spiegel vorzuhalten, in dem sie sich selbst wahrnehmen können. Gurdjieffs Arbeit mit Kindern macht genau dasselbe.

Dieses Buch ist eine praktische Anleitung für eine achtsame und nährende Haltung gegenüber jungen Menschen. Es geht darum, sie mit ihrem inneren Selbst zu verbinden. Dieser Ansatz bringt den Kindern eine Erfahrung, die durch Freude, Lebendigkeit und Wahrhaftigkeit gekennzeichnet ist – allesamt unmissverständliche Früchte dieser Methode.

Da ich selbst das Glück hatte, diese einzigartige Vorbereitung als Kind und Teenager erleben zu dürfen, konnte ich als Erwachsene diese Ideen für meine eigene Arbeit neu entdecken. Sie sind eine unschätzbare Vorbereitung für einen echten Beitrag an die Welt vonseiten des Selbsts.

November 2009

Risa Levenson Gold ist die Tochter der Autorin Lillian Firestone und Assistenzprofessorin für Psychiatrie am Columbia University College of Physicians and Surgeons, New York.

Dank

VIELE MENSCHEN HABEN MIR BEIM SCHREIBEN DIESES MANUskripts geholfen und ich stehe tief in ihrer Schuld. Meine eigenen Kinder, Risa Levenson Gold, Christopher Stretson Boal und Mark Boal, erzählten mir von ihren Erlebnissen und verschafften mir so einen Einblick in eine Wirklichkeit, die für mich ansonsten unsichtbar geblieben wäre. Für ihre schriftlichen und mündlichen Berichte danke ich allen, die an dieser Arbeit mitgewirkt haben. Unter den von uns betreuten Kindern, die sich später die Zeit genommen haben, mir zu schreiben, waren Doug, Ellen, Judy, Irene, Margery, Alan, Carson, Alicé, Pamela, Paul und Jim. Ausschnitte aus ihren Berichten habe ich an verschiedenen Stellen zitiert.

Ich danke meinem geduldigen ersten Herausgeber, Fran Shaw, der mir half, mich der Flut des Materials zu stellen, das in eine sinnvolle Reihenfolge zu bringen anfangs unmöglich schien. Roger Lipsey war eine nie versiegende Quelle der Ermutigung. Ich will auch Margo Becker, Mikaela Chase, Margaret Chase, Debora Santos-Watts, Hane Selmani, Gary Strum, Nikita Ushakov, John Watts und anderen für ihre kontinuierliche Redaktionsassistenz danken. Zu Beginn waren es Elise Hazen Morales und Lynn Kriegbaum Agren, die mir bei diesem Projekt halfen, und am Computer stand mir Arni Rosenberg mit unschätzbarer Hilfe zur Seite. Jerry Needleman zeigte sich als loyaler Freund und unterstützte mich genauso wie Barry Saxe. Ich bitte diejenigen um Entschuldigung, die ich versehentlich zu nennen versäumt habe.

Dieses Buch wäre ohne die großzügige Hilfe von Mariluz Wiese Gonzales, Juan Diego Vasquez und Haik Pertossian nicht zustande gekommen.

Wie sehr ich George I. Gurdjieff, Jeanne de Salzmann und Michel de Salzmann zu Dank verpflichtet bin, wird für jede Leserin und jeden Leser offensichtlich sein.

Einführung

UNSERE BÜCHEREIEN SIND VOLL MIT TITELN ÜBER DIE SPIRItuelle Suche. Wesentlich weniger wissen wir aber darüber, wie Kinder so zu erziehen sind, dass sie ihre eigenen Fähigkeiten und den Mut, gemäß diesen zu leben, entdecken können. Mit genau dieser Aufgabe waren wir konfrontiert – eine kleine Gruppe von Erwachsenen, die in den frühen 1960er-Jahren in New York City eingeladen worden waren, mit Kindern zu arbeiten. Die Arbeit dieses Kinderteams, die für die folgenden zwanzig Jahre zum Mittelpunkt meines Lebens werden sollte, basierte auf den Ideen von George I. Gurdjieff. Unsere Herausforderung bestand darin, den Kindern eine spirituelle Lebenserfahrung zu ermöglichen, ohne sie jedoch hinsichtlich einer besonderen Lehre zu indoktrinieren.

Als Gurdjieff im Jahr 1912 in den Westen kam, brachte er ein Wissen mit, welches er sich im Laufe einer jahrzehntelangen Suche in den alten und mitunter verborgenen Überlieferungen des Ostens angeeignet hatte. Nach und nach bildete sich um ihn ein Kreis von Menschen, zu dem viele prominente Intellektuelle und Künstler jener Zeit gehörten, die für eine größere Verbreitung seiner Ideen sorgten. Diese Ideen übten in der Folge einen merklichen Einfluss auf unterschiedlichste Bereiche wie Psychologie, Musik, Physik und Mathematik, Theater und Film aus. Gurdjieffs Ansicht, dass der Mensch kein fertiges Wesen und dass eine Entwicklung seines Bewusstseins sowohl möglich als auch notwendig sei, inspirierte und prägte unter anderem die Human-Potential-Bewegung in den 1960er-Jahren.*

Seine besondere Aufmerksamkeit galt den Kindern, die ständig um ihn herum waren. Unaufhörlich widmete er sich ihrer Ent-

* Das Human Potential Movement entstand in den 1960er-Jahren in Kalifornien und ist mit dem Aufkommen der Schule der Humanistischen Psychologie verknüpft. Es basiert auf Theorien von Psychologen und Psychiatern wie Victor Frankl, Abraham Maslow, Fritz Perls und Carl Rogers, nach denen der Mensch über ein nicht ausgeschöpftes Entwicklungspotenzial verfügt, dessen Erschließung seine Lebensqualität verbessern und emotionale Ausgeglichenheit, Kreativität und Erfüllung ermöglichen könne [A.d.Ü.].

wicklung, gab ihnen Geschenke und stellte sie vor Herausforderungen. Am meisten beeindruckte sein uneingeschränkter Respekt für ihr Innenleben: für das, was die Kinder waren, und für das, was sie werden könnten. Gleichzeitig verbot er seinen Schülern, ihre Kinder mit seinen Ideen und Lehren zu indoktrinieren. Die Kinder sollten sich ihrer eigenen Fragen bewusst werden. Er wollte es ihnen ermöglichen, Erwachsene zu werden, die fähig sein würden, ihre eigenen Ziele zu verfolgen und ihre eigene Suche zu entwickeln. Kindern war es nicht erlaubt, an Lesungen, Diskussionen oder Meditationen teilzunehmen; all dies war ausschließlich den Erwachsenen vorbehalten, deren Persönlichkeit bereits geformt war und die sich aus ihren eigenen Gründen heraus seinem Kreis angeschlossen hatten. Gurdjieff sagte: »Ich habe keine Gruppen für Kinder, weil die Menschen [die zu mir kommen] über ausreichend Erfahrungen verfügen müssen und zunächst einmal verschiedene Dinge ausprobiert haben sollten, von denen sie enttäuscht wurden.«

Stattdessen organisierte Gurdjieff besondere, den Kindern angepasste Aktivitäten, die sowohl deren physische und emotionale Seiten als auch deren Verstand entwickeln sollten. Sein Ziel war es, dass sie »ihr eigenes Wesen wurden«, von innen heraus gelenkt und fähig, die Wirklichkeit von der Welt der Erscheinungen und Träume, in der wir alle leben, unterscheiden zu können.

Gurdjieff lehrte auf eine indirekte Art. So erzählte er etwa eine Geschichte, die auf eine subtile Weise etwas mit der zu erörternden Frage zu tun hatte, oder er gab der einen Person eine Antwort, welche in Tat und Wahrheit jedoch für jemand anderes bestimmt war. Er bediente sich Erzählungen, um Ideen zu vermitteln, Geschichten über Menschen, die sich einem Dilemma gegenübergestellt sahen, Geschichten mit sonderbaren, heldenhaften oder unerwarteten Auflösungen.

Indem er mit diesen Erzählungen indirekt neue Ideen vorstellte, konnten sich die Kinder verschiedene Bedeutungen ausmalen. Eingebettet in seine Geschichten waren nützliche Anstöße, die von den Kindern nachgeahmt werden konnten – Freundlichkeit gegenüber Tieren, Humor, Mut, Einfallsreichtum, Gleichgültigkeit gegenüber Hunger und Kälte. Als Unterhaltung verkleidet brachten diese Geschichten wesentlich größere Fragen hervor. Die Helden in den Mythen und Märchen fragten: »Wer bin ich?« und »Warum bin ich hier?«

Angesichts solcher Fragestellungen sieht der normale Verstand ein, dass er die Antwort nicht kennt, und verstummt. In dieser Stille kann sich ein neues Verständnis einstellen. Als wir mit den Kindern arbeiteten, wurde uns immer wieder offenbar, dass es die *Frage* ist, die hilft, das Verstehen zu vertiefen, nicht die Antwort. Wir überlegten uns: Was hat diese Frage ausgelöst? Woran glaubt das Kind bereits? Wie kann ich es schaffen, die Antwort dem Fragesteller oder der Fragestellerin selbst zu entlocken?

Manchmal konnte es ganz einfach sein. Ein Kind fragte beispielsweise: »Warum ist das Gras grün?« Die erwachsene Person widerstand dann dem Impuls der Erklärung des Chlorophylls und stellte eine Gegenfrage, die zu einem Austausch führen konnte; beispielsweise: »Ist das immer so?« Es ging um den Ton, in dem die Frage gestellt wurde. Es musste sich eine Unterhaltung entwickeln, kein Test. Wie auch immer die Antwort des Kindes ausfiel, ob logisch, auf Halbwissen basierend oder drollig – der Antwort wurde Raum gegeben, weil die Antwort in jenem Moment den Zustand des kindlichen Verstehens widerspiegelte.

Die Verantwortung der erwachsenen Person lag nicht darin, sogleich den Sachverhalt der Grasfarbe darzulegen, sondern vielmehr in der Ermutigung des Kindes zu der Erkenntnis, dass eine Frage auf unterschiedlichen Wegen verstanden werden kann. Manchmal ist das Gras eben nicht grün – abhängig vom Licht und von der Tageszeit zeigt es sich in ganz unterschiedlichen Farben. Und welche Insekten bevölkern das Gras? Welche Farbe hat das Gras für sie? Eine Frage zu untersuchen, kann zu irgendeinem anderen Thema im Universum führen – wenn man der Versuchung widersteht, sofort die richtige Antwort parat haben zu wollen, und es dem Kind stattdessen ermöglicht, die Welt von seinem eigenen Standpunkt aus in all ihrer Verbundenheit und Vielfalt zu sehen.

Gurdjieff demonstrierte, dass die Herangehensweise sowohl idealistisch als auch praktisch sein kann. Diese Prinzipien finden sich in seinen Büchern, insbesondere in *Begegnungen mit bemerkenswerten Menschen* sowie in *All und Alles*. Ein besonderes Genie war er darin, das Thema des menschlichen Potenzials neu zu ordnen und es von religiösen Vorstellungen zu befreien. Der Mensch hat die Fähigkeit, seinen Automatismus zu überwinden und zu erwachen. Eine harmonische Entwicklung aller seiner Teile, des Denkens, des Gefühls und des Körpers, bereitet den Menschen für seine Berührung mit seiner wahren Natur vor.

Gurdjieff war der Überzeugung, dass es der damaligen Erziehung, welche hauptsächlich auf die Entwicklung der intellektuellen Fähigkeiten abzielte, an einer größeren Bandbreite mangelte, die es den Kindern ermöglicht hätte, sich mit einem bestimmten Maß an innerer Freiheit zu entwickeln. Aus diesem Grund war bei ihrer Vorbereitung auf ein Leben als verantwortungsvolle Erwachsene eine ergänzende Erziehung zur Förderung des gesunden Menschenverstandes, des Bewusstseins und der hohen Ideale der Kinder vonnöten. Ein solches Ergebnis konnte nur aus der dem Kind eigenen persönlichen Erfahrung echter Lebensereignisse kommen. Außerhalb seiner Schriften vermittelte Gurdjieff seine Vorstellungen durch Vorleben. Seine Schülerinnen und Schüler wurden Zeugen davon, wie er besondere Bedingungen und Herausforderungen für die Kinder kreierte, damit diese Fähigkeiten abrufen konnten, von deren Existenz sie bisher gar nichts gewusst hatten. Wenn die Kinder Fehler machten, was unvermeidbar war, förderte der Grundsatz, sich den Konsequenzen des eigenen Handelns stellen zu müssen, ein kraftvolles inneres Wachstum als Grundlage für Bewusstsein und Mut.

Alles in diesem Buch Geschilderte fand tatsächlich statt, aber Erinnerung ist flüchtig. Andere, die diese Geschehnisse miterlebt haben, mögen sich auf eine andere Art und Weise daran erinnern.

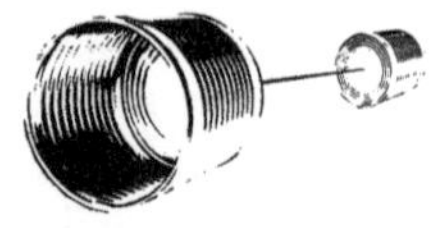

Kapitel 1

Der erste Tag

Ekstatische Augenblicke des Kontakts mit der Natur wechselten sich ab mit zermürbender Langeweile.

ICH HATTE DAS GEFÜHL, DASS MEIN LEBEN AN EINEM ENDpunkt angelangt war. Ich war fünfundzwanzig Jahre alt und alleinerziehende Mutter einer Tochter in New York City. Alles, worauf ich mich verlassen hatte, war auseinandergebrochen. Was konnte mir einen Ausweg aus einer Zukunft zeigen, die in einer Sackgasse zu enden schien? »Ich reise nach Indien – dort gibt es einen spirituellen Lehrer, über den ich etwas gelesen habe«, vertraute ich Anne, einer Studienkollegin, an.

Zu meiner Überraschung sagte sie: »Das ist nicht nötig; es gibt da jemanden hier in New York. Hast du schon mal etwas von der Gurdjieff-Arbeit gehört?« Sie lieh mir ein Buch aus, *Auf der Suche nach dem Wunderbaren* von P.D. Ouspensky, und gab mir eine Telefonnummer.

Einen Monat später wurde mein Anruf beantwortet. Ich traf Evelyn Sutta, eine Frau mittleren Alters mit kurzen, roten Haaren. Sie blickte mich ruhig an, weder zustimmend noch ablehnend.

Ich hörte mich zu ihr sagen: »Mein Leben gleicht einem Auto, das bergab fährt, und ich kann die Bremsen nicht finden.«

»Gemäß der Gurdjieff-Arbeit ist der Zustand, in dem Sie sich befinden, der beste Ausgangspunkt für einen Neubeginn«, erwiderte sie.

»Aber mein Leben ist so schwierig«, warf ich ein.

»Aus der Sicht dieser Arbeit ist das Leben grundsätzlich neutral. Unsere Versklavung basiert nicht auf den äußeren Umständen, sondern auf unserem Wachschlaf und dem, was wir uns selbst einreden.«

Mrs. Sutta wurde still und ich bekam es mit der Angst zu tun. Würde sie mich fortschicken? Aber dann sagte sie: »Ich kann Sie darauf vorbereiten, mit meiner Lehrerin zu arbeiten.«

Damit meinte sie Jeanne de Salzmann. Bevor Gurdjieff im Jahr 1949 starb, hatte er sie, seine engste Schülerin, mit der Weiterführung seiner Arbeit betraut. Ich fragte mich, was sie wohl für ein Mensch sei. Würde ich etwas Ungewöhnliches erfahren, etwas Wunderbares?

Schließlich, ein ganzes Jahr später, wurde ich zu einem Treffen mit Madame de Salzmann eingeladen.

Meine Tochter war damals zwei Jahre alt und ich hatte eine Studentin als Babysitterin organisiert. Doch als es für mich allmählich Zeit wurde aufzubrechen, war diese noch immer nicht da. Nervös wartete ich auf sie und befürchtete, das Treffen zu verpassen, das ich so lange schon herbeigesehnt hatte. Dann endlich läutete es an der Tür. Aber es war nur mein Nachbar, ein Maler, der sich einen Becher Zucker von mir ausleihen wollte. Glücklicherweise erklärte er sich einverstanden zu bleiben.

Nachdem ich acht Häuserblocks zur U-Bahn und dann nochmals vier Blocks zum Treffpunkt gerannt war, kam ich genau in dem Moment an, als die Tür geschlossen wurde. Mit vorgespielter Gelassenheit trat ich ein und nahm Platz. Uns gegenüber saß eine Frau mit elegant frisiertem, weißem Haar und dunklen Augen. Auf eine Frage antwortend, begann sie zu sprechen. Wegen meines klopfenden Herzens und meines angestrengten Atmens, das ich zu beruhigen versuchte, konnte ich sie nicht hören. Als mein Herzklopfen nachließ, stellte ich fest, dass ich nicht verstand, was sie sagte.

Obwohl sie englisch mit einem leichten französischen Akzent sprach, hätte es ebenso eine Fremdsprache sein können. Ich gab es auf, verstehen zu wollen, und hörte einfach auf den Klang ihrer Stimme. Ohne Vorwarnung schlief ich ein – vielleicht für ein, zwei Sekunden, vielleicht auch länger.

Ich erwachte peinlich berührt, aber erfrischt, sodass ich endlich fähig war zu hören, als sie sagte: »Es gibt zwei Strömungen im Leben: die eine, die wir kennen, und die andere, die nebenher fließt, ein Strom des bewussten Lebens mit einem anderen Zweck und einem anderen Ziel. Wir können auch diesem zweiten Strom angehören.«

Einen kurzen Moment lang ruhte ihr Blick auf mir, und ich verspürte den Wunsch, diese Kraft zu haben und ihre unermessliche Ruhe.

—

Um als Anfängerin mit Madame de Salzmann arbeiten zu dürfen, musste ich mich für einen Sonntag in Franklin Farms* anmelden, dem Landsitz der New Yorker Gurdjieff-Gruppen in Mendham, New Jersey, wo sie jeweils anzutreffen war, wenn sie von Paris aus einen Besuch abstattete. Bei diesen Gelegenheiten konnte jede der anwesenden Personen ihr Fragen stellen.

Der Alltag auf der Farm begann früh morgens und endete mit Einbruch der Dunkelheit. Gespräche und Meditationen wechselten sich mit der Arbeit auf dem Hof sowie mit Handwerk, Theater und Musik ab. Während die erfahreneren Schülerinnen und Schüler die Gespräche und Studienklassen anleiteten, arbeiteten alle anderen reihum im Garten, kümmerten sich um die Tiere und halfen bei der Essenszubereitung.

Nach einer langen Fahrt kam ich an meinem ersten Sonntag im Herrenhaus an, das ehemals das großzügige Anwesen eines Gouverneurs gewesen war, und ging einen von dichtem Buschwerk und Bäumen gesäumten engen, fast märchenhaften Pfad entlang. Plötzlich versperrte mir ein riesiger Deutscher Schäferhund den Weg. Als ich versuchte, hinter ihm vorbeizuschlüpfen, bellte er und schnappte sich mein Fußgelenk. Ich versuchte, ihn abzuschütteln, doch er packte noch fester zu und knurrte. Konnte er meine Angst wittern? Würde er mir an die Kehle springen?

Wo waren denn all die anderen? Ich war allein.

Schließlich pfiff ein Mann aus einiger Entfernung und der Hund suchte das Weite.

Am liebsten wäre ich zurück zum Bahnhof gegangen und hätte den nächsten Zug nach Hause genommen, doch das Taxi, das mich hergebracht hatte, war bereits verschwunden. Die einzige Hoffnung, auf irgendjemanden zu stoßen, bestand darin, meinen Weg fortzusetzen und das niedrige Tor zu durchschreiten, das einst wohl der Eingang für die Bediensteten gewesen war. Danach tastete ich mich durch einen dunklen Küchenraum.

* Franklin Farms war ein ländliches Anwesen in Mendham, New Jersey, USA, auf dem sich P.D. Ouspensky und seine Frau Sophie Grigorevna, beides langjährige Schüler und enge Vertraute von G.I. Gurdjieff, 1941 niedergelassen und mit einer Handvoll Gleichgesinnter ein Lebens- und Bildungszentrum gemäß den Lehren des Vierten Weges gegründet hatten. Nach dem Tod Gurdjieffs in Paris im Jahr 1949 gehörten zu den regelmäßigen Besucherinnen und Besuchern in Franklin Farms auch zwei weitere seiner führenden Exponenten: Jeanne de Salzmann und John G. Bennett [A.d.Ü.].

Drinnen traf ich auf fünf weitere Neuankömmlinge. Wir wurden von zwei englischen Damen mittleren Alters begrüßt und ziemlich gebieterisch verschiedenen Teams zugewiesen, die für die Erledigung praktischer Arbeiten zuständig waren. Sie sprachen überaus förmlich und nannten uns bei unseren Nachnamen und »Mister« oder »Missis«. Seltsamerweise hatte dies eine beruhigende Wirkung auf mich, und so folgte ich meinem Team hinaus in den Küchengarten. Ich hatte mir eine kleine Fläche mit Gemüse am Hintereingang vorgestellt, doch vor uns erstreckte sich ein flaches Tal mit einem riesigen Feld voller Tomatenpflanzen. Unsere Aufgabe war es, die reifen Früchte zu pflücken, die Pflanzen, dort wo es nötig war, zu beschneiden oder hochzubinden und bis mittags mit dieser Arbeit fertig zu sein.

Als Städterin wusste ich nicht, dass Tomaten nach Pfefferminze duften, und hätte niemals erwartet, dass die von der Sonne gewärmten Früchte sich in meine Hand beugen würden, als ob sie mir ihr Einverständnis gäben, gepflückt zu werden. Ekstatische Augenblicke des Kontakts mit der Natur wechselten sich ab mit zermürbender Langeweile, wachsender Müdigkeit in schweißtreibender Hitze und der Monotonie des behäbigen Auf und Ab der nicht enden wollenden Gemüsereihen. Und das Gewicht der vollen Körbe drohte, meine Arme aus ihren Gelenken zu zerren. Ich fand heraus, dass ich die Hitze besser vertrug, wenn ich aufhörte, meinen Tagträumen und meinen Sorgen um meine Tochter nachzuhängen, und meine Aufmerksamkeit darauf lenkte, was ich gerade tat. Plötzlich erfüllte mich der Eindruck eines Blattes oder eines Lichtfleckens mit einer fast unerträglichen Freude. Dieser Zustand verschwand so schnell, wie er gekommen war, und egal, wie oft ich auf meine Uhr schaute, die Zeiger bewegten sich kaum, fast so, als ob die Zeit angehalten hätte und es niemals ein Uhr mittags werden würde.

Seltsamerweise brachte mich die schwere körperliche Arbeit dazu, meine Aufmerksamkeit einfacher beobachten zu können. Ich bemerkte, dass sich meine Gedanken wieder und wieder um dieselben paar Themen drehten, wie ein Hund, der sich mit einem alten Knochen abmühte. Ebenso klebten meine Gefühle an den bekannten Litaneien. Der Aufstand meines Körpers, an schwere Arbeit nicht gewöhnt, war leicht zu beobachten: Er war angespannt. Die inneren Momentaufnahmen zeigten einen Seinszustand, den Gurdjieff als »Schlaf« bezeichnete. Paradoxerweise fühlte ich mich immer wieder einen Augenblick lang wachgerüttelt, wenn ich mir meines Schlafs bewusst wurde. Gab es da ein wirkliches Selbst, das dies erkennen konnte? Je länger ich dieses innere Beobachten auszuhalten vermochte, desto mehr Energie entstand. Dadurch veränderte sich alles.

—

Nach dem grellen Licht auf den Feldern fiel es mir in dem schummrigen Licht des Esszimmers schwer, etwas zu erkennen. Jeanne de Salzmann saß an einem Tisch in der Mitte des Raumes zwischen zwei groß gewachsenen, ziemlich hageren Briten: John Pentland und Christopher Fremantle.* Sie saßen da, ohne sich zu bewegen, schauten in den Raum hinein, sahen aber niemanden von uns im Speziellen an. Ich fühlte mich an zwei Löwen erinnert, die ich einmal in einem Wildpark in Florida gesehen hatte und die von einer Hügelspitze aus bewegungslos ihr Reich überblickten. Wir aßen schweigend. Die Portionen waren äußerst spärlich bemessen. Vielleicht war es der Hunger oder die Frische des Gemüses, das gerade erst vom Garten hereingebracht worden war – jedenfalls hatte ich ein Gefühl, als würde ich zum ersten Mal Nahrung schmecken.

Nachdem die Mahlzeit beendet war, konnten Fragen gestellt werden. Madame de Salzmann sprach von der Notwendigkeit einer aktiven Aufmerksamkeit. »Wir verfügen nicht darüber. Unsere Aufmerksamkeit ist passiv, schwach, wird vom allem Möglichen abgelenkt, von unseren Begierden und unseren Wünschen. Sie sehen dieses Stück Schokolade vor sich«, sagte sie und hielt die Süßigkeit hoch, »und Sie wissen nicht, ob Sie es genießen oder warum Sie es liegen lassen sollten. Sie benötigen eine Aufmerksamkeit, die schneller ist als Ihre Gedanken, eine Aufmerksamkeit, die frei ist, die Sie mit einer anderen Ebene verbinden kann.« Das unterstrich sie, indem sie ihre andere Hand anhob.

* Lord Baron Henry Sinclair Pentland (1907–1984) war ein schottischer Geschäftsmann, Mitglied des Hochadels und während des Zweiten Weltkriegs stellvertretender Sekretär des gemeinsamen amerikanisch-kanadisch-britischen Combined Production and Resources Board, in welchem erstmals Wirtschaftswissenschaftler aus den drei Ländern zusammenarbeiteten. Nach Kriegsende leitete er die American British Electric Corporation und wurde 1953 Präsident der neu gegründeten amerikanischen Gurdjieff-Gesellschaft, der er bis zu seinem Tod vorstand. Christopher Fremantle (1906–1978) war ein englischer Kunstmaler und Philosoph sowie Exponent und Lehrer der Ideen von G.I. Gurdjieff und P.D. Ouspensky [A.d.Ü.].

Weitere Fragen folgten, doch ich konnte nichts sagen. Ich traute mich nicht.

—

Einem Kind gleich, das mit dem Leben ganz von vorne beginnen muss, hatte auch ich alles auf »die Art der Arbeit« zu lernen. Unsere Aufgaben änderten sich von Woche zu Woche und unter der strengen Anleitung der englischen Damen reinigten wir Wände, Böden und Decken, bis sie vor Sauberkeit quietschten, lernten, richtig zu bügeln, Wolle von den Schafen der Farm zu karden und zu spinnen, Eier zu durchleuchten, Rahm zu Butter zu verarbeiten und Käse herzustellen, während wir gleichzeitig versuchten, achtsam für unseren inneren Zustand zu sein. Gurdjieff hatte seinen Schülerinnen und Schülern beigebracht: *Ich bin meine Aufmerksamkeit.* Wir wurden angewiesen, rasch und aufmerksam zu arbeiten und uns dennoch nicht mit den Ergebnissen unseres Tuns zu identifizieren. Also rangen wir nicht nur um einen sauberen Fußboden, sondern auch um innere Freiheit. Noch die einfachste Aufgabe wurde dazu genutzt, sich an diesen Zweck zu erinnern. Wir mussten versuchen, alles außergewöhnlich gut zu tun, weitaus besser als es im gewöhnlichen Leben der Fall war, um dem Ruf der inneren Arbeit (aber auch den ernstzunehmenden Forderungen der beiden englischen Damen) nachzukommen.

Nur den erfahrensten Frauen oblag es, unser Essen zuzubereiten, das mit Respekt behandelt werden musste. Konnten wir den Zustand derjenigen, die das Essen zubereitet hatten, schmecken, so wie es Jeanne de Salzmann scheinbar konnte?

Ich gab mir die größte Mühe, die Übungen wirklich zu beherrschen. Sie klangen alle so einfach: Zeuge der inneren Welt sein; wissen, dass ich am Denken bin; wissen, was ich fühle; nicht mit den Gedanken verschmelzen und in ihnen verschwinden. Es bedurfte einer Aufmerksamkeit, die sich nicht in den Windungen des Verstandes verstrickte. Aber die Gedanken drängten sich mir auf: Was tue ich hier eigentlich, da meine Tochter doch zu Hause ist?

Die erfahreneren Schüler und Schülerinnen, von denen viele noch direkt mit Gurdjieff zusammengearbeitet hatten, waren unser (in der Regel schweigendes) Vorbild für jede Übung, an der wir uns versuchten.

Von uns wurde erwartet, dass wir diese Übungen auch während der Woche, in unserem alltäglichen Leben, praktizierten. Doch ohne die Hilfe der anderen, die auf dieselbe Weise übten, fiel es mir schwer, mich an sie zu erinnern. Immer wieder vergaß ich und versank in meinem kläglichen Narrativ von der gequälten alleinerziehenden Mutter, die für ihr Kind arbeiten gehen musste.

Abgekämpft und verärgert fand ich mich an einem Sonntagmorgen um halb sieben Uhr wieder einmal im Zug nach Franklin Farms und gelobte mir, dies sei das letzte Mal, dass ich mich nach einer anstrengenden Woche so früh aufzustehen gezwungen hatte. Aber meine Verstimmung, ein monolithischer Morgennebel, verschwand nach und nach, vertrieben durch einen Energieschub, der im Laufe des Tages noch zunahm. Anstatt erschöpft zu sein, wurde ich lebendig. Und noch bevor ich am späten Nachmittag wieder nach Hause fuhr, hatte ich mich wiederum für den kommenden Sonntag eingetragen.

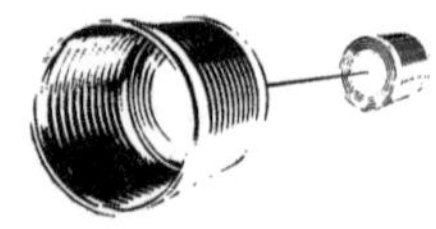

Kapitel 2

Der nächste Schritt

»Das einzig Wichtige war, dass wir es selbst ausprobierten.«

EIN BAUMSTAMM WIRD ÜBER EINEN FELSEN GELEGT UND ZWEI Jungen stellen sich gleichzeitig auf die beiden Enden des Stammes und versuchen akrobatisch, im Gleichgewicht zu bleiben. Meistens fallen sie herunter. Es scheint sogar, als ob sie absichtlich ungleiche Paare bilden: der eine Junge groß, der andere klein, einer schwer, der andere leicht. Es ist geradezu unmöglich, dass sie auf dieser ungleichmäßigen Oberfläche ein Gleichgewicht finden.

Aber ist es unser Denken, das diese Hindernisse erzeugt? Eine erwachsene Person beobachtet das Geschehen wachsam, sagt aber kaum etwas dazu. Sich langsam vor- und zurückschiebend, findet ein Paar schließlich den Punkt, an dem sich beide Enden des Baumstammes in der Luft befinden. Es ist unmöglich, und doch haben sie es geschafft; und in diesem Augenblick fühlen sich die Jungen, als könnten sie fliegen. Dann ist das nächste Paar an der Reihe.

—

Es war Ostersonntag und wir feierten in Franklin Farms. Von der Terrasse aus sah ich eine Gruppe von Kindern, die über den Rasen flitzten, und musste unwillkürlich an meine Tochter denken. Ich fragte eine der Frauen, was diese Kinder hier tun. Die Frau antwortete: »Einige der Eltern bringen ihre Kinder an manchen Sonntagen mit hierhin. Du solltest mit Peggy Flinsch darüber sprechen. Sie und Jim Nott leiten das Kinderprogramm.«

Ich wollte mich dem Team, das sich speziell um die Kinder kümmerte, anschließen, um auch meine Tochter mitbringen zu können. Aber würde ich akzeptiert werden? Musste das Team von meiner zerrütteten Familie in Kenntnis gesetzt werden? Meine schwierige Kindheit, die mich verfolgte, stand mir natürlich bei der Erziehung meiner Tochter im Weg. Alte Muster überschatteten mich; ich kannte keine anderen. Ohne eigene Erfahrung, wie eine »normale« Familie funktioniert oder wie sich eine liebende Mutter verhält, fühlte ich mich dazu verdammt, die besondere Hölle meines eigenen Aufwachsens zu wiederholen. Ich brauchte neue Einflüsse und hoffte, die Arbeit mit den Kindern könne mir ein Vorbild vermitteln, eine Art und Weise, mit meiner eigenen Tochter umzugehen, die ich mir noch nicht vorzustellen vermochte und die für das Leben meiner Tochter und für das meinige aber möglicherweise entscheidend sein würde.

Die Nachricht, dass ich mich gerne ihrem Team anschließen würde, gelangte zu Peggy, und so wurde ich zu einer der Teambesprechungen eingeladen. Kaum hatten wir uns alle am Tisch in ihrem Esszimmer versammelt, wandte sie sich mir mit einem unvoreingenommenen Blick zu.

»Du willst also mit den Kindern arbeiten?«

Ich versuchte, so ehrlich wie möglich zu sein, und gestand, dass ich nicht wusste, wie mit Kindern zu arbeiten sei, obwohl ich bereits einige Jahre in die Gurdjieff-Arbeit involviert war. Ich sei Schriftstellerin, sagte ich, und verfüge nicht wirklich über viele praktische Fähigkeiten.

»Die Leute wollen nicht wegen der Kinder in dieses Team, sondern wegen ihrer eigenen Kindheit«, versicherte mir Peggy. »Wenn du dich fragst, wer du bist, und wenn du, so wie wir alle es versuchen, offen gegenüber den Kindern bleibst, kann das ausreichen.«

Ich sagte, dass es mir nicht an Fragen mangele.

»Wir treffen uns donnerstagabends«, fügte Peggy hinzu. »Sei um sieben Uhr da.« Ich war aufgenommen worden.

Nach gerade einmal einem Treffen mit den anderen Teammitgliedern fand ich mich eines Sonntagmorgens beim Kinder-Cottage “Corey Lane” wieder. Anders als der Herrensitz schien dieses Cottage viel zu klein für die überbordenden Energien der Kinder und Teenager, die seine kleinen Zimmer bevölkerten und das enge Treppenhaus, drei Stufen auf einmal nehmend, hoch- und runterstürmten. Unsicher stand ich beim Eingang und wartete auf Anweisungen, auf irgendjemanden, der von mir Notiz nehmen würde. Die Kinder schienen sich alle untereinander zu kennen und ich fühlte mich als Außenseiterin. Im Widerhall meiner eigenen einsamen Kindheit schmerzte mich ihre Gleichgültigkeit.

Doch trotz des offensichtlichen Durcheinanders wurde hier gearbeitet. In der baufälligen Küche bereitete man gerade eine Mahlzeit zu. Im Keller waren Umbauarbeiten zu einer Töpferwerkstatt im Gange. Die Klänge des Sägens, Hämmerns und Anbratens hallten ineinander. In diesem gemütlichen Tumult gab es nichts zu befürchten, abgesehen vom Unbekannten.

Irgendwann bemerkte mich jemand und mir wurde eine Aufgabe zugewiesen. Die kleinen Ansteck-Lampenschirme aus dem ganzen Cottage mussten eingesammelt werden, um sie von meiner Gruppe von Kindern mit einem neuen Muster bemalen zu lassen. Das war eine gute Aufgabe. Schließlich hatte ich Kunst studiert und ich konnte malen.

Die drei Jungen meiner Teenager-Gruppe musterten mich unsicher. Und auch ich hatte meine Bedenken. Würden sie mich mögen? Würden sie meine Unerfahrenheit bemerken und mich einfach ignorieren? Das Beschaffen des Werkzeugs beförderte mich erneut in einen ängstlichen Zustand. Es waren nur ausgetrocknete Reste von Plakatfarbe und billige, leimverkrustete Pinsel aus gebrauchten Bastelsets aufzutreiben – unmöglich, mit solchem Material Lampenschirme zu bemalen. Die Jungen machten sich aus dem Staub und ich stand ohne Gruppe und ohne Aufgabe da. Und das war wesentlich schwerer zu ertragen als jedwede körperliche Arbeit in Franklin Farms.

»Die Kinder spüren deine Anstrengung«, sagte Peggy. »Das ist alles, was zählt. Mach dir keine Sorgen um die Ergebnisse.« Obwohl ich mich häufig schrecklich allein und in meiner Verwirrung verlassen fühlte, spornte mich mein Ziel an, meine eigene Kindheit sich nicht wiederholen zu lassen.

—

Aus Sicht der Kinder waren die trostlosesten Augenblicke jene, in denen die Teammitglieder lahme Versuche unternahmen, sie mit diesem oder jenem zu beschäftigen, während sie selbst sich organisieren mussten. Ein Mann, Doug, erinnert sich an seine Erfahrungen als Kind in Armonk:*

» Es fühlte sich wichtig an, Dinge instand zu halten, den Rasen zu mähen, ein Gebäude zu bauen. Das war etwas, was wir zu Hause nicht taten. Was ich nicht mochte, war, eine Aufgabe zu erledigen, nur um beschäftigt zu sein. Aber wenn du das Gefühl hattest, etwas zu tun, was auch die

* Ein weiteres damaliges Zentrum der amerikanischen Gurdjieff-Arbeit in dem kleinen Ort Armonk, in Westchester County, New York [A.d.Ü.].

Männer taten, hattest du einen richtigen Auftrag und konntest ihn benennen. Das war etwas ganz Neues, und es machte Spaß.«

Einmal, als wir im Kinder-Cottage ein Zimmer voller Möbel auszuräumen hatten, waren meine Helfer zwei achtjährige Jungen, die herumzappelten, weil sie an dieser langweiligen Aufgabe nicht besonders interessiert waren. Ich dachte, es würde sie weniger nerven, wenn ich ihnen die leichteren Dinge zum Tragen gäbe, und so versuchte ich, sie auf diese Weise zur Weiterarbeit zu bewegen.

Plötzlich drängte Peggy mich zur Seite. Sie schnappte sich einen schweren Bücherkarton und warf ihn in die Arme eines der Jungen.

»Hier, Jon, bring ihn in den Schuppen«, sagte sie zackig.

»Wow«, rief Jon aus, »der ist echt schwer.« Er war umgehend wieder zurück, bereit für die nächste Ladung.

Als er außer Hörweite war, erklärte mir Peggy, dass ich den Jungs schwere Dinge zum Tragen geben soll. Es würde sie herausfordern und sich als Männer fühlen lassen.

Sie fügte hinzu: »Wenn du dich gefordert fühlst, magst du es zu arbeiten.«

—

Die älteren Kinder bekamen oftmals die jüngeren als Teamkollegen oder Helfer zugewiesen. Hier war jeder Funken an Einfallsreichtum gefragt, den die verantwortliche Person nur aufbieten konnte.

»Die schwierigste Aufgabe bestand darin, meine Helfer bei der Stange zu halten«, berichtete ein Teenager. Und Mark erinnert sich:

» Ich war mit irgendwelchen Installationsarbeiten beschäftigt, wozu auch gehörte, Metallrohre von Hand abzuschmirgeln – eine sehr repetitive und öde Arbeit. David und ich mussten jeweils ein Metallrohr bearbeiten. Ich hatte genug von dem Job und wollte aufhören, aber David begann, mir eine Geschichte über eine Stoffcollage zu erzählen, die die Kinder angefertigt hatten und die an der gegenüberliegenden Wand hing; sie zeigte einen Prinzen auf einem Pferd und all seine Abenteuer. Ich wollte mit dem Schmirgeln aufhören, aber David erzählte nur so lange weiter, wie ich an meiner

Aufgabe dranblieb, und ich wollte unbedingt die Geschichte der Stoffcollage hören. Schließlich wurden wir mit der Arbeit fertig.

Ich schaute zu David auf. Er war vierzehn Jahre alt; ich gerade erst sieben oder acht.«

Ein weiterer Mann erinnert sich an seine Erfahrung als Achtjähriger in Armonk. Als Kind konnte er mühelos und endlos reden, doch verspürte er keinerlei Neigung, sich körperlich zu verausgaben, und so verschwand er außer Sichtweite, sobald es darum ging, schwere Arbeit zu verrichten.

In einer eiskalten Samstagnacht, als wir im »Unteren Schuppen« kampierten, platzte ein Wasserrohr und unser Leitungssystem brach zusammen. Unser Klempnerteam begann, an der Stelle der unterbrochenen Leitung zu graben, aber es wurde bereits Wasser zum Kochen und für den Abwasch gebraucht. Das Team bestimmte den Achtjährigen dazu, Wasser zu holen; man gab ihm zwei Eimer und schickte ihn hinaus in die Dunkelheit:

»Ich musste zwei große Eimer den Hügel hinauf zum Pumpenhaus schleppen und es war sehr kalt und dunkel. Ich hatte Angst, mich allein hinaus auf den Feldweg zu machen, und hoffte, dass mich irgendjemand begleiten würde; da aber alle beschäftigt waren, musste ich allein gehen. Den ganzen Weg zum Pumpenhaus rannte ich, füllte dann, so schnell ich konnte, die Eimer und rutschte und torkelte zurück zum Schuppen. Die vollen Eimer waren derart schwer, dass ich befürchtete, sie würden mir die Arme ausreißen. Als ich zurück war, befand sich nur noch sehr wenig Wasser in den Eimern. Mit dem Rest hatte ich mich übergossen; ich war tropfnass. Ich dachte, ich würde einem erneuten Wasserholen entkommen.

Aber Paul bestand darauf, dass ich nochmals zu gehen habe und dieses Mal mit zwei vollen Eimern zurückkommen solle. Er sagte zu mir: ›Schau nicht auf den Boden. Wenn du nach unten blickst, veränderst du deinen Schwerpunkt, weil dein Körper deinem Kopf folgt. Schau einfach geradeaus.‹

Es war mir zuwider, ein zweites Mal in die Dunkelheit zu müssen, aber irgendwie war mir auch klar, dass ich gehen musste. Es war noch genauso dunkel und genauso angsteinflößend und ich war wütend, aber dieses Mal wollte ich nicht rennen. Ich füllte die Eimer erneut und trug sie nun in einem langsameren Tempo. Ich fixierte meinen Blick auf die Lichter des Schuppens und versuchte, weich aufzutreten, damit das Wasser nicht herausschwappte. Als ich wieder zurück war, waren die Eimer noch fast voll.

Niemand gab einen Kommentar dazu ab. Das Team hatte Wasser gebraucht und ich hatte das Wasser gebracht. Ich spürte, dass es einen Unterschied machte, ob ich mich aus einer Sache herausredete oder ob ich wirklich mithalf. Es fühlte sich gut an, und zum ersten Mal in dieser Nacht war ich glücklich. Noch heute, wenn ich eine Tasse Kaffee trage, erinnere ich mich manchmal daran.«

Die Kinder wollten Intensität; wenn sie diese spürten, bekam das Leben Schwung. Wenn etwas Großes von ihnen gefordert wurde, entdeckten sie, dass sie etwas zu geben hatten, und fühlten die echte Zufriedenheit, die dem Helfen entspringt. Das Schwierige zu schätzen, mag einem gegeben sein oder nicht, aber indem das Kind Hürden überwindet, wird es in seiner Hoffnung, eine kompetente erwachsene Person zu werden, bestärkt.

Kleine Kinder lieben es, Angelegenheiten perfekt zu erledigen, und zwar schon von dem Moment an, in dem sie ihre Gliedmaßen unter Kontrolle haben. Schauen wir uns ein Kleinkind an, wie es gewissenhaft die Frühstücksflocken vor sich anordnet, oder wie ein etwas größeres sein Spielzeug auslegt oder ein Spiel mit leidenschaftlicher Präzision anleitet: »Du musst dich dort hinstellen – ich werde hier stehen.« Sie wissen genau, wie sie etwas haben wollen; es muss alles exakt so sein, wie es ihren Vorstellungen entspricht, so willkürlich dies den Erwachsenen auch erscheinen mag. Verschwindet dieses Verlangen nach Perfektion, wenn wir älter werden, von selbst?

Ich erinnere mich daran, wie ich meine fünfjährige Tochter anspornte, mir beim Hausputz zu helfen. Ich gab ihr einen Schwamm und einen kleinen Eimer und zeigte ihr, wie sie den Fußboden in ihrem Zimmer reinigen konnte. Später, als ich mit meiner Arbeit fertig war und mich etwas anderem zuwenden wollte, putzte sie noch immer hingebungsvoll den Boden; sie hatte erst drei Viertel der Arbeit geschafft.

»Beeil dich«, forderte ich sie auf. Aber sie machte einfach weiter.

Irgendwann verlor ich die Geduld. »Es ist gut genug, wir müssen jetzt gehen«, wiederholte ich mich.

Aber es war noch nicht gut genug. »Ich will, dass es perfekt ist«, schrie sie unter Protest, als ich ihr Schwamm und Eimer wegnahm.

Später fragte ich mich, ob wir den Kindern vielleicht beibringen, dass Dinge gut genug sind, bevor sie es wirklich sind. Lippenbekenntnisse über die Vorstellung von Perfektion sind einfacher, als sie mit aller Geduld vorzuleben.

—

Wir planten eine Weihnachtsfeier. Bei jedem einzelnen Geschenk, das wir für jedes der Kinder aussuchten, überlegten wir uns eine angemessene Aufgabe, etwas, das die Kinder tun mussten, um sich das Geschenk »zu verdienen«. Wir stellten eine Liste zusammen: fünf Minuten lang einer Statue gleich stillstehen, einen Kinderreim rückwärts aufsagen, zwei rohe Eier jonglieren. Wir ließen uns mehr und mehr solcher Aufgaben einfallen, für jedes Kind eine passende. Was aber wäre für Wendy geeignet, ein nervöses und überaus gesprächiges neunjähriges Mädchen, das kaum stillsitzen konnte?

Wir entschieden uns, dass Wendy von einer Rolle eines langen Bandes möglichst gleich lange Stücke abschneiden sollte. Ein älteres Mädchen stand ruhig hinter Wendy, um zu helfen, falls es nötig würde. Am anderen Ende hielt ein weiterer Teenager die Rolle gespannt. Wendy schwang die Schere; je mehr sie schnitt, desto mehr Band rollte sich ab und umso mehr Schnitte wurden erforderlich. Ihre Aufmerksamkeit war konzentriert; sie hatte aufgehört zu reden, während sie langsam und vorsichtig das Band zerschnitt. Der ganze Raum schwieg, doch ich glaube, auch wenn gesprochen worden wäre, hätte Wendy auf genau dieselbe Weise weitergemacht. Erst als die ganze Spule abgerollt war, schaute Wendy auf. Sie lächelte stolz über die langen perfekten Bandkringel, die um sie herum auf dem Boden lagen.

—

Wenn wir nicht schnell genug waren, ihn aufzuhalten, sprang Robert gern vom etwa drei Meter hohen Dach des Cottages, um dann geschickt auf seinen Füßen zu landen. Er liebte alles Körperliche und die anderen Jungen machten es ihm nach. Doch im sozialen Kontakt war Robert schüchtern. Es fiel ihm schwer, an den Treffen etwas zu sagen, und so wartete er immer ab, bis ein anderes Kind seine Beobachtungen mitteilte, denen er sich dann anschließen konnte. Wir beschlossen, dass Hilfe für ihn in einer Form daherkommen musste, die seinen emotionalen Mut anspornen konnte, es seiner physischen Tapferkeit gleichzutun. Also übertrugen wir ihm die Funktion des Sekretärs für seine Altersgruppe, acht Jungen und Mädchen im Alter zwischen elf und dreizehn Jahren. Er hatte sie über all unsere Vorhaben und über sämtliche Details, die mit der gemeinsamen Arbeit im Zusammenhang standen, zu informieren: Wer würde die Werkzeuge mitbringen, wer kaufte das Essen ein, wer hatte noch einen freien Platz im Auto.

An einem Treffen in der darauffolgenden Woche berichtete Robert: »Das war das Härteste, was ich je gemacht habe. Ich weiß nicht, warum es mir so schwerfiel, die anderen Kinder, mit denen ich normalerweise herumhänge, anzurufen. Aber witzig war, dass, sobald sie am Hörer waren und wir miteinander sprachen, es sich gar nicht mehr schlecht anfühlte.«

»Nichts ist schwierig. Es sind nur unsere Gedanken, die es schwer machen«, entgegnete eine der erwachsenen Personen und zitierte damit einen Satz aus einem Theaterstück, das die Kinder erst kürzlich aufgeführt hatten. Und was für ein Blitz der Erkenntnis: Auch Robert hatte in diesem Stück mitgewirkt; er war es sogar, der auf der Bühne genau diesen Satz gesagt hatte.

Robert blieb während mehrerer Monate der Sekretär, und erst als die Anrufe ihm nichts mehr ausmachten, vergaben wir diesen Job an jemand anderen.

Doch wir Erwachsenen konnten uns nie allzu lange in unserer Zufriedenheit aalen. Was sich in einer bestimmten Phase für die Kinder als gut herausstellte, entpuppte sich in der nächsten Etappe als Hindernis für ihr Wachstum. Häufig mussten wir uns die Frage stellen: Inwiefern wirkt sich die von uns geschaffene Umgebung auf die Kinder aus?

—

Meine Tochter Risa erinnert sich an ihre Jahre als Kind in der Gurdjieff-Stiftung und an die verschiedenen Häuser, in denen gearbeitet wurde, wie folgt:

» In der normalen Welt bringen Leute dir Sachen bei und du machst sie genauso, wie sie dir gezeigt werden. In der Stiftung war unsere Erfahrung unser Lehrer. In der Schule zählten ausschließlich die Resultate; was du erlebt hattest, interessierte niemanden. Hier war alles genau auf den Kopf gestellt: Nur die inneren Erlebnisse zählten, und die Resultate unserer Arbeit wurden akzeptiert. Das einzig Wichtige war, dass wir es selbst ausprobierten.«

Eine unserer prioritären Aufgaben bestand darin, Bedingungen zu schaffen, unter denen dieser Moment der Erfahrung stattfinden konnte. Die Kinder konnten dazu eingeladen werden, indem die richtigen Anforderungen an sie gestellt wurden – nicht in Form von Zwang, sondern durch eine ihnen übertragene Aufgabe oder dadurch, dass eine erwachsene Person aufrichtig der Unterstützung durch die Kinder bedurfte. Interessen und Befürchtungen wurden geteilt, insbesondere bei größeren Anforderungen. Die zu erledigende Aufgabe musste echt sein, nicht gekünstelt.

Wenn wir unsere Mädchen und Jungen im Teenageralter zum Haupthaus schickten, um dort mit den Erwachsenen zu arbeiten, kamen sie mit Berichten zurück, die diesem Anspruch widersprachen. Häufig beschwerten sie sich darüber, dass die Erwachsenen dort sie nicht mitarbeiten lassen wollten, ihnen die zugewiesenen Aufgaben nicht zutrauten und sie auch nicht für fähig hielten, obwohl sich die Kinder durch das Arbeiten mit uns im Unteren Schuppen bereits beachtliche Fertigkeiten im Schreinern und Klempnern angeeignet hatten. »Sie lassen uns einfach nur herumstehen«, erzählten die Jungen.

—

Größer als ihr Wunsch, unterhalten zu werden, war der Appetit der Kinder auf etwas Echtes; darauf waren sie aus. Welche echten Erfahrungen können Kinder heutzutage noch machen? Spüren sie einen Mangel, den sie nicht auszusprechen vermögen? Sie wissen nur, dass sie sich manchmal gelangweilt fühlen, dass es einfach gar nichts zu tun gibt. Echte Anforderungen bringen Anstrengungen und manchmal Unbehagen mit sich, doch sie verschaffen auch echte Befriedigung. Manche der Kinder erkannten dies instinktiv. Anderen halfen die Erfahrungen, die sie während der Arbeit machten, zu verstehen. Sie wollten Schwierigkeiten überwinden und brauchten dies, um wachsen zu können.

Eine andere Frau erinnert sich:

»Es war immer eine riesige Erleichterung für mich, wenn ich keinen Erwartungsdruck spürte. Es gab keine Noten, keine Strafen, keinen Tadel. Am deutlichsten wurde dies auf den Reisen, wenn wir Strapazen und Abenteuer bestehen mussten. Peggy brach die Regeln, was aufregend für uns war: Sie bestand darauf, dass wir sie mit ihrem Vornamen ansprachen; sie schlief auf der Erde; sie wollte die Mahlzeiten von den Kindern zubereitet wissen! Sie vertraute uns.«

Die Kinder nahmen oftmals gar nicht war, dass sie Übungen bekamen, und es spielte auch keine Rolle. Sie verstanden und begrüßten die praktischen Herausforderungen. Die Kraft von Menschen, die zusammenarbeiteten, erzeugte eine Reaktion bei den Kindern, die bemerkenswert war. Sie verschlossen sich, wenn wir auf eine gleichgültige Art und Weise mit ihnen zusammen waren, öffneten sich aber schnell, wenn wir uns um sie bemühten. Waren wir aufmerksam genug für die Zeichen, die ein Kind uns gab, konnten wir erkennen, was es benötigte, um den nächsten Schritt zu machen, und welches dieser nächste Schritt sein könnte.

Als sie älter wurden, begannen die Heranwachsenden, sich für Ideen zu interessieren, und als abstraktere Gespräche möglich wurden, musste ihre Beziehung zu uns stärker auf der Verstandesebene aufgebaut werden. Das Alter von dreizehn oder vierzehn Jahren brachte eine neue Etappe mit sich, da die Kritikfähigkeit der Kinder erwachte. Sie waren nun imstande, Ideen zu erforschen und für ihre eigenen Vorstellungen einzustehen. Dieser neuen Fähigkeit mussten wir gerecht werden.

Madame de Salzmann riet uns: »Gewähren Sie Freiheit, bevor sie eingefordert wird.«

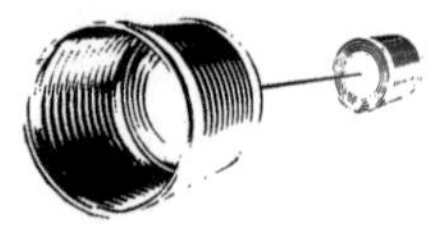

Kapitel 3

Herausforderungen

»Würdet ihr gerne ein Haus bauen, nur ihr Kinder? Wollt ihr es versuchen, auch wenn es schwierig ist?«

»LERNEN SIE JEDES JAHR EINE NEUE FERTIGKEIT, EIN HANDwerk oder eine Sprache«, hatte Gurdjieff seinen Studentinnen und Studenten empfohlen. Wir setzten diesen Rat in der Arbeit mit den Kindern um. Buchbinden, Siebdruck, Maskenherstellung, Chorsingen, Volkstanz, Autoreparatur, Backen, Sticken, Weben, Töpfern, Schreinern, Fotografieren, Musik- und Filmproduktionen waren einige der Dinge, die wir gemeinsam erkundeten.

Da wir Erwachsenen selbst keine Meister in diesen Fertigkeiten waren, gestalteten sich unsere eigenen Kämpfe mit jedem neuen Handwerk als ein notwendiges Vorbild. Wann immer wir gemeinsam etwas Neues erlernten, hatte niemand einen Vorteil, ganz egal wie alt sie oder er war. Unabhängig von den praktischen Talenten und Fähigkeiten der Kinder musste jedem von ihnen die Chance gegeben werden zu musizieren, zu tanzen, zu malen, zu meißeln, zu denken und alle Werkzeuge zu benutzen, sodass sie mit ihrer inneren Künstlerin, ihrem inneren Handwerker in Berührung kommen konnten. Kunst brachte Gefühle zum Ausdruck, und das war erforderlich.

—

Im Ringen darum, etwas zu erlernen, erfuhren wir Erwachsenen, dass eine Selbstbeurteilung, ein Kritisieren unserer Bemühungen, unserer eigenen wie jener der Kinder, uns wie ein Schatten folgte. Wie konnten wir diese korrektiven Automatismen in Schach halten, die sich in unseren Kommentaren und Ausdrücken zeigten?

Angesichts von etwas Neuem ist das »Ich kann es nicht« eine bekannte Reaktion. Diese Haltung widerspiegelt unsere Angst zu versagen, unsere Angst, dumm oder deplatziert zu wirken. Die einzige Möglichkeit, dieses Risiko des Scheiterns zu umgehen, hätte darin bestanden, nichts Neues auszuprobieren. Also traten wir,

Erwachsene und Kinder gemeinsam, unseren eingebildeten und selbstauferlegten Grenzen entgegen und verließen die Sicherheit des Bekannten. Gemäß gesellschaftlicher Konvention sind Fehler schlecht, aber in unserer Arbeit waren Fehler ein natürlicher Bestandteil des Wachsens.

Dennoch fand ich es einfacher, die Kinder darin zu ermutigen, Fehler als etwas Natürliches zu betrachten, als mir dies selbst zu gestatten. Der tiefwurzelnde Widerwille, als Versager zu erscheinen, war bei uns Erwachsenen genauso stark ausgeprägt wie bei den Kindern, und dessen mussten wir uns erst selbst bewusst werden, bevor wir ihnen dabei helfen konnten, sich davon zu befreien.

—

»Jedes Mal, wenn Sie gemeinsam mit den Kindern arbeiten, sollte es für diese zu einem Ereignis werden, an das sie sich ihr ganzes Leben lang erinnern werden«, sagte Jeanne de Salzmann. An dieser Vorstellung mühte sich unser Team ab.

»Was ist ein Ereignis?«, fragte jemand.

»Wenn Sie besondere Bedingungen schaffen, sodass die Kinder einen Eindruck ihrer selbst erhalten können«, antwortete sie.

Die nächste Fragerunde widmete sich unausweichlich dem Thema, wie wir umsetzen könnten, worauf wir hingewiesen worden waren. Madame de Salzmann bat uns, unsere eigenen Beispiele zu finden.

Als sie mit uns über »Herausforderungen« sprach, meinte sie damit, den Kindern eine innere Anforderung zu stellen, die der äußeren, sichtbaren Arbeit entsprach und ihr eine weitere Dimension hinzufügte. Das konnte heißen, Seite an Seite mit einem anderen Kind zu arbeiten und sich im Tempo aufeinander einzustellen; oder zusammen zu arbeiten und eine bestimmte Zeit lang nicht miteinander zu sprechen; oder irgendetwas Ungewohntes auszuprobieren. Ein anderes Mal erklärte sie: »Die Vorbereitung, also wie Sie die Umgebung einrichten und die Herausforderung gestalten, ist äußerst wichtig. Und dann: Seien Sie in dem Moment wirklich selbst da. Unternehmen Sie diese Zusatzanstrengung, ganz und gar da zu sein, aber sprechen Sie nicht darüber. Wenn Sie auf diese Art verfahren, werden die Kinder erleben, was notwendig ist, ohne dass es ihnen mitgeteilt wird.«

Viel hing davon ab, wie die Herausforderung gestellt wurde. Sie musste lebendig, kreativ und interessant sein. Die Erwachsenen mussten sich ebenso an der Herausforderung versuchen und sich genauso daran halten. Dadurch konnten wir alle erkennen, aus welchem Holz wir geschnitzt waren. Wir fanden es absolut erforderlich, uns daran zu erinnern, dass unsere eigene innere Anstrengung das Wichtigste von allem war. Selbstverständlich arbeiteten wir mit den Kindern und für sie, aber es musste auf der Arbeit an uns selbst begründet sein.

—

Pamela, ein Mitglied des Teams, erinnert sich an einige der Herausforderungen:

» Würdet ihr gerne ein Haus bauen, nur ihr Kinder? Möchtet ihr versuchen, die Spüle einzubauen? Wollt ihr probieren, eine Feuerstelle zu errichten? Möchtet ihr versuchen, die Leitungen in der Wand zu verlegen und für Elektrizität zu sorgen?

Es ist kalt und es gibt keine Isolierung. Wollt ihr es versuchen, auch wenn es schwierig ist?

Im Reistopf ist eine Maus. Kannst du dich trotzdem um das Mittagessen kümmern?

Könntest du die Sandwiches für zweihundertfünfzig Gäste machen? Was brauchst du dafür?

Wer möchte versuchen, auf Stelzen zu gehen? Könntet ihr versuchen, eine Seilbrücke zu bauen? Würdet ihr gerne ein Festival auf die Beine stellen? Werden wir Eintritt verlangen und was sollen die Karten kosten?

Kannst du versuchen, zu jonglieren?

Und für die Kleinen: Könnt ihr versuchen, fünf Minuten lang kein Wort zu sprechen?

Für die Älteren: Könnt ihr ausprobieren, während des Vormittags nicht zu reden?

Kannst du versuchen, dich nicht zu beschweren, bis wir nachher den Imbiss einnehmen? «

Ein Ereignis schaffen, eine Herausforderung vorbereiten und ausschließlich für diesen Moment da sein – unsere Vorhaben mussten diese drei Elemente miteinander verbinden. Jede Stunde, die wir mit den Kindern arbeiteten, schien mindestens für einen von uns, manchmal sogar für das ganze Erwachsenenteam, eine Stunde der Vorbereitung zu kosten. Der Erfolg eines Projektes war nahezu in Gänze vom Grad der Anstrengung abhängig, den das Erwachsenenteam im Vorfeld bereit war zu investieren. Das war der Preis. Waren wir bereit, ihn zu zahlen?

—

Auch wenn wir manchmal den Eindruck hatten, dass die Kinder wenig Aufmerksamkeit bekundeten, hieß dies nicht, dass der Impuls nicht empfangen worden war. Auch eine sorgfältig zur Schau gestellte leere Mine konnte nicht für bare Münze genommen werden. Sie nahmen Eindrücke auf ihre eigene Art und Weise wahr. Eins der damaligen Kinder erinnert sich an den Einfluss jener Herausforderungen:

> »Wenn wir Kinder bei unserer Arbeit etwas Neues ausprobierten oder irgendetwas taten, was wir uns selbst ausgedacht hatten, wurden wir von niemandem korrigiert. Keiner sagte: ›Das machst du falsch‹, ›du stellst dich blöd an‹, oder ›du weißt ja gar nicht, was du da tust.‹ Stattdessen traute man dir zu, dass du mit irgendetwas Eigenständigem daherkommst. Die Erwachsenen ließen uns einfach machen.
>
> Zu erfahren, dass ich mich, vor eine Knacknuss gestellt, nach innen richten und mich auf meine eigenen Fähigkeiten verlassen konnte, gab mir eine Menge Selbstvertrauen in Bezug auf Dinge, die mir auf meinem späteren Lebensweg begegneten.«

Zeit ist für Kinder von Natur aus etwas anders als für Erwachsene, welche an die Zukunft glauben und implizit darauf vertrauen. Für Kinder ist Zukunft dermaßen abstrakt, dass sie fast nicht existiert. Sie leben im Jetzt. Wenn über zukünftige Projekte gesprochen wurde, kümmerte dies die jüngeren Kinder nicht, egal ob es sich um Planungen für die nächste Woche oder für den späteren Tag handelte. Sobald etwas vorgeschlagen wurde, betrachteten sie es als etwas sofort Stattfindendes. Wenn das Team noch nicht so weit war, das Ereignis in Gang zu setzen, oder wenn wir zu theoretisch darüber sprachen, verloren die Kinder das Interesse daran. Sie mochten so tun, als ob sie noch zuhörten, doch hatten sie sich bereits in ihre eigenen Gedanken und Träume zurückgezogen. Genauso wahrscheinlich war es, dass sie sich einem Freund zuwandten und mit ihm zu sprechen begannen oder teilnahmslos mit irgendetwas spielten, was gerade in Reichweite war. Während einer Mahlzeit konnten ein Gummiband und eine Gabel zum Wurfgerät für Erbsen und andere kleine Projektile mutieren. Ihr Gespür für Unmittelbarkeit half uns; es verlangte von uns, aktiv und wach zu bleiben. Es gab nur eine wirkliche Konstante in den sich rasch abwechselnden Gezeiten ihrer Interessen: unsere Aufmerksamkeit; sie brachte die Kinder mit uns in Verbindung.

Und diese war ebenso leicht hervorzurufen wie wieder zu verlieren – die Energie der Kinder war äußerst lebendig, ihr Tempo sehr viel höher als das unsrige. Für uns waren Worte beruhigend. Über etwas zu sprechen, verschaffte uns ein gutes Gefühl, so als ob wir tatsächlich etwas täten. Für die Kinder war das ganz anders. Wehe, man bat sie zu arbeiten und das Projekt war noch nicht startklar. Dann verschwanden die Kinder nämlich wieder, während das Team noch damit beschäftig war, die notwendigen Hilfsmittel oder Materialien herbeizuschaffen.

Gemeinsam in der Küche zu beginnen, war einfach: die Zutaten pro Gericht zu verteilen, bereitzustellen, was im Vorfeld bereits geplant und eingekauft worden war. Aber für andere Arten von Projekten befand sich das notwendige Werkzeug teilweise weit verstreut auf dem neun Hektar großen Anwesen: die Zwei-Meter-Leitern am einen Ende, die benötigten Farbeimer am anderen. Wenn wir etwas streichen wollten, benötigten wir auch genügend Schmirgelpapier und Spachtel für alle. Und es galt sicherzustellen, dass noch keiner der Farbeimer offen war, damit die Kinder nicht bereits ihre Pinsel hineintauchten, während wir noch am Erklären waren, weshalb Abschmirgeln und Grundieren wichtig seien. Wurde all dies bedacht, konnten auch siebenjährige Kinder genauso sorgfältig und produktiv anstreichen wie Erwachsene und zwar, zu ihrer größten Zufriedenheit, sogar in kürzerer Zeit.

—

Es macht keinen Sinn, unsere besten Gedanken, Gefühle oder Energie für später aufzusparen oder für eine besondere Zeit, die uns als sinnvoller oder wertvoller erscheint; genauso nutzlos ist es, unsere besten Kleidungsstücke, unser gutes Porzellan, das Kristallglas oder das Silberbesteck aufzusparen. Wenn wir diese besten Dinge nicht gebrauchen, hinterlassen wir sie einfach unseren Erben, die sie ebenfalls nicht gebrauchen werden, weil sie niemals sahen, wie sie benutzt wurden. Durch eine solche Zurückhaltung, eine emotionale Knauserigkeit, betrügen wir das Dasein. Natürlich hat die Vorstellung, wertvolle Dinge für spezielle Gelegenheiten aufzubewahren, eine praktische Seite, aber sie befördert auch die

Auffassung, das normale Leben verdiene nicht das Beste, was man zu geben hat. Es ist notwendig, großzügig zu sein. Das Kind, das gerade vor mir steht, ist genau die Person, die meine vollste Aufmerksamkeit benötigt. Das Kind und ich teilen diesen Moment des Jetzt miteinander, und eine andere Zeit gibt es nicht.

»Schaffen Sie besondere Umstände«, sagte Madame de Salzmann. Nach und nach verstanden wir, dass *wir* diese besonderen Umstände waren, von denen alles abhing. Unsere Anstrengungen, uns der Kinder und uns selbst bewusst zu sein, kreierte eine Atmosphäre, in der jeder sein eigenes Leben plötzlich, während dieses einen Augenblicks, deutlicher erleben konnte. Wenn unsere Bemühungen hingegen nicht ausreichten, hatte unsere Arbeit mit den Kindern das Niveau einer Freizeitbeschäftigung oder eines Hobbys – gut gemeint, aber ohne Direktheit.

Es war außerordentlich anspruchsvoll, auch nur für ein paar kurze Augenblicke diese doppelte Aufmerksamkeit, die für sich selbst und die für die Kinder, aufzubringen. Das Team begann zu lernen, wie hinter den Worten der Kinder die Bedeutung herauszuhören war. In dem Zwischenraum, den dieses Lauschen schuf, konnten wir besser hören, was wir den Kindern sagten, was wir einander sagten und was wir selbst dachten. Manchmal hörten wir den Klang unserer Stimme, während wir am Sprechen waren. Und obwohl es Resultate, Einsichten und Augenblicke des Erkennens gab, konnten wir doch nicht vorhersagen, ob und wann sich solche einstellen würden. Statt ein Mädchen oder einen Jungen nur auf einer Holzbank herumzappeln zu sehen, konnte ich in manchen Augenblicken ihr inneres Wesen erscheinen sehen. Dieser Teil in ihnen war imstande zu verstehen, und dann konnten wir ganz einfach und direkt miteinander sprechen. War es das, was Madame de Salzmann meinte, wenn sie von den unvergesslichen Ereignissen sprach, die es für die Kinder zu schaffen gelte? Ganz gewiss war es für mich solch ein Ereignis.

Natürlich wollten wir Erwachsenen eine Formel dafür finden, sicherstellen zu können, dass wir das Richtige taten, dass wir etwas Woche für Woche wiederholen und jedes Mal ein gutes Ergebnis erzielen konnten. Doch wir begannen zu erkennen, dass dieses Bedürfnis nach einem »Lehrplan« und nach Sicherheit nur dazu führte, dass wir den Prozess der Infragestellung unserer selbst und unseres Tuns vermieden. Unser Verständnis musste offen bleiben für die sich verändernde Wirklichkeit des Augenblicks.

Takt und Geschwindigkeit der Aktivitäten mussten variiert werden. Was wir brauchten, war nicht eine Methode, sondern ein Verlangen, die Wirklichkeit zu erkennen, das stärker war als unsere Gewohnheiten. Wir benötigten die Aufmerksamkeit unseres ganzen Selbsts: die des Verstandes, die der Gefühle, die des Körpers und die der Intuition. Wir mussten uns, und zwar in jedem Augenblick von Neuem, des Urteilens und der Kritik entledigen und in der Echtzeit leben.

—

Um uns auf diese Art der Arbeit vorzubereiten, gab uns Madame de Salzmann eine Reihe von Übungen. Sie bat uns, die Kinder zu studieren, hinzuschauen, wer sie seien: »Erkunden Sie Ihr eigenes Kind, ohne zu urteilen.«

Unsere Bemühungen, objektiver zu werden, entblößten die Hartnäckigkeit unseres Automatismus für Vorlieben und Abneigungen. Da diese Objektivität unmöglich zu erlangen schien, wurde die Übung genauer erklärt. Jedes Teammitglied musste sich ein Kind aussuchen und beobachten, was das Stärkste in ihm war – sein Körper, seine Gefühle oder sein Verstand. Was war in ihm am wenigsten entwickelt? Was war am schnellsten? Dann wählten wir andere Kinder aus und verglichen unsere Beobachtungen. Gemeinsam erarbeiteten wir für jedes Kind entsprechend seinem Entwicklungsstand die passende Aufgabe und den richtigen Moment, um ihm diese Aufgabe zu präsentieren. Die Art und Weise, wie die Kinder mit ihren unterschiedlichen Aufgaben umgingen, erweiterte unser Verständnis für sie und dafür, wie wir ihre Fähigkeiten am besten ausbauen konnten. Mitunter war es bereits ein ausreichender Erfolg, ein Kind dazu ermutigen zu können, sich einen Moment länger anzustrengen, als es gemäß seinem eigenen Tempo gewohnt war. Madame de Salzmann hörte sich unsere Berichte an und machte uns auf etwas Weiteres aufmerksam: »Wenn Sie ein Kind anschauen, stellen Sie sich vor, *wie* es sein wird, *wer* es sein wird, wenn es erwachsen ist. Versuchen Sie, es zu sehen, als wäre es bereits erwachsen. Dann sprechen Sie mit dieser Person. *Bestätigen Sie das Wesen des Kindes.*«

Ein Teamkollege erinnert sich daran, wie er den Kindern dabei half, kleine Holzflöten herzustellen mit Feilen, Stechbeiteln und Messern, die für Kinder dieses Alters gewöhnlich als zu gefährlich erachtet werden. Aber sein Vertrauen in ihre Fähigkeiten und seine Wachsamkeit befähigten sie, nach und nach die Werkzeuge zu beherrschen und wunderbar klingende Instrumente zu schnitzen, die sie später in einem Ensemble spielten. Es war nicht unser Ziel, Meisterwerke hervorzubringen, sondern Anstrengungen.

—

»Gott kann nicht hinters Licht geführt werden; keine Anstrengung ist umsonst«, hatte Gurdjieff gesagt.

—

Eines Abends während unseres Teammeetings sagte ein Kollege: »Mein Vater war sehr negativ und kontrollierend. Ich habe Angst, das Verhalten meines Vaters zu wiederholen. Ohne es überhaupt zu bemerken, tue ich dasselbe meinem Sohn an.« Er sprach mit großer Ehrlichkeit. Seine unbeholfene Art, mit seinen Kindern umzugehen, war offensichtlich.

»Du hattest einen schwierigen Vater«, bestätigte Jim Nott, Co-Leiter der Kindergruppe an der Seite von Peggy Flinsch, der Gurdjieff bereits in seiner Kindheit kennengelernt hatte. »Aber Gurdjieff hat uns gelehrt, dass wir die Vergangenheit heilen können. Ändere dich heute, und das Morgen wird anders sein und es wird sich sogar auf das Gestern auswirken.« Jim fuhr fort: »Wenn wir uns darin zurückversetzen, wie wir uns als Kinder fühlten, werden wir vielleicht besser verstehen können, was die Kinder hier empfinden.« Das Team verständigte sich auf eine neue Übung: Jeden Morgen saßen wir in Stille und erinnerten uns daran, wie es gewesen war, klein und ein Kind zu sein. Was hatte uns damals verärgert? Was hatte uns traurig gemacht?

—

Diese Übungen gaben dem Team neues Material und eine frische Agenda. Wir versuchten nicht länger, ein manchmal ausdrucksloses Gesicht zu dechiffrieren, indem wir das Kind ausfragten, sondern erinnerten uns der Gefühle unserer eigenen Kindheit. Das brachte uns auf eine instinktive Art mit der Erfahrung der Kinder in Verbindung.

In einer anderen Übung, bei der wir früh morgens still und körperlich entspannt dasaßen, stellten wir uns kurz das Gesicht jedes Kindes vor, mit dem wir an dem Tag arbeiten würden. Das war schon alles: es einfach nur zu sehen. Einige der Schullehrer unter uns, die sich mit der Gurdjieff-Arbeit beschäftigten und diese Übung als Vorbereitung auf ihr Klassenzimmer praktizierten, berichten später, dass ihre Schüler dadurch aufmerksamer wurden und bereiter, zuzuhören und unterrichtet zu werden.

Eine andere einfache Übung zur Vorbereitung für die Arbeit mit den Kindern bestand darin, mit geschlossenen Augen still dazusitzen, unsere Anspannungen abzubauen und uns des Augenblicks gewahr zu werden. Auch diese Übung führte zu bemerkenswerten Ergebnissen. Eines späten Abends probierten wir sie gemeinsam aus. Wir hatten den ganzen Tag über mit den Kindern an einem Theaterstück gearbeitet und jetzt, in der Stille, fiel durch unsere Müdigkeit die Anspannung von uns ab. In diesem ruhigeren Zustand war es möglich, unseren wechselnden Stimmungen und unausgesprochenen Gedanken zu folgen.

Jean, eine neue Teamkollegin fühlte es auch: »Diese stillen Momente geben mir so viel«, sagte sie. »Warum zeigen wir diese Übung nicht auch den Kindern?«

»Woher weißt du, ob diese Übungen ihnen helfen oder schaden?«, fragte Peggy. »Haben wir das Recht, den Kindern Übungen zu geben, die ihrem Entwicklungsstand womöglich nicht angemessen sind?« Sie erklärte, dass Entwicklungsstufen verstanden und respektiert werden müssen. Eine vorzeitige Aufforderung, sich nach innen zu wenden, kann dem natürlichen Wachstumsprozess eines Kindes schaden und seinem Bedürfnis, stark in seinem Leben zu stehen, zuwiderlaufen. Es ist eine Sache, die Aufmerksamkeit eines Kindes auf eine Tätigkeit richten zu wollen und, um dies zu erreichen, es darum zu bitten, ruhig zu sein, damit es besser zuhören und arbeiten kann. Freiwillig gegebene Aufmerksamkeit stärkt ihre Konzentrationskraft und ihren Willen. Doch es ist eine ganz andere Geschichte, Kindern, die noch nicht reif dafür sind, Übungen für Erwachsene vorzuschlagen.

Jim hatte immer ein ganzes Gefolge von Kleinen. Er musste nur ein Werkzeug in die Hand nehmen und schon versammelten sich die Kinder, um ihm zu helfen. Ich wollte hinter sein Geheimnis kommen.

»Unsere Bemühung um Aufmerksamkeit macht die Arbeit lebendig«, sagte er. »Wollen wir, dass die Kinder aufmerksamer sind, müssen wir zuerst selbst aufmerksamer werden. Wenn wir keine Aufmerksamkeit aufbringen können, wird der Tag ein ganz gewöhnlicher und die Kinder sind enttäuscht, ohne zu wissen warum. Sie sind dann gelangweilt und rebellisch. Letzte Woche war meine Jungengruppe in der Schreinerwerkstatt komplett außer Rand und Band«, erzählte Jim weiter. »Also nahm ich wortlos meine Werkzeuge und begann, so hart ich nur konnte zu arbeiten, um sie einzubeziehen, ohne ihnen etwas zu sagen. Der erste Junge kam näher und fing mit der Arbeit an, dann kam ein weiterer...«

Der Zustand der Kinder war ein Spiegel unseres eigenen Zustandes. Wenn die Erwachsenen engagiert waren, blühten auch die Kinder auf, ihr Interesse wurde durch unser Interesse angeregt. Wenn wir mit etwas anderem beschäftigt oder unaufmerksam waren, hatten die Kinder kein Ziel und waren unruhig. Waren wir in unsere eigene Arbeit vertieft, störten wir nicht die der Kinder. Wir überließen es ihnen, etwas auszuprobieren, und übten keinen Druck aus. Sie spürten unser Vertrauen.

—

Wir achteten darauf, nicht zu kritisieren, was die Kinder sagten oder taten, und versuchten stattdessen, darin das Element ihrer Anstrengung zu sehen und zu loben. Es war wichtig, dass wir ihre Bemühungen wahrnahmen, erkannten und wertschätzten. Dies ermutigte sie weiterzumachen. Es war wichtig, so Madame de Salzmann, die Kinder »großzuziehen« (dabei machte sie eine anhebende Geste mit ihrer Hand). Sie sagte, dass Erwachsene durch ihre Kritik Kinder allzu oft kleinmachten und sie damit unwissentlich entmutigten, weitere Anstrengungen zu unternehmen. Das war ein heikles Unterfangen. Es erforderte echte Überlegung und ein entsprechendes Bemühen unsererseits, um tradierte Erziehungsmethoden, die noch aus unserer eigenen Kindheit stammten, zu überdenken. Wir mussten das gewohnte, automatische Kritisieren der Kinder ablegen, von dem so viele fälschlicherweise meinen, es sei ein Mittel, das Kind voranzubringen. Das einzige wirkliche Resultat von Kritik ist, dass die Kinder entmutigt werden, es ein weiteres Mal zu versuchen.

Madame de Salzmanns Besuche bewirkten, dass wir uns wünschten, aufzuwachen und unser Suchen zu intensivieren. Dieser Effekt entsprang ihren Anstrengungen und ihrer Fähigkeit, ihr eigenes Wesen tief zu durchdringen, ungerührt von den Widersprüchlichkeiten, die sie dort vorfand, bis diese Widersprüche sich in eine Welt des durchdringenden Bewusstseins aufgelöst hatten. Wenn ich Madame de Salzmann gegenüberstand, fühlte ich mich gesehen und akzeptiert, wie ich war. Sie urteilte nicht über mich. Ihre Akzeptanz jedes einzelnen Menschen war unerschöpflich. Bemerkenswerterweise nahm sie an nichts Anstoß. In den Treffen war es jedem überlassen, eine Frage zu stellen, und wenn es sich um eine ernsthafte Frage handelte, antwortete sie immer. Sogar wenn jemand fabulierte oder philosophierte, konnte sie sich entscheiden, genau darauf zu antworten.

Ihr Geheimnis bestand darin, dass sie auf die Person antwortete und nicht auf deren Worte. Durch die Art, wie sie uns zuhörte, brachte sie uns das Zuhören bei. Sie war immer sehr klar darin, dass wir nicht von höheren Dingen sprechen sollten, bis wir diese Dinge selbst spürten, während wir darüber sprachen – eine schwierige Bedingung. Manchmal unterbrach sie einen hochtrabenden Bericht dadurch, dass sie fragte: »Und was ist jetzt – fühlen Sie das in diesem Augenblick?«

Während sie bei uns in New York war, schien so viel möglich zu sein, und wenn sie uns wieder verließ, um nach Paris zurückzukehren, versuchten wir, die Arbeit fortzuführen, die sie uns gebracht hatte.

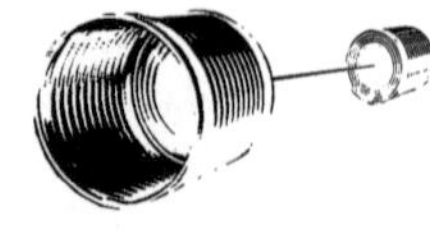

Kapitel 4

In der Küche

Wenn wir die Kinder nicht mit gut gemeinten Anleitungen bombardierten, gab dies ihnen Raum für eigenständiges Denken.

»WENN DAS LEBEN EINE SCHULE IST, IST DIE KÜCHE DIE Universität«, sagte Jeanne de Salzmann. In unserer Arbeit mit den Kindern wurden auch die Jüngsten ohne Umwege sogleich auf dieser Universität »eingeschult«. Die Gruppe, die unsere große Mittagsmahlzeit zubereitete, bestand in der Regel aus einem Teenager als Chef oder Chefin und einigen Acht-, Neun- oder Zehnjährigen als Crew; unterstützt wurden sie von einem erwachsenen Teammitglied. Durch ihre Arbeit in der Küche lernten die Kinder, Rezepte zu lesen, Mahlzeiten vorzubereiten und zu kochen sowie auf einem weitaus höheren Niveau zu servieren, als sie es in ihrem familiären Umfeld gewohnt waren. Sonntagmittags galt es jeweils, um die fünfunddreißig oder mehr Personen mit Essen zu versorgen.

Das Resultat war unvorhersehbar und bewegte sich in einer Bandbreite von exzellent bis kaum genießbar. Verbrannte Muffins (der Backofen heizte sehr ungleichmäßig) oder sandiger Spinat waren ebenso wahrscheinlich wie ein köstlicher Eintopf oder ein Apfelkuchen auf Blätterteig – egal, was auf den Tellern serviert wurde, alles wurde angenommen. Doch der Küchenalltag stellte uns vor ein Dilemma: Zwar konnten die Kinder in der Regel die Fertigkeiten, die sie brauchten, entweder voneinander abschauen oder sich selbstständig aneignen, doch das klappte nicht immer. »Vermitteln Sie den Kindern keine Patentrezepte für die Küchenarbeit«, sagte Madame de Salzmann. Aber die Kinder mussten die Grundlagen des Abmessens, Mischens und Schneidens lernen; wie sollten sie das tun, wenn wir es ihnen nicht beibrachten? Wie konnten wir den Kindern ermöglichen, selbst zu entdecken, wie sie diese Arbeiten zu verrichten hatten?

Gurdjieff hatte Bedingungen arrangiert, unter denen seine Schülerinnen und Schüler lernen konnten, ohne sich auf Worte verlassen zu müssen. Wenn wir die Kinder durch Ausprobieren lernen ließen, blieben sie interessiert und herausgefordert. Die Erwachsenen agierten als Hilfskräfte, gingen beispielsweise zur Hand, um schwere Töpfe vom Herd zu nehmen. Wir achteten darauf, nur dann Ratschläge zu erteilen, wenn sie wirklich gebraucht wurden. Unsere Herangehensweise entsprach der einer Berufslehre: Wir zeigten ein wenig Technik und ließen die Kinder dann auf ihre eigene Art arbeiten, ihre eigenen Ideen umsetzen – und ihre eigenen Fehler machen.

Für uns war es essenziell, nicht zu viel zu sprechen. Wenn wir die Kinder nicht mit gut gemeinten Anleitungen bombardierten, gab dies ihnen Raum für eigenständiges Denken.

—

Geschwindigkeit war wichtig, und zwar nicht nur, um das Essen vor dem Anbrennen oder Verkochen zu bewahren. Ein schnelles Tempo sorgte dafür, dass die Kinder nicht von ihren Tagträumen absorbiert wurden. Zügiges Arbeiten, doch ohne Hetzerei, verlangte die Aufmerksamkeit des Verstandes, gepaart mit einem Gefühl für die Aufgabe, auf das der Körper eifrig ansprach. Und plötzlich konnte ein missgelauntes Kind aufgeweckt, anpassungsfähig und unglaublich schnell sein.

Jede Aufgabe wurde in die Verantwortung eines Kindes gegeben. Sogar das Zählen der Gäste war eine sinnvolle Aufgabe für ein Kind, welches sich die Zahl den ganzen Tag über merken musste, da dementsprechend die Plätze an den Tischen vorbereitet wurden. Falls Personen aus der Gruppe weggingen oder nicht erscheinen konnten, mussten diese wieder abgerechnet werden. Für ein neun- oder zehnjähriges Kind ist es nicht einfach, bei mehr als dreißig Personen den Überblick zu behalten.

Die Köche schauten zufrieden oder verdrossen zu, wie wir die Früchte ihrer Arbeit verzehrten; doch wir kritisierten niemals die Ergebnisse, sondern achteten darauf, ihre Bemühungen anzuerkennen. Die Teller wurden über eine Kette von Händen serviert, die sich von der Küche bis zum Esstisch erstreckte. Diese »Kette«*

* Die »Kette« hat in der Gurdjieff-Arbeit eine besondere Tradition. Sie wurde in den 1940er-Jahren eingeführt, als Gurdjieff in seiner Pariser Wohnung regelmäßig mehrere Dutzend Gäste zu seinen berühmten Tischgesellschaften einlud. Vergleiche dazu: ELIZABETH und JOHN G. BENNETT: *Monsieur Gurdjieff und*

wurde von den Kindern besonders gemocht: Ihr wohnte der Zauber inne, ein heißes Gericht behutsam von Hand zu Hand zu reichen, so als ob alle Beteiligten ein einziger Organismus wären. Und wenn dies dann auch noch rasch vonstattenging, bereitete es umso mehr Vergnügen. Nach dem Essen wurden die Teller abgeräumt, abgewaschen und in einer ähnlich choreografierten Abfolge zurück an ihren Platz gestellt.

An einem unserer Treffen erzählte Madame de Salzmann in diesem Zusammenhang die Geschichte, wie sie kochen gelernt hatte. Als Tochter eines bekannten Schweizer Bauingenieurs war sie in den feinen Künsten unterrichtet worden: Poesie, Klavier, Ballett. Da ihre Eltern nicht davon ausgingen, dass sie jemals Hausarbeiten werde ausführen müssen, standen Themen der Haushaltsführung nicht auf ihrem Lehrplan. Als sie dann Alexandre de Salzmann heiratete, der die Wälder liebte, nahm dieser seine frisch-angetraute Braut mit auf einen Camping-Ausflug. Er kümmerte sich jeweils um das Feuer und sie bemühte sich, die Mahlzeiten zuzubereiten – es war ein Desaster! Alles brannte an; nichts war genießbar. Doch anstatt sie zu kritisieren, aß ihr Ehemann alles, was sie zubereitet hatte und lobte es auch noch. Seine Freundlichkeit erfüllte sie mit Gewissensbissen und motivierte sie, schnell gut kochen zu lernen.

—

»Kinder haben einen natürlichen Gerechtigkeitssinn«, sagte sie. »Können Sie diesen hervorrufen, anstatt ihnen Ihren eigenen aufzuzwingen? Können Sie ihnen ohne Tadel erlauben, mit den Konsequenzen ihres Handelns zu leben?«

Meine Tochter Risa, die damals bereits seit sechs Jahren an unserer Arbeit mit den Kindern teilnahm, erinnert sich:

» Ich war elf Jahre alt und sollte als Chefköchin für das Sonntagsessen sorgen. Ein erwachsenes Teammitglied war meine Assistentin. Ich weiß noch, wie ich Jean in ihrem wundervollen Appartement in der Park Avenue besuchte, um gemeinsam mit ihr die Mahlzeit zu planen. Wir vertieften uns in Kochbücher und Rezepte und entschieden uns für ein Menü, das aus einem Hackbraten, Salat und einem Apfel-Crumble bestand.

seine Idioten – Paris 1949. Aus den Tagebüchern und Memoiren zweier Reisender in die Wirklichkeit, Xanten: Chalice Verlag, 2016 [A.d.Ü.].

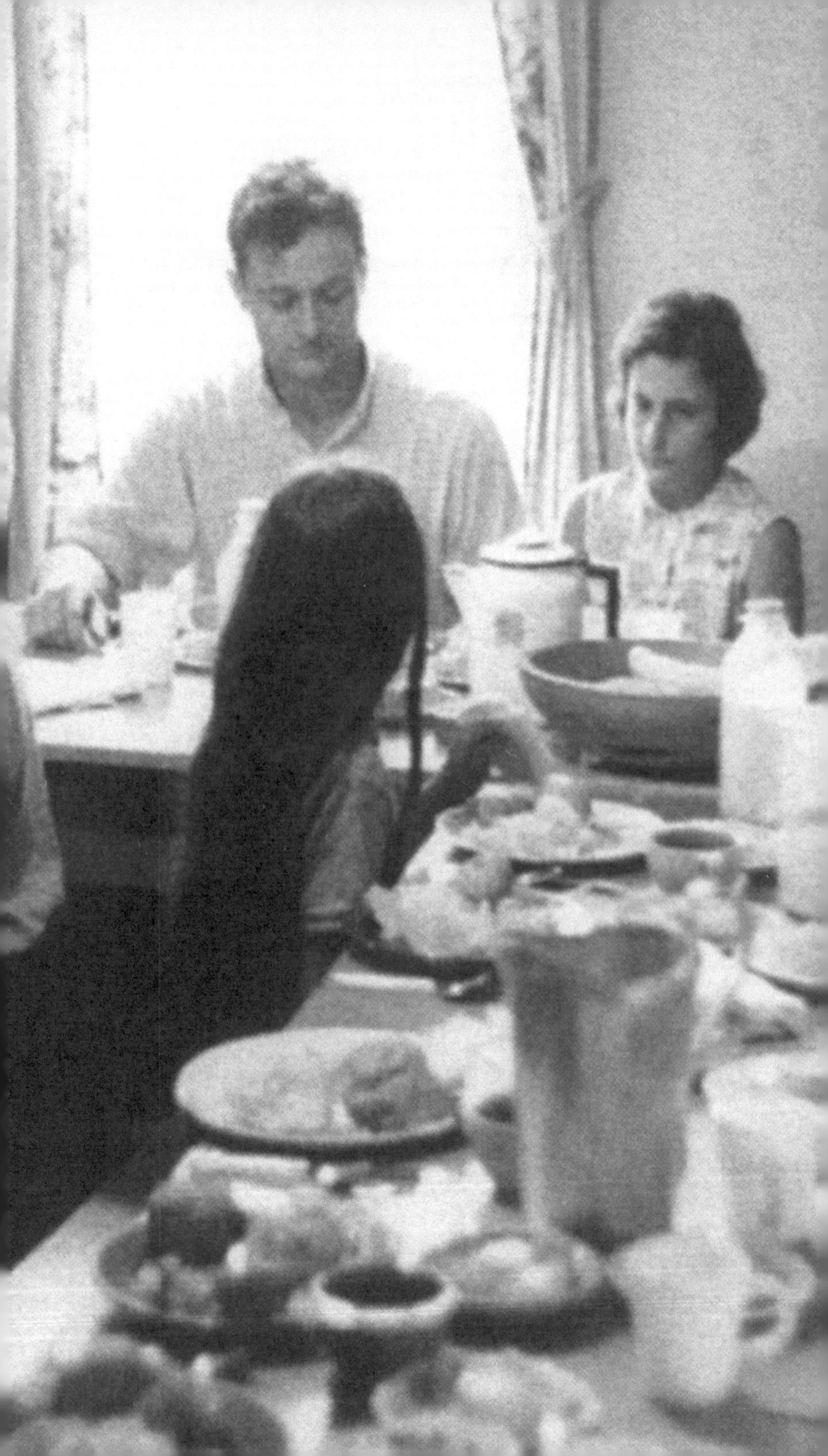

Der Sonntag kam. Auf der Farm packte ich die Lebensmittel aus den Papiertüten und begann, die Zutaten für jedes Gericht zusammenzustellen. Als alle Taschen leer waren, realisierte ich, dass wir den Salat vergessen hatten und nichts vorrätig war, woraus wir einen Ersatz hätten zaubern können. Ich konnte mir nicht vorstellen, dass das Gericht auch ohne Salat funktionieren würde; er gehörte einfach zum Plan. Ich fragte meine Mutter, ob jemand zum Lebensmittelladen gehen könnte, der viereinhalb Kilometer entfernt lag.

Aber Peggy mischte sich ein. »Es ist besser, wenn niemand geht«, sagte sie. »Alles hat seine Zeit; es gibt eine Zeit dafür, dass etwas getan oder sein gelassen werden muss. Wenn diese Zeit vorbei ist, kannst du sie nicht zurückholen. Du musst jetzt weitermachen und das tun, was jetzt notwendig ist. Die Zeit, um den Salat zu holen, war während des Einkaufs; jetzt ist es Zeit zu kochen. Wir werden keinen Salat zu Mittag essen.«

Ich war fest davon überzeugt, dass der Hackbraten ohne Salat lächerlich aussehen würde und das Mittagessen, für das ich die Verantwortung trug, ruiniert sei. Damals empfand ich es als schrecklich schmerzhaft, aber Peggy hatte Recht. Sie half mir zu erkennen, dass ich Verantwortung für mein Handeln übernehmen musste. Ich war so stolz auf mich gewesen, dass ich die ganze Mahlzeit geplant und die Einkäufe erledigt hatte. Aber sie konfrontierte mich damit, dass ich etwas vergessen hatte. Eine so große Nummer war ich also doch noch nicht; ich hatte einen Fehler gemacht. Und es war mir nicht erlaubt, das Ergebnis zu verstecken oder es derart zu korrigieren, wie mein Ego es verlangte. «

Dass Risa als Küchenchefin bestimmt worden war, hatte uns beide stolz gemacht. Als sie mir erzählte, sie habe vergessen, den Salat zu kaufen, bekam ich bei ihrem angespannten Gesichtsausdruck das Gefühl, dass ich meine eigene Gruppe allein lassen und sofort für Salat sorgen müsse.

Also suchte ich Peggy auf. Wir verließen niemals das Anwesen, ohne der verantwortlichen Person Bescheid zu geben. Sie fragte mich, warum der Salat notwendig sei. Nach Risas Erklärung sagte Peggy: »Es ist besser, wenn du nicht gehst.«

Mir fiel es schwer, in Risas tieftrauriges Gesicht zu schauen, aber Peggy war unnachgiebig. »Wir versuchen nicht, irgendetwas zu kaschieren. Wir ermöglichen dem Kind, die Resultate seines Handelns zu erfahren«, erklärte sie mir, als wir unter uns waren.

Dieser Vorfall brachte mich auch später noch ins Grübeln. Peggy hatte uns daran erinnert, dass wir Mitleid mit unseren Kindern haben und sie folglich von jedweder Schwierigkeit bewahren wollten, welche aber womöglich genau die war, die sich auf das Kind positiv und nicht negativ auswirken mochte. Ich glaubte zwar an Prinzipien, aber nicht an Härte. Diese Entscheidung erschien mir hart und ich schaffte es nicht, beides miteinander in Einklang zu bringen. Wie auch immer, Jahrzehnte später überraschte mich Risa mit folgender Aussage:

> »Jener fehlende Salat kam mir in meinem Leben sehr zugute, sogar in meiner Zeit an der medizinischen Fakultät und während meines anspruchsvollen Praktikums. Mir unterliefen viele Fehler, wesentlich schwerwiegendere, die ich anzuerkennen wusste und mit denen ich leben konnte, ohne sie zu kaschieren. Ich konnte Kritik ertragen, ohne übermäßig verletzt zu sein oder aufzugeben. Meine Leistung war nicht immer perfekt. Es war wichtig, dies zu erkennen und trotzdem weiterzumachen.«

An einem Sonntag in Armonk entschieden wir uns zu der Übung, etwas an sich Vertrautes auf eine anstrengendere Art auszuführen. Wir wollten dadurch versuchen, die Abgestumpftheit des Bekannten zu durchdringen und die Dinge wieder auf eine neue Weise wahrzunehmen. Da ich an der Reihe war, mich um die Besorgungen für die Küche zu kümmern, beschloss ich, dass meine Gruppe die viereinhalb Kilometer zum nächstgelegenen Lebensmittelgeschäft zu Fuß gehen sollte, um dort die Einkäufe für den Sonntag zu erledigen, anstatt dass ich diese mit dem Auto aus der Stadt mitbrachte.

Drei Kinder und ich machten uns also auf den Weg und legten die viereinhalb Kilometer schnell zurück. Noch vor elf Uhr waren wir im Laden an der Kreuzung und begannen mit dem Einkauf. Es galt, für dreißig Personen alles zu besorgen, und beinahe sofort befand ich mich mit der dreizehnjährigen Chefköchin Angela in einem Konflikt. Sie wollte so viel wie möglich in Dosen einkaufen: Gemüse, Tomatensauce, sogar vorgemixte Saftgetränke. Mir war es jedoch ein Anliegen, dass sie frische, getrocknete oder tiefgefrorene Zutaten kaufte, die leichter waren. Trotz meiner Einwände wollte ich ihrer Entscheidung nicht widersprechen. Also verließen wir den Laden mit vier schweren Taschen, die mit Büchsen prall gefüllt waren.

Damit die Kleinsten nicht zu schwer zu tragen hatten, teilten wir die Einkäufe auf. Die Sonne stand nun hoch am Himmel. Wir waren noch keinen Kilometer gegangen, als Angela langsamer wurde und vermeldete, ihre Tasche sei zu schwer für sie und zudem sei ihr zu heiß. Unsere kleine Gruppe zottelte die Straße entlang und zog sich auseinander.

Hatte ich einen Fehler gemacht, eine zu schwierige Aufgabe gewählt? Wenige Meter weiter hielt Angela an und rief aus, dass sie keine Lust mehr habe und dass es kein Spaß mache. Niemand, so sagte sie, könne sie dazu zwingen; sie stellte ihre Tasche ab und forderte mich heraus. Das jüngere Mädchen machte es ihr nach, stellte ihre Tasche neben die von Angela und erklärte ebenfalls, ihr sei viel zu heiß. Also versammelten wir uns zu einem kleinen, unbehaglichen Kreis und ich erinnerte sie daran, dass sie sich mit dem Plan einverstanden erklärt hatten; ich bat sie um ihre Mitarbeit. Aber Angela blieb stur. Sie stapfte los zum Haus der Kinder, das jüngere Mädchen an ihrer Seite.

Was sollte ich nun tun? Telefonieren und um Hilfe zu bitten? Per Anhalter fahren? Nichts davon schien mir richtig zu sein. Ich wollte die Übung auf die Weise abschließen, zu der ich mein Einverständnis gegeben hatte; also nahm ich zu meiner eigenen auch Angelas Einkaufstasche. Ich konnte das Gewicht gerade so tragen und folgte den beiden Mädchen, die mit leeren Händen vor uns hergingen. Der Junge schloss sich mir mit seiner eigenen Tasche an, doch die Einkaufstasche des jüngeren Mädchens stand vorwurfsvoll am Straßenrand. Schließlich kehrte ich um und nahm auch diese dritte Tasche. Eine trug ich wie ein Baby in meinen Armen, die anderen beiden schnitten mit ihren dünnen Schnurhenkeln in meine Hände. Das Gewicht war viel zu schwer für mich.

Schweigend begann ich meine Schritte zu zählen: zehn Schritte, nochmals zehn... Die Hitze ließ die Luft über der Straße flimmern, was der ganzen Szene einen surrealen Anstrich verlieh. Alles war klarer als normalerweise und der Klang meines Atems lauter, als ich ihn jemals vernommen hatte. Ich zählte innerlich im Kanon von eins bis zehn, beginnend mit 1, 2, 3, 4... und zurück ... 4, 3, 2, 1, dann 2, 3, 4, 5... und ... 5, 4, 3, 2 und so weiter. Solange ich zählte, konnte ich weitergehen. Aber meine Gedanken kreisten und sagten mir, dass ich das Gewicht unmöglich tragen könne und es nicht bis zum Haus schaffen werde. Diese Gedanken waren mein Feind. Ich musste sie zur Ruhe bringen, um weiterzuzählen und weitergehen zu können.

Irgendwie erreichten wir schließlich die Einfahrt und dann den Unteren Schuppen. Die Kinder rannten los, um ihren Freunden mitzuteilen, dass wir zurück seien, und mit Hilfe von ein paar zusätzlichen Händen bereiteten wir das Mittagessen zu. Das Zittern meiner Arme und Beine wollte eine ganze Weile nicht nachlassen, aber das war nicht wichtig. Wir waren losgegangen, um Lebensmittel zu besorgen, und wir hatten sie gebracht.

Auch wenn die Übungen, die wir uns für die Kinder ausdachten, manchmal trotz aller Planung nicht funktionierten, boten sie uns dennoch immer die Möglichkeit, unsere eigene Anstrengung fortzusetzen. So wusste ich nach diesem Vorfall, dass mein Körper, obwohl er nicht besonders stark ist, während einer langen Zeit schwere Dinge tragen kann, wenn er im Dienst einer Absicht steht, die sowohl die negativen Gefühle als auch die Gedanken übersteuert.

Schließlich wurde also das Essen serviert und Peggy bat mich nach dem Lunch, etwas laut vorzulesen – was immer eine Ehre war. Das Kapitel, das ich zu lesen hatte, war »Mein Vater« aus Gurdjieffs autobiografischen *Begegnungen mit bemerkenswerten Menschen.*

» Obwohl ich damals noch ein kleiner Knirps war, erinnere ich mich an das Leben unserer Familie bis in die kleinsten Einzelheiten. Vor diesem Hintergrund hebt sich umso deutlicher die ganze Größe der Ruhe und des inneren Gleichmutes ab, die mein Vater in seinem ganzen Verhalten angesichts der Unglücke, die ihn trafen, bewahrte. «*

Trotz der Tatsache, dass ich das Buch sehr gut kannte, hörte ich es dieses Mal auf eine andere Art und Weise. Die Episoden waren lebendige Augenblicke, alles geschah jetzt. Es fiel mir während des Vorlesens schwer, nicht zu weinen.

* G.I. Gurdjieff: *Begegnungen mit bemerkenswerten Menschen,* Freiburg im Breisgau: Aurum Verlag, 1978, Seite 59.

Kapitel 5

Die vergessene Sprache

Um ihre Eindrücke zu verstehen,
brauchen Kinder Zeit, vielleicht sogar Jahrzehnte.

HÄUFIG FÄLLT ES UNS SCHWER, MIT KINDERN ZU SPRECHEN, weil wir ihre Sprache vergessen haben. Wir sprechen auf eine Art und Weise, die nicht die ihre ist, gehen aber davon aus, dass sie uns verstehen. Was sie jedoch viel mehr berührt als Worte, sind Bilder und Darstellungen.

In Bildern zu sprechen, wurde zu unserer neuen Aufgabe. Dass uns dies derart schwerfiel, war ein Beleg dafür, dass vieles, von dem, was wir sagten, bedeutungslos war, und so stießen wir in unseren Bemühungen auf die verlernte Ausdrucksweise der Parabeln, Volksmärchen und Mythen – die Sprache der Kindheit. Wir fanden heraus, dass die beiden Formen des Denkens unterschiedlich verarbeitet werden: Worte werden im intellektuellen Teil des Verstandes erfasst, während Bilder die Gefühlsebene ansprechen.

Bilder können bedeutungslos sein – oder die Wurzel eines Ideals.

In der Arbeit mit Kindern können Bilder dazu genutzt werden, einen Impuls auszulösen: innerlich stärker und mutiger zu sein, fähig zu werden, mit Missgeschicken klarzukommen. Gurdjieff hatte angedeutet, dass unsere Rolle als Eltern oder Pädagogen darin bestehen müsse, durch unser eigenes Beispiel sowie durch Geschichten gute Impulse zu geben. In Erinnerung an seine eigene Kindheit schrieb er: »Mein Vater erzählte uns Geschichten, die entweder von großen Völkern und erstaunlichen Menschen aus dem Altertum handelten oder von Gott, der Natur und geheimnisvollen Wundern.«

—

»Wenn Kinder eine Geschichte erzählt bekommen«, erklärte Jeanne de Salzmann einmal, »müssen sie ihre Vorstellungskraft nutzen, um sich ein eigenes Bild zu schaffen, und dies stärkt sowohl ihre schöpferische Kraft als auch ihren Willen. Wenn sie fernsehen oder sich Filme anschauen, werden ihnen fertige Vorstellungen serviert, welche die Sinne überschwemmen. Das bewegte Bild ist so überwältigend, dass Kinder sich nicht davon abwenden können; so werden sie gezwungen, bestimmte Erfahrungen zu erdulden, ob sie es wollen oder nicht.«

—

An einem Sonntag, ich war erst seit Kurzem im Team, war es meine Aufgabe, den Tag zu beginnen, doch war ich mir nicht sicher, ob ich das Geheimnis einer erfolgreichen Geschichte kannte. Nichts, was mir in den Sinn kam, schien passend zu sein, bis ich eine Erzählung über Herkules fand, der eine Entscheidung treffen musste: zwischen einem langen Leben voller Vergnügen und großer Mühsal, aber ewig andauerndem Ruhm.

Wir saßen alle auf den Bänken im Schuppen und konnten unseren Atem in der eisigen Luft sehen. Um einen besseren Halt zu bekommen, presste ich meinen Rücken gegen die Betonmauer und versuchte, mich zu konzentrieren; ich schaute eine Person nach der anderen an, bevor ich begann.

An der darauffolgenden Teambesprechung der Erwachsenen sagte Peggy unerwartet: »Wir waren alle dabei, als Lillian die Herkules-Sage erzählte, doch ich saß genau neben ihr und registrierte etwas, das ihr nicht sehen konntet. Ihre Stimme war ruhig, doch sie zitterte. Die Frage ist nicht, ob ihr ängstlich seid oder nicht; es geht darum zu tun, was zu tun ist. Mut ist nicht die Abwesenheit von Angst. Mut bedeutet, die Angst zu akzeptieren und trotzdem weiterzumachen.«

Die Mittagessen boten eine weitere Gelegenheit, auf eine neue Art zu sprechen. Wir hatten die Aufgabe zu versuchen, sinnvolle Gespräche mit den Kindern zu führen, in denen sie ihren Gedanken Ausdruck verleihen oder von ihren Erlebnissen erzählen konnten. Die erwachsene Person, die für das morgendliche Thema verantwortlich gewesen war, saß jeweils am Kopfende des Tisches, links und rechts von ihr die älteren Teammitglieder. Diese Person leitete auch das Gespräch, das wunderbar oder scheußlich sein konnte, manchmal auch beides zugleich.

Wir wollten die Kinder dazu ermutigen, über alles und jedes zu reden, und ließen sie ihre Fragen immer weiter ausbreiten, anstatt sie abzuwürgen durch Antworten, die wie aus der Pistole geschossen kamen. Dieses Anspornen klappte jedoch nicht immer. Viele Versuche endeten in langem, dumpfem Schweigen. Häufig griffen wir zurück auf ein müdes Abfragen: Wie war es heute Morgen? Was hat eure Gruppe gemacht? Tatsächlich kam es aber darauf an, das Schweigen auszuhalten, ohne es erdrückend werden zu lassen.

Manchmal konnte eine echte Frage Enthusiasmus auslösen und uns alle in einen angeregten Austausch bringen. Die Erwachsenen folgten dann einem strikten Protokoll und sprachen abwechselnd, damit das Gespräch nicht von einer Person dominiert wurde. Damit wollten wir ein Beispiel geben und sämtliche Kinder ermutigen, am Gespräch teilzunehmen, nicht nur die mündlich Ausdrucksstarken.

Nicht immer waren wir dabei erfolgreich. Ein Teenager, Alicé, erinnert sich:

> »Ich weiß noch, wie ich während der Gespräche und der Lesungen, die es häufig nach den Mahlzeiten gab, unsicher versuchte, das ›korrekte‹ Benehmen an den Tag zu legen: Die Erwachsenen anschauen..., gerader Rücken..., ein ernstes Gesicht machen...«

Bei einer dieser Gelegenheiten gehörten Alfred und Lise Etievan zum Team, die aus dem Gurdjieff-Institut in Paris zu Besuch waren. Beim Mittagessen war Lise an der Reihe zu sprechen und hatte von einem der Kinder auch eine recht gute Steilvorlage dazu erhalten, schien dann aber auf irgendetwas zu warten und gab keine Antwort. Das Schweigen wurde immer länger, doch Lise sagte noch immer nichts. Die Zeit schien stillzustehen. Mein Körper war ruhig, mein Gesicht angespannt und ich versuchte, meine Beklemmung zu überspielen. Da Schweigen mir Angst einflößte, bemühte ich mich in der Regel, irgendein Ablenkungsmanöver in der Rückhand zu halten, um es, falls die Stille über meinen Toleranzpegel hinaus anhielt, in die Leere einzuwerfen. Genauso ging es einigen der Kinder, die ebenfalls keinen stillen Augenblick ertragen konnten.

Ich hatte das Gefühl, dass das lange Schweigen einen Schatten auf das Mittagessen warf. Warum antwortete Lise denn nicht? Sie war erfahrener als ich, und so traute ich mich nicht, mit irgendeiner Bemerkung einzuspringen, und auch Peggy blieb still. Da sich meine Aufmerksamkeit verflüchtigt hatte, kann ich mich nicht mehr daran erinnern, wie das Mittagessen danach weiterverlief. Als ich später auf Lise traf, fragte ich sie, warum sie nicht geantwortet habe. Hatte sie nichts zu sagen gewusst?

»Doch«, antwortete sie, »ich hatte schon etwas parat, aber ich wollte abwarten. Ich wusste, wenn ich geduldig bin und Raum lasse, könnte vielleicht Alfred etwas beitragen, das viel passender wäre.«

Es hatte Lise ganz einfach nicht genügt, die Dinge weiterlaufen zu lassen. Sie hatte uns damit gezeigt, dass man eine höhere Qualität anstreben und darauf vertrauen kann, dass sie sich zeigt.

Dadurch, dass Raum gelassen wurde, fanden Kinder manchmal den Mut, sich auszudrücken und ihre wirklichen Gefühle zu zeigen statt nur die gefälligen Fassaden, die sie bereits beherrschten. Unser Bemühen, aufrichtig zu sein, ermutigte sie, nach ihrer eigenen Wahrheit zu suchen und darüber zu sprechen. Manchmal veränderte eine Bemerkung eines Kindes durch ihre Einfachheit und Aufrichtigkeit die ganze Atmosphäre, worauf das Team versuchte, dieser Direktheit und Ehrlichkeit zu entsprechen. So wuchs mit der Zeit unser Bewusstsein für wirkliche Anstrengung, unsererseits wie auch aufseiten der Kinder, aber auch für unser Gebaren, unseren Selbstschutz und unsere Lügen.

Es war eine Art Selbstfindungsmethode. Indem sie etwas mit uns teilten, bestätigte sich für die Kinder die Wahrheit dessen, was sie herausgefunden hatten. »Ist das wahr? Bist du sicher? Wenn alle Menschen auf der Welt sagen würden, dass du dich irrst, würdest du trotzdem daran glauben?«, konnte etwa ein Teammitglied fragen. Der Austausch bestätigte den Kindern, was sie persönlich erfahren hatten, und ließ es zu einem bleibenden Teil ihrer inneren Welt werden. Unsere Rolle bestand lediglich darin, ihre Erfahrung für sie zu unterstreichen.

—

Es war Mitternacht. Die Kinder schliefen endlich und das Team hatte sich versammelt. Wir saßen in einem Kreis auf unseren Schlafsäcken. Wir waren gerade in der Halbzeit unseres Kinderwochenendes in Armonk.

»Heute war ein guter Tag«, sagte Jean warmherzig. »Ich habe die Kinder noch nie so hart und mit so viel Enthusiasmus arbeiten sehen.«

»Sie waren wirklich entschlossen, diesen Graben auszuheben«, ergänzte einer der Männer. »Hätten wir Schweinwerfer dabei, wären sie bereit gewesen, die ganze Nacht durchzuarbeiten.«

»Wie können wir nun diesen Enthusiasmus nutzen?«

»Wir sollten das Aufregungspendel nicht zu weit ausschwingen lassen«, sagte Jim unerwartet. »Lasst uns morgen Vormittag mit Arbeit in Stille die Dinge etwas ruhiger angehen.«

Beim Frühstück herrschte noch eine ausgelassene Stimmung, und der Vorschlag, bis zum Nachmittag schweigend zu arbeiten, überraschte die Kinder.

»Aber was ist, wenn ich eine Frage zu meiner Aufgabe habe?«, fragte eines von ihnen.

»Dann schau, ob du es selbst herausfinden kannst«, sagte Paul.

Auf diesen Morgen des Schweigens folgte ein sehr lebhaftes Gespräch am Mittagstisch, so als hätte man allen angestauten Worten die Schleusen geöffnet.

»Auch wenn ich nicht gesprochen habe, habe ich trotzdem nicht geschwiegen«, meldete sich ein Teenager spontan. »Ich sagte zwar den ganzen Morgen über nichts laut, doch in meinem Kopf sprach ich dauernd mit all meinen Freunden.«

»Wenn da niemand ist, mit dem ich reden kann, scheine ich mit mir selbst zu sprechen«, bemerkte ein anderer.

Stille ist nicht Stille. Gedanken, Ideen und Erinnerungen fließen unaufhörlich ineinander, weben eine innere Geschichte, die meine Aufmerksamkeit gefangen nimmt. Dieses Sprechen absorbiert mich. Die häufig wiederholten Geschichten, die ich »mein Leben« nenne, bilden einen hartnäckigen und nahtlosen inneren Dialog, der mich von der Frische des Augenblicks abhält. Der Aufruf zu einer äußerlichen Stille vergrößert diesen inneren Lärm. Als wir die Kinder baten, eine Zeitlang nicht zu sprechen, erzeugten ihre Erfahrungen eigene Erkenntnisse.

Doug, einer der damaligen Teenager, erinnerte sich Jahre später an diese Übung:

» Mir gefiel die Aufgabe, nicht zu sprechen. Möglicherweise lenkte es meine Aufmerksamkeit davon ab, wie anstrengend die Arbeit war, erlaubte mir aber dennoch, meine Abneigung gegen sie zu fühlen. Für mich war jenes Erleben meiner eigenen Abneigungen – und wie ich sie überwinden konnte – eine der nützlichsten Erfahrungen meines Lebens. «

Und über eine ähnliche Übung sagte er:

»Uns war die Aufgabe gegeben worden, nur zu sprechen, wenn es unbedingt nötig sei. Ich erinnere mich, wie verblüfft ich war, als anschließend eine erwachsene Person kommentierte: ›Ein Teil von mir denkt an die Aufgabe, aber ein anderer Teil möchte plaudern‹. War damit gemeint, dass es mehr als einen Teil in mir gibt? Statt nur die äußere Welt und ›mich‹ gibt es die Außenwelt und verschiedene Teile von mir?«

Wenn die Kinder sprechen wollten, versuchten wir, ihre Geschichten warmherzig aufzunehmen, ohne Kritik und ohne gut gemeinte Ratschläge. Unsere Unsicherheit und ungeduldige Erwartung, Resultate zu erzielen, waren dauernde Ermahnungen, dass wir an uns selbst zu arbeiten hatten, nicht an den Kindern. Wir konnten versuchen, Bedingungen zu schaffen, unter denen die Kinder sie selbst sein konnten, aber es war nicht möglich, diese Ergebnisse zu »erzeugen«. Wir konnten sie weder erzwingen, noch konnten wir uns selbst einreden, dass wir das Richtige getan hatten.

Die inneren Erfahrungen des Kindes gehören uns nicht, auch wenn wir manchmal begierig versuchen, sie ihm aus der Nase zu ziehen. Selbstverständlich wollten die Eltern wissen, wie der Tag ihrer Kinder verlaufen war und was sie erlebt hatten. Wenn die Kinder über ihren Tag sprechen wollten, war das gut, und es war unser Job zu begrüßen, was immer sie berichteten, und nicht darüber zu urteilen. Wir baten die Eltern, ihre Kinder nach einem Arbeitstag nicht danach zu fragen oder herausfinden zu wollen, »was er ihnen gebracht hat«, außer die Kinder sprachen von sich aus darüber. Um ihre Eindrücke zu verstehen, brauchen Kinder Zeit, vielleicht sogar Jahrzehnte. Genauso wie der Versuch, ein Saatkorn auszugraben, um nachzuschauen, ob es bereits gekeimt hat, kann jedes Bestreben, Kinder dazu zu bringen, ihre Erfahrungen auszusprechen, den Keimling davon abhalten, tiefere Wurzeln zu schlagen, die ihr spirituelles Wachstum und authentisches Selbstgefühl nähren würden.

Eines Abends, als wir alle gemeinsam um ein Feuer saßen, luden wir jedes Kind ein, eine Geschichte zu erzählen. Alle machten mit. Es dauerte eine ganze Weile, aber es war so berührend, wie die Kinder, sich gegenseitig unterstützend, zuhörten. Sogar die Jüngsten kamen an die Reihe, und wenn ihre Geschichten nicht ganz auf den Punkt kamen, spielte dies keine Rolle.

Wenn wir Fehler machten, geschah dies häufig, ohne dass wir es bemerkten. Aus Höflichkeit oder Scheu wiesen uns die Kinder selten darauf hin; vielleicht taten sie es auch deswegen nicht, weil ihnen gar nicht klar war, dass sie es hätten tun können. Chancen blieben zumeist aufgrund ihrer Alltäglichkeit ungenutzt, weil sie sich aus Vorkommnissen ergaben, die wir nicht weiter beachteten. Augenblicke, die eine Entscheidung ermöglicht hätten, konnten leicht übersehen werden, da Ursache und Wirkung im Zeitverlauf voneinander getrennt sind. Die Wirkungen unserer Handlungen sind oftmals nicht sofort sichtbar, manchmal bleiben sie gar jahrelang unbemerkt, und so leben wir unter dem Gesetz unbeabsichtigter Konsequenzen. Eine Kleinigkeit kann eine tiefgreifende Auswirkung nach sich ziehen, und daher gaben wir uns alle Mühe, dass scheinbar triviale Begebenheiten nicht unbemerkt an uns vorüberzogen.

—

Einmal unternahmen wir eine Tageswanderung entlang der Palisades-Klippen am Hudson River in New Jersey. Der zwölfjährige Anson gab sein Bestes, Teil der Gruppe zu sein, obwohl er nicht so recht etwas mit sich anzufangen wusste. Mal rannte er vorneweg, um den Weg auszukundschaften, dann wieder blieb er zurück, um auf einen Baum zu klettern. Bis zum späten Nachmittag waren wir fünfzehn Kilometer lang den felsigen Hang hinaufgewandert, hatten über dem offenem Feuer gekocht, zusammengepackt und waren wieder hinabgestiegen. Alle waren müde. Der Parkplatz war bereits in Sicht, als Anson bemerkte, dass seine mitgebrachten Oreo-Kekse verschwunden waren. Sie kosteten weniger als einen Dollar und waren leicht wiederzubeschaffen, doch Anson erklärte, er habe sie extra für die lange Heimfahrt aufbewahren wollen.

Falls jemand die Oreos versehentlich eingepackt hatte, sollten nun alle mit dieser Lappalie belästigt werden? Welchen Unterschied würde es schon machen? Aber ein Blick in Ansons Gesicht sagte mir, dass dies für ihn das düstere Ende eines langen Tages bedeuten würde. Also rief ich die anderen, die vor uns wanderten, und alle kamen zurück und breiteten ihr Tagesgepäck auf der Erde aus: Die Kleider, die übriggebliebenen Kohlenbriketts, der Abfall vom Mittagsessen wurde ausgepackt. Schließlich wurden die Oreos gefunden und ihm zurückgegeben.

Jahre später sprach Anson von dieser Begebenheit, an die ich mich kaum noch erinnern konnte:

» Das war ein Wendepunkt in meinem Leben: dass eine große Gruppe von gesetzten Erwachsenen alles stehen und liegen ließ, um auf die Suche nach meinen Oreos zu gehen! Vielleicht war ich also doch etwas wert. «

Einem Kind ein besonderes Verhalten aufzuzwingen, kann im Allgemeinen durch wiederholtes Konditionieren die erwünschten Ergebnisse erzielen, doch dies bringt einen Erwachsenen mit einer automatisierten Moral hervor, nicht mit einem individuellen Gewissen. Gurdjieff hatte gesagt:

» Ich trage immer einige Süßigkeiten in meinen Taschen mit mir herum, und wenn ich ein Kind sehe, gebe ich ihm eine davon. Um Kinder herum sind immer irgendwelche Erwachsenen: ihr Vater, ihre Mutter oder eine Tante. Und ausnahmslos alle sagen dann dasselbe zu dem Kind: ›Was sollst du sagen?‹ Und nach und nach beginnt das Kind, mechanisch zu jedem Danke zu sagen, ohne dabei noch irgendetwas zu empfinden. Das ist nicht nur schwachsinnig, es ist ein Verbrechen! Wenn ein Kind wirklich Danke sagen möchte, spüre ich es. Ich verstehe seine Sprache. Und das ist es, was ich mag. Allein um diesen Klang zu hören, nur um Zeuge dieser echten Regung zu sein, verteile ich jeden Tag fünf Kilogramm Süßigkeiten – für die ich 410 Francs pro Kilo bezahle. Nur, um diesen Impuls zu sehen. [...] Aber wenn man Kinder ermahnt: ›Was sollst du jetzt sagen?‹, wird all das abgetötet. Es verdirbt das Kind für seine Zukunft, es tötet seine Bereitwilligkeit. [...] Alles wird mechanisch; wir bewirken, dass Kinder wie Roboter funktionieren. «

Im Laufe der Zeit gewannen die Kinder das Vertrauen, dass sie, wenn sie sich wegen irgendetwas an das Team wandten, auf bereitwillige Aufmerksamkeit stießen. Wo ist meine Jacke? Wer hat den Hammer genommen? Wann gibt es Mittagessen? Wieviel Uhr ist es? Jede Frage war eine Gelegenheit für einen Augenblick des Kontakts. »Wie spät ist es?« konnte eine Besorgnis des Kindes offenbaren, zum Beispiel, dass es wissen wollte, wie lange es noch an einer bestimmten Sache arbeiten müsse. Oder fühlte es sich einsam bei seiner Arbeit? Es war entscheidend, diese Fragen nicht vom Tisch zu wischen, sondern so gut wie möglich auf sie einzugehen, was auch immer das Kind gerade bewegte. Manchmal bedeutete es, dass wir stehen und liegen lassen mussten, womit wir gerade beschäftigt waren, um mit ganzem Einsatz nach einem fehlenden Werkzeug oder einer verschwundenen Mütze zu suchen.

Manchmal kam es so zu einem vorübergehenden Aufblitzen von Anerkennung, so als ob das Kind sagen wollte: »Danke für deine Hilfe.« Manchmal wurde dies in Worten ausgedrückt, häufig aber schnappte sich das Kind einfach seine Habe und rannte zurück zu seiner Tätigkeit. Wenn ich etwas verliere, fühlt es sich an, als ob ein Stück meiner selbst abgebrochen sei. Meine Aufmerksamkeit ist an die Sorge um das fehlende Ding gefesselt, und ich fühle mich erst wieder ganz, wenn das Bruchstück wieder da ist. Dass eine erwachsene Person bereit ist, Zeit dafür zu opfern, einem Kind zu helfen, einen verlorenen Gegenstand zu finden, ist ihm viel wichtiger, als wir erahnen können. Möglicherweise interpretiert es das Kind so, dass in diesem Moment seine Angelegenheit für uns wichtiger ist als unsere eigene Bequemlichkeit und dass somit es selbst für uns wichtig ist.

—

Wir arbeiteten an einer Atmosphäre, in der die Kinder darauf vertrauen konnten, dass wir ihnen unsere Meinungen nicht aufzwingen würden. Gleichzeitig wollten sie unsere Auffassungen aber auch hören. Unsere Offenheit half ihnen, ihre eigenen Gefühle anzuerkennen und ihren Horizont zu erweitern. Da war ein achtjähriger Junge, der keine Gelegenheit verpasste, von den letzten Horrorfilmen zu berichten, die er gesehen hatte. Ihn quälten Albträume, die einige von uns auf die gruseligen Streifen zurückführten. Uns kam es so vor, dass diese Bilder seine vielen eingebildeten Ängste noch zusätzlich vergrößerten, und unter uns standen wir seinem Konsum dieser Filme kritisch gegenüber. Eines Tages fragte ich ihn: »Warum schaust du dir Horrorfilme an?«

»Ich will wissen, wie es ist zu sterben«, antwortete der Junge überraschend. Er wählte Horrorfilme als eine Art Forschung, weil ihn Fragen über den Tod quälten und er niemanden hatte, mit dem er darüber sprechen konnte.

Unsere Abmachung einhaltend, mit den Kindern über Dinge, die uns selbst nicht klar waren, nicht so zu reden, als ob wir Bescheid wüssten, spekulierte ich nicht über ein Leben nach dem Tod, sondern versuchte, das Bisschen, was ich aus erster Hand wusste, mit ihm zu teilen.

»Das, was ich vom Tod gesehen habe, ist nicht wie in Filmen«, sagte ich. »Es ist nicht gewalttätig. Wenn die Menschen sterben, ist es meistens deswegen, weil ihre Körper völlig erschöpft sind und ihr Geist dafür gerüstet ist weiterzugehen. Dann verlässt der Atem den Körper und es scheint etwas fortzugehen.« Der Junge hörte aufmerksam zu. Es war eine andere Sichtweise.

Da Kinder für alles in ihrer Umgebung besonders offen sind, für Gutes wie für Schlechtes, nehmen sie die Eindrücke sehr stark in sich auf. Diese Eindrücke werden zum Kern, um den herum sich die innere Welt des Kindes formt. Wir können den Kindern dabei helfen, Wahrheit von Lüge zu unterscheiden, nicht nur durch unsere Worte, sondern dadurch, dass wir Bedingungen schaffen, unter denen sie die Wirklichkeit für sich selbst erleben.

Der zehnjährige Joe wurde anlässlich einer Sitzung unseres Teams zum Thema. Wir hatten gesehen, wie sein Vater ihn schikaniert hatte, und auch die Unfähigkeit seiner Mutter bemerkt, Joe vor dessen Launen in Schutz zu nehmen. Wir überlegten uns, wie wir helfen könnten.

»Wir können die Lebensumstände dieses Kindes nicht ändern«, antwortete Peggy, »auch wenn wir es gerne täten. Aber wir können etwas anderes hinzufügen. Wir können ihm einen anderen Weg zeigen. So wird Joe auch diese Eindrücke haben und später wird er in der Lage sein auszuwählen.«

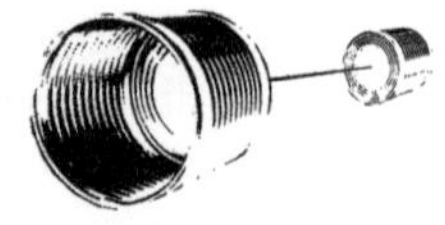

Kapitel 6

Entscheidungen

Es fiel uns schwer, die Kinder frei entscheiden zu lassen, vor allem dann, wenn wir das Gefühl hatten, ihre Entscheidung sei ein Fehler.

»DAS UNIVERSUM IST KEIN GESCHLOSSENES SYSTEM; DIE MÖGlichkeit, sich zu entscheiden, ist in jedem Augenblick gegeben«, sagte Christopher Fremantle. Können wir es den Kindern überlassen, eine echte Entscheidung zu treffen?

Wir gestatteten es den Eltern nicht, ihre Kinder für einen Arbeitstag bei uns anzumelden; die Kinder selbst sollten Bescheid sagen, ob sie gerne kommen möchten. Das war uns wichtig. Ihr Empfinden, zum Arbeiten gezwungen zu sein, würde dem ganzen Tag seine Qualität rauben und entweder Widerstand oder ein Gefühl der Verpflichtung erwecken, und das wäre etwas grundsätzlich anderes als ein Tag, für den sich das Kind frei entschieden hatte. Wie sollte ein Kind wirklich aus dem eigenen Selbst heraus handeln, wenn es nicht freiwillig gekommen war?

Natürlich wollten jene Eltern, die selbst an der Arbeit der Erwachsenen teilnahmen, ihre Kinder nicht alleine, mit einem Babysitter oder bei ihren Teenagern zu Hause lassen. Sie wollten mit den Kindern teilen, was ihnen wertvoll war, und den Kinder fiel es schwer, sich dem zu verweigern. Dennoch bestärkten wir die Kinder darin, den Mut aufzubringen, dem Drängen der Eltern zu widerstehen, wenn sie an einem Sonntag mal nicht kommen wollten, auch wenn dies bedeutete, dass sie an den Programmen, die wir für sie erarbeitet hatten, nicht teilnehmen würden. Das Wichtigste war, den Kindern zu versichern, dass sie ein Recht auf eine freie Entscheidung hatten, auch wenn es manchmal schwerfiel, diesem Ideal nachzuleben und nicht nur ein Lippenbekenntnis abzulegen.

Wie zögerlich manche Kinder mit ihrer Anmeldung für einen einzelnen Sonntag auch sein mochten, eine Einladung für ein ganzes Wochenende nahmen fast alle an. Die Kinder mochten es, diese Erfahrung miteinander und mit dem Team zu teilen. Und ganz nebenbei machte es einfach Spaß.

—

Ein Bankier und seine Frau setzten ihre zwei Töchter für einen Zeitraum von zwei Wochen zum Arbeiten bei uns ab. Sie fuhren in den Urlaub und waren davon überzeugt, dass die Kinderwochen »den beiden Mädchen gut tun würden«. Bald schon fanden wir heraus, dass sie unsere Regel, dass die Kinder selbst über ihr Kommen entscheiden mussten, nicht eingehalten hatten. Die jüngere Tochter schloss sich gutgelaunt unseren Aktivitäten an, aber die vierzehnjährige Jenny ließ uns ihre Meinung wissen: Sie hatte nicht kommen wollen, sie hatte keinen Wunsch, sich zu beteiligen, und sie würde es auch nicht tun. Um ihre Eltern zu kontaktieren, war es schon zu spät.

Nach drei Tagen, in denen sie störrisch und schlecht gelaunt war, hatten alle Erwachsenen Jenny und ihre Launen satt. Wir teilten sie in die Gruppe für den Abendabwasch ein, weil »es gut wäre, sie mit einer Forderung zu konfrontieren«; in Tat und Wahrheit aber wollten wir sie wahrscheinlich bestrafen. Unter Tränen weigerte sie sich, beim Abwasch zu helfen, und verschwand.

Jim fuhr sogleich los, um sie zu suchen, und fand sie nicht allzu weit entfernt. Sie saß auf einer Steinmauer am Rand unseres Grundstücks und weinte. Jim brachte sie nicht auf direktem Weg zurück zu unserem Zeltlager, sondern machte einen Umweg und ging mit ihr in ein nahegelegenes Restaurant, wo sie sich miteinander unterhalten konnten. Nach ihrer Rückkehr schloss Jenny sich einer der Gruppe an. Ihr Elend war verschwunden.

Als sie wieder bei uns war, wurde uns zum ersten Mal klar, dass sie gelitten hatte und dass ihr Leiden, auch wenn sie sich uns gegenüber bockig gezeigt hatte, nicht gering gewesen sein musste. Wir konnten das Teammeeting kaum abwarten, um zu erfahren, was Jim zu berichten hatte.

»Jenny hat einfach erklärt, dass sie nicht hier sein will«, sagte Jim. »›Du bist nicht aus freien Stücken hier‹, sagte ich zu ihr. ›Du kannst daran nichts mehr ändern. Aber da du jetzt nun mal hier bist, ist es deine Entscheidung, wie du die nächsten zwei Wochen verbringen willst. Du kannst wählen.‹ Das war alles, was ich zu ihr gesagt habe.«

Später fügte Peggy hinzu: »Wir können ein Kind mit der Idee einer Anstrengung, die es selbst unternehmen kann, vertraut machen. Möchte es arbeiten oder nicht? Vielleicht entscheidet es sich eher für die Arbeit als für das Spiel oder umgekehrt. Es erkennt, dass es eine Wahl hat. Manchmal schafft es ein Kind, das an einem Job zunächst nicht wirklich interessiert war, sein Desinteresse zu überwinden, oder es erfährt etwas über seine eigene Faulheit. Aber wir mischen uns ein. Wir werden sentimental. Aufgrund der Art, wie wir konditioniert sind, haben wir alle dieselben Schwierigkeiten. Wir möchten nicht, dass die Kinder sich verletzt fühlen, also verwöhnen oder gängeln wir sie. Unsere Hauptschwierigkeit besteht darin, dass wir unsere Reaktionen des Lobens oder des Tadelns nicht zurückhalten können. Wir müssen darum ringen, wirklich präsent zu sein, und den Kindern die Freiheit geben zu entscheiden, um zu erkennen, was geschieht, und unsere Haltung muss in Bezug auf die Wertschätzung der freien Anstrengung des Kindes sehr aufgeschlossen sein. Unser normales Verhalten, einschließlich unseres Bittens und unseres Drängens, ist vollkommen nutzlos. Die Kinder werden etwas ausprobieren, wenn sie spüren, dass es sich um etwas Wichtiges, um etwas Nichtalltägliches handelt. Meine Liebe für das, was ich tue, vermittelt sich dem Kind von selbst. Kinder sind ein Barometer für das, was in uns stattfindet.«

—

In einem Jahr suchten wir nach einem Projekt, das sämtliche Kinder miteinander verbinden sollte. Monate zuvor hatten wir ein großes Theaterstück produziert und wollten nun etwas vollkommen anderes tun. Ein steiler Hang verband das Kindergarten-Cottage mit dem Haus der Kinder – also überlegten wir uns, diesen Hang landschaftlich zu gestalten.

Die Form und deren Gestaltung waren den Kindern überlassen, die die Idee um den Einbezug eines reflektierenden Wasserbeckens und eines Springbrunnens erweiterten. Nach wochenlangen ernsthaften Überlegungen und mehrmaligem Abschreiten des Hangs stimmten sie einem unregelmäßig geformten und mit bemalten Kacheln verzierten Reflexionsbecken zu. In einem Schleusenkanal aus Natursteinen sollte das Wasser von der Spitze des Hügels heruntergeleitet werden, verdeckte Düsen würden für Sprühwasser sorgen. Um das Becken herum sollten Tiere aus Ton aufgestellt werden, so als ob sie zum Trinken hergekommen seien.

Wir begannen mit den Kacheln, kneteten den feuchten Ton, walzten und schnitten sechseckige Formen aus, bemalten und

brannten sie. Jede einzelne war von den Kindern entworfen worden, keine zwei waren identisch. Es gab Blumen, geometrische Muster und Tiere, eine mannigfaltige und zugleich berührende Augenweide, als alle Kacheln – insgesamt waren es über dreihundert – zusammen ausgelegt waren. Wir hatten den ganzen Winter dafür gebraucht.

Das kleine Becken war ausgehoben und wir gossen den Beton. Nun platzierten die Kinder ihre Kacheln immer wieder hin und her, bis die Anordnung wirklich stimmte.

Wir mussten auf den Frühling warten, um das maschinelle System in Gang zu setzen; dann sollte das Wasser von Stein zu Stein fließen, die Kacheln glasig aussehen lassen und zum Funkeln bringen. Doch als der Frühling kam und wir den Teppich aus verwelkten Blättern wegfegten, mussten wir feststellen, dass der Frost, die Schneeschmelze und der Regen unsere Kacheln in einen Teppich aus glasiertem Bauschutt verwandelt hatten. Ein Keramikexperte bestätigte unsere Vermutung, dass die Temperatur, bei der wir die Kacheln gebrannt hatten, zu niedrig gewesen und der Ton somit nicht frostabweisend war.

An jenem Frühlingsmorgen sammelten wir die wenigen Kacheln ein, die den Winter überstanden hatten und fegten den Rest zusammen. Aus einem ganzen Jahr der Anstrengung war uns lediglich eine Mülltonne voller Scherben geblieben.

»Es tut mir leid, aber das Springbrunnenprojekt ist vorbei«, verkündete ich den Kindern beim Mittagessen. Es folgte ein langes Schweigen. Ich bemühte mich auch nicht, die Stimmung aufzuheitern; es gab nichts in mir, was mich gerade mit Hoffnung erfüllte.

»Warum machen wir nicht einfach neue Kacheln?«, fragte eines der Kinder. »Wir könnten doch nochmals von vorne beginnen.«

Der Vorschlag hatte ein allgemeines Kopfnicken zur Folge: eine Übereinstimmung der Kinder, die sich in ihren lächelnden Gesichtern zeigte. Es war also entschieden. Eugene, die es überhaupt nicht gemocht hatte, die Luftbläschen aus dem Ton zu kneten, Seymour, der vor der Eintönigkeit des Glasierens weggerannt war, Kate, die lieber die Tiere formen wollte und keine Lust auf die Arbeit mit den Kacheln gehabt hatte – sie alle waren bereit, nochmals loszulegen. Damit verwirklichten sie, ohne sich dessen bewusst zu sein, eine Vorstellung, von der Gurdjieff so oft gesprochen hatte: die Arbeit um ihrer selbst willen zu lieben und nicht wegen ihrer

Ergebnisse. Das war bei mir in Vergessenheit geraten und die Kinder hatten mich daran erinnert.

Die Filmgruppe erkannte die Möglichkeit, darüber einen Streifen zu drehen. So wurde mit der notwendigen Ausstattung, der technischen Unterstützung durch einen der Erwachsenen und einem handtellergroßen, von einem der Kinder gebastelten Frosch als Hauptdarsteller der Film *Ein Frosch im Springbrunnen* geschrieben, gedreht, mit Musik hinterlegt und mit den Erzählstimmen der Kinder vertont.

Ihre Geschichte handelte von einem heldenhaften Frosch, der im Wald ein lichtreflektierendes Wasserbecken entdeckte. Er bewunderte die Schönheit der Kacheln, den Wasserfall und den Springbrunnen und entschied, dort zu bleiben. Als er in die Werkstatt zurückkehrte, in der er hergestellt worden war, erzählte er den anderen Tieren von seiner Entdeckung. Die Eule, der Tiger und der Dinosaurier waren fasziniert. Nun wurden auch sie lebendig, hüpften aus dem Regal und folgten dem Frosch. Bald schon schlossen sich auch andere Tiere dieser Gruppe an. Es war eine lange Reise, auf welcher der Frosch die anderen Tiere durch den Wald führte. Die Kamera machte Nahaufnahmen, um die Gesichter der Tiere am Springbrunnen zu zeigen – endlich zu Hause.

Der Film wurde ein einziges Mal gezeigt: an einem Fest, das die Kinder im Juni veranstalteten. Die Filmaufnahmen waren wackelig und der Ton knisterte, aber es war eindeutig die Arbeit der Kinder. Unser Ehrengast war Jeanne de Salzmann, und die Kinder rangelten darum, neben ihr sitzen zu dürfen. Sie lobte den Film und bat darum, den Hauptdarsteller zu treffen. Eines der Kinder holte den Frosch.

»Ich würde gerne etwas, das eure Arbeit zeigt, mit zu den Kindern in Frankreich nehmen, vielleicht diesen Frosch«, sagte sie. »Würdet ihr ihn mir überlassen?«

»Oh ja, ja, ja«, rief es im Inneren der Erwachsenen, aber wir wussten, dass es nicht an uns war zu antworten. Madame de Salzmann hatte die Kinder gefragt.

Diese setzten sich ernsthaft mit der Frage auseinander und beschlossen, dass Madame das Mädchen fragen sollte, die den Frosch hergestellt hatte, die dreizehnjährige Barbara.

Jeanne de Salzmann wandte sich direkt an Barbara: »Ich würde gerne deinen Frosch mit nach Paris nehmen. Würdest du ihn mir geben?«

Barbaras Stirn kräuselte sich. »Nein«, sagte sie. »Nein.«

Die Kinder respektierten Barbaras Recht zu entscheiden und drängten sie nicht.

Madame de Salzmann lächelte und schien nicht im Mindesten ungehalten darüber, aber das Erwachsenenteam fühlte sich blamiert und unwohl. Wie konnte Barbara bloß Nein sagen? Wir hatten das Gefühl, dass sie uns schlecht aussehen ließ.

Während die Erwachsenen mit Bestürzung daran zurückdachten, dass wir es abgelehnt hatten, uns von dem kleinen Tonfrosch zu trennen, erinnert sich eins der damaligen Kinder auf eine ganz andere Art daran:

» Es war kurz nach dem Mittagessen, als Madame de Salzmann zum Unteren Schuppen kam, um sich *Ein Frosch im Springbrunnen* anzuschauen. Obwohl wir das Vorführgerät sorgsam getestet hatten und die Filmrolle eingespannt und bereit war, abgespult zu werden, blockierte der Projektor, gerade als wir mit der Vorführung beginnen wollten, und ging aus. Es bedurfte eines endlosen Herumgefummels durch die Filmgruppe, bis der Projektor wieder anfing zu stottern und dann endlich anlief.

Ich erinnere mich an ein starkes Gefühl von Ungerechtigkeit, als Madame nach unserem kleinen Tonfrosch als Geschenk bat. In meinem Herzen spürte ich ein schreckliches Stechen. Warum wollte sie uns unser Maskottchen wegnehmen? Barbara sagte Nein, sie wolle den Frosch nicht hergeben.

Dann lachte Madame de Salzmann und bat uns, ein Souvenir für sie auszusuchen. Wir gaben ihr eine unserer guten Kacheln, die sie sehr gerne nahm.

Es brauchte ungefähr dreißig Jahre, bis ich begriff, dass Madame de Salzmann gar kein persönliches Interesse an unserem kleinen Frosch gehabt hatte. Es gefiel ihr zu sehen, dass wir unsere Arbeit wertschätzten und den Mut hatten, auf ihre Frage mit Nein zu antworten.

Sie hatte wissen wollen, ob wir uns von etwas trennen würden, dem eigentlich kein Wert innewohnte, aber das etwas darstellte, das uns etwas bedeutete. Die Saat in uns war gepflanzt: Was waren wir bereit aufzugeben und für welchen Zweck? Wir entscheiden selbst.

Es war wichtig, dass uns die Wahl gelassen wurde – dass es uns erlaubt worden war zu entscheiden. Wenn die Erwachsenen alle Entscheidungen getroffen hätten, wären wir für immer von ihren Meinungen abhängig gewesen, immer klein beigebend. Aber es ging darum, uns selbst vertrauen zu können.«

Es fiel uns schwer, die Kinder frei entscheiden zu lassen, vor allem dann, wenn wir das Gefühl hatten, ihre Entscheidung sei ein Fehler. Aber indem sie Kinder davor schützen wollen, Fehler zu begehen, schwächen Erwachsene deren Fähigkeit, etwas richtig einzuschätzen. Werden die Konsequenzen ihrer Handlungen abgefedert, haben die Kinder keine Chance zu erkennen, wie die Welt wirklich funktioniert. Wir ermutigten die Kinder beständig, so zu handeln, wie sie es als richtig empfanden, und unterstützten sie sowohl in ihren Entscheidungen als auch darin, den Folgen ins Gesicht zu sehen.

—

Doug, der damals ein Teenager war, erinnert sich:

»Einmal sagte uns das Team, wir sollten uns irgendeine Arbeit aussuchen, von der wir meinten, dass sie erledigt werden müsse, und sie dann selbstständig ausführen. Ich entschied mich, zumindest so zu tun als ob und etwas zu probieren, anstatt einfach wegzulaufen, wie ich es normalerweise zu Hause tat. In der Werkstatt hatte es mich schon immer gestört, passende Schrauben, Muttern oder Bolzen für irgendetwas heraussuchen zu müssen, die alle zusammengeschüttet in einigen Glasbehältern lagen. Also entschied ich, mich um die Eisenwaren zu kümmern.

Ich ordnete die Schrauben und Nägel und ging derart ins Detail, dass ich zum Schluss allein aus einer Flasche dreißig verschiedene Haufen sortiert hatte. Als wir zum Aufräumen aufgefordert wurden, hatte ich noch keine neuen kleineren Behälter beschafft, und so musste ich alles wieder zurück in dieselbe Flasche schütten und hatte somit nichts zustande gebracht! Ich musste mir eingestehen, dass ich vollkommen blind gewesen war in Bezug darauf, wie ich das angestrebte Resultat erzielen konnte. Jetzt, im späteren Leben, fühle ich mich immer ermuntert, zumindest ein paar unterschiedliche

> Ansätze auszuprobieren, auch dann, wenn ich den besten Weg, eine Aufgabe zu erledigen, bereits zu kennen glaube.«

Manchmal widerstrebte es dem Team, Entscheidungen den Kindern zu überlassen. Zu beobachten, zu erkennen und dem Impuls zu widerstehen, augenblicklich etwas in Ordnung zu bringen, was wir sahen, war extrem schwierig. Unsere Reaktionen kamen so schnell, wenn wir uns mit etwas konfrontiert sahen, was wir in uns selbst oder bei den Kindern nicht mochten. Es war viel einfacher, Dinge so schnell wie möglich zu ändern, als sich der Wahrheit zu stellen. Aber es zählten nur jene Augenblicke, in denen ich es mir erlaubte, wirklich zu sehen. Manchmal, wenn ich diesen objektiven Blick einen Moment lang aufrechterhalten konnte, geschah eine Veränderung. Ich fühlte mich in meinem Ringen nicht länger allein, sondern war Teil von etwas Größerem, von etwas Unbegrenztem.

—

Eine überraschende Arbeitsidee, die Paul vorschlug, war eine »Allzweckwerkstatt« für seine Gruppe von fünf Kindern mittleren Alters zwischen zehn und elf Jahren. Er bat uns, kaputte Geräte oder andere Dinge, die nicht mehr funktionierten, zusammenzutragen, damit seine Gruppe daran üben konnte. »Alles und jedes«, erklärte er. »Wir müssen noch nicht einmal wissen, was es ist.« Ich war sogleich skeptisch und hatte den Eindruck, dass Paul eine Idee von Gurdjieff nachahmen wolle, die im Buch *Begegnungen mit bemerkenswerten Menschen* beschrieben ist. Gurdjieff erzählt dort im Anhang »Die materielle Frage« von einer außergewöhnlichen Anstrengung:

DIE UNIVERSALE WANDERWERKSTATT
Nur für sehr kurze Zeit hier am Ort*

Was hatte Paul dazu bewogen anzunehmen, er verfüge über die notwendigen Fertigkeiten, solch eine Sache anzupacken? Aber es schien so, als habe Paul eine Idee, die er gerne ausprobieren wollte, also erklärten wir uns einverstanden. Da ich mit meiner eigenen Gruppe beschäftigt war, fragte ich nicht weiter nach. Doch ich

* G.I. GURDJIEFF: *Begegnungen mit bemerkenswerten Menschen,* Freiburg im Breisgau: Aurum Verlag, 1978, Seite 284.

erinnere mich, wie ich Paul einmal mit seinen Jungs still in einem Kreis sitzen sah und alle auf etwas schauten. Für mich sah das nicht gerade nach einer Werkstatt aus.

Wochen später erzählte mir mein Sohn zu Hause, sein Walkman sei kaputtgegangen. In der Regel wurden solche Geräte so hergestellt, dass man sie dann wegwerfen musste. Ich bat ihn trotzdem, er solle schauen, ob man den Walkman reparieren lassen könne. Wochen später, in denen der Walkman kein Thema zwischen uns gewesen war, fragte ich ihn, ob wir einen neuen kaufen müssten.

»Er funktioniert wieder,« antwortet er glücklich, »ich habe ihn repariert.«

Ich war verblüfft. Wie konnte ein Elfjähriger ein versiegeltes elektronisches Gerät reparieren? Sogleich fragte ich ihn, wie er das hinbekommen hatte.

»Ich habe die Rückseite abgeschraubt und mir die Leiterplatine genau angesehen. Ich habe eine ganze Weile auf das Muster geschaut und entdeckte dann eine Stelle, die zerbrochen zu sein schien. Aber mein Lötkolben war zu groß, also nahm ich eine Nadel aus deinem Nähkorb und befestigte sie mit einem Drähtchen an der Spitze des Kolbens. Mit der kleinen Nadelspitze lötete ich dann den zerbrochenen Teil des Musters und jetzt funktioniert der Walkman wieder.

»Woher wusstest du, was zu tun war?«, frage ich.

»Paul hat uns beigebracht, wie man eine Sache eine lange Zeit betrachten und die Konstruktion mit den Augen verfolgen kann, um zu erkennen, wie sie funktioniert.«

Paul hatte den Kindern also offenbar nicht versucht beizubringen, wie man was repariert, er hatte mit ihnen gemeinsam Puzzles entwirrt. Wie funktionieren Dinge? Warum funktionieren sie auf eine bestimmte Art? Das war genauso aufregend wie jedes erfundene Spiel, eine Herausforderung, etwas im echten Leben zu verstehen. Er gab ihnen die Zuversicht, das Geheimnis eines Geräts entschlüsseln zu können, in dem sie es eingehend betrachteten, und dass es Spaß machte zu erkennen, dass, wer auch immer dieses Ding gemacht hatte, eine Spur hinterlassen hatte, der jeder folgen konnte, vorausgesetzt, man war bereit – vielleicht sogar für eine lange Zeit – genau hinzuschauen.

Paul hatte ihnen ein wunderbares Instrument für ihr Leben gegeben: sich nicht einschüchtern zu lassen durch etwas, das neu und unbekannt ist, keine Angst davor zu haben und darauf zu vertrauen, dass alles verstanden und gemeistert werden kann. Die Lektion ging über das Reparieren von Geräten hinaus: Um den Herausforderungen des Lebens zu begegnen, bedarf es keiner besonderen Expertise. Jeder Mensch kann tun, was irgendein anderer Mensch getan hat. Erforderlich sind das Vertrauen in die Kraft der eigenen Denkfähigkeit, eine konzentrierte Aufmerksamkeit, die Eigenschaft der Geduld und eine Bereitschaft, so hart wie nötig zu arbeiten. Mit solch einer Haltung ausgestattet, kann ein Mensch fast alles erreichen, was er sich vorgenommen hat.

Jahre später traf ich einige der »Absolventen« jener Werkstatt wieder und kann bezeugen, dass sie dem Leben als einer Art erfreulicher Herausforderung und spielerisch begegneten.

—

Jim Nott erinnert sich an ein Gespräch mit Madame de Salzmann in Paris:

» Ich sagte zu ihr: ›Sie haben einmal geäußert, das Allerwichtigste in unserer Arbeit mit den Kindern sei es herauszufinden, was sie wirklich möchten. Aber ich konnte damals nicht verstehen, was Sie damit meinten. Jetzt glaube ich, es verstanden zu haben. Als ich ein Junge und ein Heranwachsender war, wusste ich nie wirklich, was ich im Leben tun sollte. Ich tat das, von dem ich *annahm,* dass ich es tun sollte.‹

›Sehen Sie, genau da wird Faulheit geboren‹, entgegnete sie. ›Wenn ein kleines Kind nicht in sich selbst finden kann, was es möchte, was es will, kann seine Individualität nur sehr schwer wachsen. Für einen Menschen ist es nicht einfach herauszufinden, was er wirklich möchte.‹

Ich schilderte einige der Eindrücke, die ich gehabt hatte, als ich in England zur Schule ging, und erzählte ihr von einem besonderen Freund, einem intelligenten und einfühlsamen Jungen namens Tom, der damals wie ich ein Mitglied der Rudermannschaft war. Jahre, nachdem wir die Schule verlassen hatten, traf ich ihn zufällig in London auf der Straße und fand mich im Gespräch mit einem perfekt herausgeputzten britischen Offizier in seinem makellosen Kamelhaarmantel, der sich ziemlich schneidig ausdrückte.

Wer ist das?, fragte ich mich. Wo ist der Tom, den ich kannte? Ich sah in seine Augen und versuchte, den jungen

Tom zu finden, aber ich konnte den Schleier seiner förmlichen und unempfänglichen Ausdrucksweise nicht lüften. Wo hatte er sich verborgen? Wer war das hier, der in seinem Namen sprach? Wir spulten die üblichen Fragen ab: Wie geht es dir? Was hast du so gemacht? Aber der Tom, den ich gekannt hatte, zeigte sich in dem Gespräch nicht.

Ich erzählte Madame de Salzmann, wie ich als Kind versucht hatte, eine Verbindung zu finden zu meinem Onkel, zu meiner Tante und zu anderen Erwachsenen, zu »denjenigen«, die hinter ihren Worten und Gesten waren. Ihre Unfähigkeit, einfach und direkt zu sein, ihre Lügen, waren für mich damals deutlich zu erkennen. Der Impuls, die wahre Identität einer Person zu finden und zu erspüren, zu fühlen, wer dieser Mensch ist, lebt noch immer sehr stark in mir.

Madame de Salzmann stimmte mit mir darin überein, dass es schwieriger – wesentlich schwieriger – für einen Erwachsenen ist herauszufinden, was er wirklich möchte.«

Als eine Saison unserer Arbeit mit den Kindern zu Ende ging, traf sich Jeanne de Salzmann mit einer Gruppe von Eltern. Gegen Ende des Gesprächs fragte ein Vater unvermittelt: »Was versuchen wir hier eigentlich zu tun?«

Diese plötzliche Frage ärgerte das Team. Genau über dieses Thema hatten wir doch den ganzen Abend gesprochen. Aber Madame de Salzmann erklärte es ihm sehr geduldig: *»Wir versuchen herauszufinden, was die Kinder möchten. Wir ermutigen sie, eigenständig zu denken und keine Angst zu haben.«*

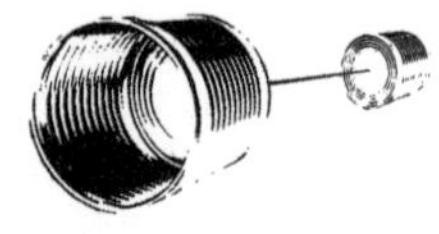

Kapitel 7

Geld

Geld war etwas Wirkliches, und ungeachtet dessen, was die Erwachsenen auch sagen mochten, wussten die Kinder ganz genau, dass es einen mächtigen Einfluss auf alle hatte.

GURDJIEFF HATTE GESAGT, GELD SEI DAS BLUT DER GESELLschaft und eine der treibenden Kräfte des Lebens. An sich weder gut noch böse, durchdringt die Kraft des Geldes unsere Beziehungen sowohl unverhüllt als auch in einer Unzahl von Erscheinungsformen. Deshalb ist es ein zentrales Thema in unserer Selbstbeobachtung, sodass wir erkennen, auf welche Weise die tiefer liegenden Ebenen des Glaubens, der Vorstellungswelt, der Träume und der Fantasie es dem Geld ermöglichen, Macht über uns zu haben.

Madame de Salzmann erzählte uns folgende Geschichte: Eines Tages, als ihr kleiner Sohn Michel sie um Geld für Süßigkeiten gebeten hatte, war Gurdjieff Zeuge dieser Bettelei. Er sagte: »Michel, solange du das Geld, das ich dir jetzt gebe, zusammenzählen kannst, darfst du es behalten.«

Michel freute sich auf die Aufgabe.

»Streck deine Hand aus«, sagte Gurdjieff und begann, langsam Münzen auf die Handfläche des Jungen zu legen. Am Anfang waren es kleine Geldstücke, dann folgte eine Ein-Franc-, danach eine Zwei-Francs-Münze. Michel zählte alles zusammen und trällerte fröhlich die Summen heraus.

Dann steigerte Gurdjieff das Tempo. Er fügte Fünf-, Zehn- und Zwanzig-Francs-Scheine hinzu, und der Junge strengte sich an, den jeweils hinzugefügten Betrag zu addieren. Michel wusste, dass er so lange würde zählen können, wie er seine Aufmerksamkeit aufrechtzuerhalten vermochte. Doch dann lenkte seine Angst vor einem möglichen Verlust seine Aufmerksamkeit ab. Die Noten kamen schneller und schneller und überwältigten seine Entschlossenheit, bis er sich schließlich geschlagen gab. Das Spiel endete damit, dass er genau den Betrag behalten durfte, den er fähig gewesen war zusammenzuzählen. An diesen inneren Kampf von Gier und Angst und an seine Fähigkeit, gleichzeitig Zeuge dieses inneren Zwistes zu sein, erinnerte er sich sein Leben lang.

—

Als Gurdjieff mit einigen seiner Studentinnen und Studenten im Jahr 1933 mit dem Schiff aus den Vereinigten Staaten nach Paris zurückreiste,* gelang es dem achtjährigen Michel, sich Eintritt ins Bordcasino zu verschaffen. Mit fünfundzwanzig Cents versuchte er sein Glück beim Roulette und unter den Augen eines vergnügten Halbkreises von Erwachsenen, die ihn anfeuerten, verdoppelte und vervierfachte sich sein Kleingeld.

Als seine Mutter ihn endlich fand, hatte er zweihundertachtzig Dollar angehäuft – in jenen Tagen eine beträchtliche Summe. Jeanne de Salzmann wollte nicht unfair erscheinen, indem sie ihm den Betrag einfach wegnahm; aber sie wollte auch nicht, dass er den Eindruck erhielt, ganz ohne Anstrengung Dinge bekommen zu können oder dass es unnötig sei, für das, was man erhält, auch zu bezahlen.

Also bat sie Gurdjieff um Rat. Dieser ließ Michel zu sich bringen und klärte den Jungen wahrheitsgemäß über die angespannte finanzielle Lage der Gruppe auf und dass er, sobald er von Bord gehen werde, dringende Rechnungen zu zahlen habe.

»Wieviel Geld brauchen Sie«, fragte Michel.

»Zweihundertachtzig Dollar«, antwortete Gurdjieff.

»Ich habe so viel Geld«, sagte Michel aufgeregt. »Ich kann es Ihnen leihen.«

Sein unerwarteter Spielgewinn hatte es dem Jungen ermöglicht, der Gruppe auf eine ganz erwachsene Art und Weise zu helfen. Jedwedes Moralisieren des Glücksspiels hätte ihn sich schuldig und klein fühlen lassen, doch stattdessen war ihm die Möglichkeit gegeben worden, ein Mann zu sein, zu entscheiden.

—

Wenn das Thema Geld zur Sprache kam, waren die Kinder ehrlich; sie gaben zu, dass es sie faszinierte. Geld war etwas Wirkliches, und ungeachtet dessen, was die Erwachsenen auch sagen mochten, wussten die Kinder ganz genau, dass es einen mächtigen Einfluss auf alle hatte. Sie brauchten ihre Eltern bloß um etwas Geld zu bitten und schon konnten sie sich aus erster Hand davon überzeugen,

* Zwischen 1924 und 1948 reiste Gurdjieff insgesamt neun Mal zu längeren und kürzeren Aufenthalten nach Amerika [A.d.Ü.].

dass es sich hier um etwas handelte, was wirklich zählte. Das Team hoffte, der Idee, dass Kinder vom Geld abzuschirmen seien, als ob es etwas wäre, was jenseits ihres Vorstellungsvermögens läge, ein vernünftiges Korrektiv entgegensetzen zu können. Indem wir besondere Bedingungen schufen, unter denen die Kinder ihre Beziehung zum Geld beobachten konnten, hofften wir, sie würden entdecken, wie sie diese starke Kraft in den Griff bekommen und frei genug werden könnten, Geld zu gebrauchen, ohne Angst oder Ehrfurcht vor dessen Macht zu haben.

Die Kinder waren immer darauf erpicht mitzuarbeiten, wenn es um Fundraising-Aktivitäten ging, weil ihnen dadurch ein Zugang zu jenem mächtigen Strom erlaubt war, der das Leben der Erwachsenen formte. Also gaben wir ihnen die Gelegenheit, Geld zu verdienen, was ihnen ein weiteres interessantes Betätigungsfeld eröffnete, und sie waren ganz und gar gewillt, so hart wie nötig zur Erreichung ihres Ziels zu arbeiten. Auf diese Weise konnten sie den Wert ihrer eigenen Anstrengungen in der Welt erfahren.

Wir hatten die Gewohnheit, finanzielle Mittel aus dem Verkauf unserer selbst produzierten Handarbeiten aufzubringen. Doch mitunter stellten wir auch Verkaufstische mit gespendeten, aber für uns eigentlich überflüssigen Dingen wie Geschirr, Spielzeug, Geräten und anderem Krimskrams auf.

Während des Verkaufs bot sich den Kindern die Gelegenheit, die Unterschiedlichkeit der Menschen direkt zu beobachten. Manche Kunden wollten ein Schnäppchen machen, anderen ging es nur um die Aufmerksamkeit oder die Freundlichkeit der jungen Kassiererinnen und Kassierer und wieder andere kauften fast jedes alte Teil, nur um das Gespräch am Laufen zu halten.

Die Kinder selbst durften ebenfalls Dinge kaufen, doch anlässlich einer dieser Verkaufsaktionen schlugen wir eine Einschränkung vor: Sie durften nur das kaufen, was am Ende des Tages übrigblieb. Diese Bedingung wurde von den Kindern akzeptiert – aber auch schon bald ignoriert. Hinter ihren Verkaufstischen begann ein reger geheimer Schleichhandel von Brettspielen, die für einen Dollar zu haben waren, von anderen Spielsachen und weiterem ansprechenden Zeugs. Später berichteten insbesondere die Jüngeren, dass eine Art Fieber sie gepackt habe und sie einfach nicht dabei hätten zusehen können, wie irgendjemand anderes ein begehrtes Spielzeug kaufte und mitnahm. Sie hatten also einen Blick darauf werfen können, wodurch sie in diesen Augenblicken beherrscht worden waren und wie ein kleines Bisschen Zeugs ihr Meister geworden war – sie hatten die Gier entdeckt.

Die Erwachsenen übernahmen eine eigene dazu passende Aufgabe: Wir mussten einen Gegenstand zu der Verkaufsaktion beisteuern, der uns wirklich etwas bedeutete, nicht irgendetwas, was man ohnehin loswerden wollte, und uns dessen bewusst werden, was dabei in unserem Inneren geschah. Diese Aufgabe stellte sich als genauso erkenntnisreich heraus wie die Aufgabe der Kinder. Ich rang es mir ab, eine echte, mit gepressten Blüten verzierte Navajo-Silberkette zu spenden, die ich einmal an einem Verkaufsstand in Golden, Colorado, erstanden hatte. Ich selbst war gerade am Tisch mit den wertvolleren Gegenständen eingeteilt, als meine ältere Schwester diese Halskette erblickte und sofort kaufte. Sie hatte keine Ahnung, dass sie mir gehört hatte, und ich hatte nicht damit gerechnet, dass ausgerechnet meine Schwester daran Gefallen fände. Die Kette einem Fremden zu verkaufen, hätte mich stolz gemacht, aber die Wendung, die es nunmehr genommen hatte, schmerzte mich. Alte Rivalitäten verschwinden eben nicht so leicht; sie erfordern eine lange, besondere Arbeit, zu der ich in jenem Augenblick inspiriert worden war.

Als wir uns unseren Beziehungen zu unseren Eltern, Geschwistern und Kindern stellten, wurde uns klar, dass es besser ist, nichts im Dunkeln zu belassen. Statt einfach abzulehnen, was wir an uns selbst als negativ erachteten, zielte unsere Methode darauf ab, uns unserer widersprüchlichen Eigenschaften bewusst zu werden, so wie sie nun mal waren, sodass dieser unangenehme Zwiespalt uns aufzuwecken vermochte und uns vielleicht mit unseren tief vergrabenen Gefühlen in Berührung bringen konnte. Dieses Anerkennen meiner negativen Zustände war transformativ.

—

Unsere ausgedehnten Campingausflüge während des Sommers halfen den Kindern in besonderer Weise, den Umgang mit Geld zu erlernen, und den Erwachsenen, zu üben, die Konsequenzen auszuhalten. Die banalsten Begebenheiten des Alltags boten dazu Gelegenheit. Alle paar Tage wurde ein anderes Kind zur Schatzmeisterin oder zum Schatzmeister bestimmt, und ihm wurde die Aufgabe übertragen, unser gesamtes Reisegeld zu verwalten. Es musste das Geld verwahren und auszahlen.

Als Zeichen der Anerkennung übergaben die Erwachsenen ihm ebenfalls ihr persönliches Geld. Wir mussten den Schatzmeister

Come !

Big White Elephant Sale !

June 19, 10:30 - 5:00

Big Fair, Big Fun! We'll have: Refreshments, Games, Toys, Books, Gypsys, Sales, Variety show and Even Auctions too!

Everybody Invited !!!

Please Come !!!

ADDRESS & DIRECTIONS:

-Children's Workshop
39 Old Lake Street
White Plains, N.Y.

-From NYC: Thruway Exit 8; East to exit for Rt. 22; South on Rt. 22 five traffic lts (.8 mi.) to "Lake Street" sign on left; Left .9mi. to fork in road; Bear left to "Stop" sign; Continue bearing left .7 mi. to Old Lake Street; Left on Old Lake St, third house on right...

um Erlaubnis bitten, wenn wir Geld für unsere persönlichen Einkäufe ausgezahlt haben wollten, und sie oder ihn davon überzeugen, dass es wirklich notwendig war. Das balancierte das Ungleichgewicht zwischen den Erwachsenen und den Kindern ein wenig aus und erinnerte uns gleichzeitig daran, wie sehr wir Erwachsenen es mochten, Kontrolle auszuüben und Geld auszugeben, wann immer wir wollten, auch wenn es sich nur um kleine Dinge handelte.

Wir reisten nie auf Pump. So erlebten die Schatzmeister aus erster Hand den Preis für notwendige Einkäufe wie Essen, Benzin und für unerwartete Vorfälle, die es zu begleichen galt, wie beispielsweise für Reparaturen der Fahrzeuge, für Erfrischungsgetränke oder für die gelegentliche Notwendigkeit, Eiscreme auszuteilen – Kosten, die die sorgsam gehüteten Budgets der Schatzmeister zu sprengen drohten.

Eine ihrer wichtigsten Aufgaben war es, die täglichen Gesamtausgaben im Griff zu haben. Gerundete Beträge waren nicht erlaubt; sämtliche Rechnungen mussten auf den Cent genau beglichen werden. Wenn die jungen Schatzmeister überfordert waren, bekamen sie einen etwas älteren Assistenten zur Seite gestellt. Hatten sie es hingegen zu einfach, bestimmten wir trotzdem manchmal jemanden als Assistenten, weil eine solche »Hilfe« häufig auch zur Herausforderung werden konnte, die zu allerlei Einsichten führte. Nicht selten sahen wir die Schatzmeister umgeben von Quittungen aus den Supermärkten auf einem Baumstumpf sitzen und die Zahlenkolonnen immer wieder aufs Neue addieren. Die Kontrolle über die Geldbörse war ein zu machtvolles Amt, als dass jemand bereitwillig darauf verzichtet hätte, und so strengten sich die Kinder an, den Tagessaldo bis auf den letzten Cent genau auszurechnen, auch wenn dies mitunter bis spät in die Nacht dauerte.

Der damals dreizehn Jahre alte Carson erinnert sich an seine Zeit als Schatzmeister:

» Ich fand eine leere Schuhschachtel für das Reisegeld. Meine Freunde, die bereits zuvor Schatzmeister gewesen waren, diskutierten meine Wahl. »Nimm keine Schachtel, sie ist zu groß«, drängten sie mich. »Besorge dir lieber einen Geldbeutel, eine Tasche mit Reißverschluss, irgendetwas, das du dir in die Tasche stecken oder um den Bauch binden kannst.« Weitere Vorschläge folgten, aber ich wollte mir nicht reinreden lassen. Mir gefiel die Schuhschachtel. Sie war groß genug für das Geld, sämtliche Quittungen, ein kleines Notizbuch, Bleistifte und das für meinen Job nötige Wechselgeld.

Ausnahmsweise hatten wir einen Zwischenhalt in einem Motel eingelegt. Am nächsten Morgen, nachdem angekündigt worden war, dass wir nun abreisen und uns auf einen aufregenden Tag freuen könnten, räumten alle schnellstens ihre Zimmer, um einen guten Platz im Auto zu ergattern. Einige Stunden später fiel mir der Schuhkarton ein – ich hatte ihn nicht bei mir! Ich dachte, ich hätte ihn auf dem Bett zurückgelassen. Da drin war unser gesamtes Reisegeld.

Also machte unser Auto kehrt und raste zum Motel zurück. Spätestens als die restlichen Autos unserer Karawane ebenfalls eintrafen, war ich verzweifelt. Ich hatte bereits mein Zimmer auf den Kopf gestellt, und in der Hoffnung, dass ich die Schachtel mit dem Geld vielleicht achtlos irgendwo anders abgestellt hatte, waren nun auch alle anderen dabei, ihre Zimmer auseinanderzunehmen, um mir zu helfen. Das Hotelpersonal wurde ebenfalls taktvoll befragt, doch niemand hatte die Schachtel gesehen. An unserer abendlichen Versammlung musste ich vor der ganzen Gruppe darüber Bericht erstatten, dass ich die Schuhschachtel vergessen hatte und meine anschließende Suche erfolglos geblieben war. Es war ein Riesendrama. Wie könnte das Geld ersetzt werden? Konnte der Ausflug überhaupt fortgesetzt werden? Meinungen über Meinungen wurden vorgetragen.

Zum Schluss ergriff Harry das Wort. Er hatte das Motel als Letzter verlassen und dabei überprüft, ob alle Zimmertüren abgeschlossen worden waren. Als er meine Tür noch offen vorfand, hatte er den vergessenen Karton in seine Obhut genommen. Jetzt zog er ihn hervor, und alles Geld war noch da.

Alle waren glücklich. Die Reise konnte weitergehen.

»Aber was machen wir mit dem Schatzmeister?«, fragte Peggy. »Wollt ihr, dass er die Aufgabe weiterhin übernimmt, oder ist es Zeit, jemand anderes dafür auszusuchen? Ihr müsst es gemeinsam entscheiden und uns später mitteilen.« Sie stand auf und verließ den Raum, gefolgt von den anderen Erwachsenen und mir.

Es dauerte eigentlich nicht lange, doch mir kam es wie eine Ewigkeit vor. Ich vermute, die anderen Kinder hatten das

Gefühl, dass ich bereits genug gelitten hätte. Jedenfalls ließen sie mich den Job weitermachen.

Ich liebte diese Ausflüge. Und insbesondere Schatzmeister zu sein und das Geld zu verlieren – das werde ich niemals vergessen. Jeder Fehler war kostbar, solange ich mich mit ihm auseinandersetzte.«

Eines Sommers waren die Teenager eingeladen worden, ein Wochenende mit Peggy zu verbringen. Marjorie erinnert sich:

»Am Morgen wurde Montauk als unser Reiseziel verkündet, ein einfaches Seebad an der Ostspitze von Long Island. Wir waren vier Jungen und drei Mädchen. Peggy fuhr den Wagen. Während der dreistündigen Fahrt zogen eng aneinandergebaute Großstadthäuser an uns vorüber, bis sie von einstöckigen Wohngebäuden abgelöst wurden, sich dann erste Blicke auf Meeresarme und Strandabschnitte eröffneten und schließlich das Meer vor uns lag. Nachdem wir Sandwiches gegessen und uns besprochen hatten, schlug Peggy vor, dass wir ein Experiment zum Thema Unabhängigkeit unternehmen sollten. »Wie wäre es«, fragte sie, »wenn wir alle unser Geld dem Schatzmeister geben und dann jeder von uns auf eigene Faust einen Weg zu finden versucht, alles Notwendige fürs heutige Abendessen zu besorgen?«

Dieser Vorschlag wurde mit Schweigen quittiert, da wir erst einmal darüber nachdenken mussten, was das bedeuten würde.

»Und wenn wir mit nichts zurückkommen, wird es auch ohne Abendessen gehen«, fügte Peggy hinzu.

Wir waren überrascht, erklärten uns aber alle damit einverstanden.

Ich muss wohl vierzehn Jahre alt gewesen sein und hatte nicht die leiseste Idee, was ich tun sollte oder wohin ich gehen könnte. Aber ich war ein bisschen mit dem Leben auf dem Land vertraut. Entlang der Autobahn hatte ich Rosen wachsen gesehen und so machte ich mich auf den Weg zum Strand, wo ich Hagebutten fand und zu pflücken begann, Beeren, mit denen man eine Menge anstellen konnte – zumindest einen Tee zubereiten. Ich war einigermaßen zufrieden damit, dass ich diesen Einfall hatte, und so füllte ich meine Jacke mit den Beeren. Aber ohne Süßungsmittel ist Hagebuttentee eine saure Angelegenheit. Ich fing an zu überlegen, dass Peggy ihren Vorschlag möglicherweise anders gemeint haben könnte; denn so war es eigentlich zu einfach. Vielleicht war ja eher gedacht, dass ich in die Stadt gehen sollte, um etwas Geld für das Abendessen zu verdienen.

Als ich ins Motel zurückkehrte, fand ich dort nur noch meine Freundin Biddy. Ich hatte Angst, in die Stadt zu gehen, die Kilometer weit entfernt lag, und einen Bus gab es nicht. Aber die Alternative war, im Motel herumzusitzen und nichts zu tun. Ich wollte die Aufgabe nicht vermasseln. Noch nie zuvor hatte ich solch einen inneren Kampf verspürt. Dann sagte Biddy, sie wolle mich begleiten.

In der Stadt angekommen, trennten wir uns. An einem Hotel sah ich ein Schild mit der Aufschrift »Aushilfe gesucht«; also ging ich hinein und wurde auf der Stelle als Zimmermädchen angestellt. Ich machte einige Betten und putzte die Badezimmer; ich arbeitete wirklich hart und versuchte, alles richtig zu machen. Als die Schicht zu Ende war, galt es herauszufinden, wie ich sofort ausbezahlt werden könnte. Ich wollte keine Lügen auftischen; also erklärte ich, dass ich keinen einzigen Cent besaß, was eindeutig der Wahrheit entsprach, und bat den Hotel-Manager, mich sofort zu bezahlen, damit ich mir etwas zum Abendessen kaufen könne. Freundlicherweise gab er mir meinen Lohn bar auf die Hand.

Schließlich versammelten wir uns alle wieder im Motel und legten zusammen, was wir hatten auftreiben können, kauften daraus die Lebensmittel und hatten ein riesiges Abendessen. Seit jenem Wochenende wusste ich tief in mir, dass ich mich wirklich auf mich selbst verlassen konnte, wenn es galt, mit Problemen zurechtzukommen.

Seither habe ich mich niemals wieder wie ein hilfloses, abhängiges Kind gefühlt.«

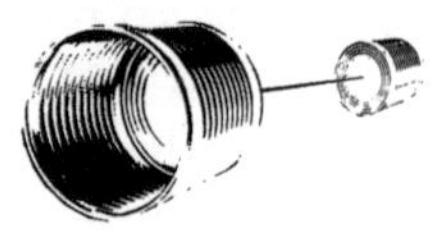

Kapitel 8

Unterwegs

Die Fahrer schienen zutiefst davon überzeugt zu sein, dass schneller gleich besser sei, aber den Kindern bedeutete das Beieinanderbleiben am meisten.

GURDJIEFFS REISEN MIT SEINEN SCHÜLERINNEN UND SCHÜLERN durch den Kaukasus, auf dem Land in Frankreich oder in die Vereinigten Staaten von Amerika kreierten spezielle Bedingungen für deren Arbeit.* Diese Tradition führten wir mit den Kindern auf unseren Ausflügen fort, die zwischen drei Tagen und (während der Schulferien) einem Monat dauern konnten. Wir gingen zelten und besuchten Indianerreservate und alte Denkmäler. Solche Ausflüge boten Raum für unerwartete Ereignisse und Eindrücke.

Meistens reisten wir mit einer Karawane von Autos. In jedem Wagen wurde täglich ein anderes Kind zum Navigator ernannt. Er oder sie war dafür verantwortlich, auf der Karte eine Route zu unserem Reiseziel einzuzeichnen und der erwachsenen Person, die den Wagen fuhr, die richtigen Anweisungen zu geben. Ausgerüstet mit Straßenkarten und Zeichenstiften freuten sich die jungen Navigatoren darauf, wenn sie an der Reihe waren, die Führung zu übernehmen, und hielten jeden Abend lang andauernde Sitzungen ab, um die Route des nächsten Tages zu planen, deren erster Zwischenhalt immer in einem einige hundert Kilometer entfernten Treffpunkt zum Mittagessen bestand. Es wurden Tipps zum Kartenlesen ausgetauscht und Erfahrungen geteilt. Die erwachsenen Fahrerinnen und Fahrer durften weder von der Route abweichen noch bestimmen, wann eine Pause eingelegt wurde, bis sie von ihren Navigatoren dazu angewiesen wurden. Verboten war auch

* Siehe dazu THOMAS und OLGA DE HARTMANN: *Unser Leben mit Herrn Gurdjieff. Expeditionen ins Wunderbare,* Xanten: Chalice Verlag, 2019, sowie ELIZABETH und JOHN G. BENNETT: *Monsieur Gurdjieff und seine Idioten – Paris 1949. Aus den Tagebüchern und Memoiren zweier Reisender in die Wirklichkeit,* Xanten: Chalice Verlag, 2016 [A.d.Ü.].

das Navigieren »von den hinteren Sitzen«. Die verschiedenen Fahrer nahmen es mit dieser Vereinbarung unterschiedlich genau; doch diejenigen, die sich pflichtgemäß an die Anweisungen hielten, verfuhren sich häufig – in der Regel bereits innerhalb der ersten Stunde nach der Abfahrt.

Die Karawane wurde zu einer Fahrgemeinschaft, in der jeder eine wichtige Rolle zu spielen hatte. Ein Reisebudget wurde festgelegt und alle mussten ihren Anteil einzahlen; Defizite wurden von einer kleinen Rücklage ausgeglichen, zu der ebenfalls wir alle beigetragen hatten.

Die Kolonne wurde immer vom langsamsten Fahrzeug angeführt, damit es nicht den Anschluss verpasste. Jeder Wagen trug die Verantwortung für den nachfolgenden, und ein Scout, »das Auge«, war beauftragt sicherzustellen, dass dieser Wagen nicht außer Sichtweite geriet. Diese Aufgabe wurde stets akribisch ausgeführt; die Reisegemeinschaft zusammenzuhalten, schien für die Kinder ein wichtigeres Anliegen zu sein als für die Fahrer, die häufig das langsame Tempo nicht ertragen konnten und »Zeit gutmachen« wollten, indem sie das Auto an der Spitze überholten. Abends gab es darüber eine Menge betrübter Gespräche unter den Kindern. Die Fahrer schienen zutiefst davon überzeugt zu sein, dass schneller gleich besser sei, aber den Kindern bedeutete das Beieinanderbleiben am meisten. Für die Kinder lag der emotionale Fokus auf dem, was innerhalb ihres Wagens geschah. Ihre Beziehungen untereinander und mit den Erwachsenen waren wichtiger als Berge, Wüsten oder exotische Orte.

Aus dem Bericht eines der Kinder:

» Der Karawane war es schwergefallen zusammenzubleiben. Bens Transporter fuhr dauernd davon, gefolgt von Jerrys Auto, der fieberhaft versuchte, sich nicht von ihm abhängen zu lassen. Die anderen schlängelten hinterher, Bobs Volkswagen bildete normalerweise das Schlusslicht. Bei einigen dieser hektischen, aber lustigen Aufholjagden hielt Jerry irgendwann an – abgesehen vom »Auge« hatten alle Insassen bemerkt, dass die anderen Fahrzeuge nicht mehr zu sehen waren –, um zu schauen, ob die Übrigen folgten konnten. Manche Fahrten dieser Art beendete Jerry aber auch, indem er Gas gab, um Ben wieder einzuholen. Sogar wenn alle anderen Mitfahrer in Jerrys Auto schrien, schimpften und aus den

Fenstern Zeichen gaben, ignorierte der vorausfahrende Lieferwagen diese und fuhr unbekümmert weiter, bis einer seiner Insassen sein »Auge« auf die gestikulierenden Verfolger aufmerksam machte. Schließlich verständigte man sich auf ein Kommunikationssystem: Wenn Benzin gebraucht wurde, musste die Person am Steuer die Lichthupe betätigen, wenn es einen Notfall gab, sollte das Fernlicht eingeschaltet bleiben.«

Ereignisse sind im Wesentlichen neutral, obwohl aus objektiver Sicht durchaus Schwierigkeiten auftreten können. Doch ist es hauptsächlich unsere Haltung, die unsere Erfahrung bestimmt. Das Beste aus sich herauszuholen, ganz unabhängig vom Ergebnis, war während unserer Reisen unter allen gegebenen Umständen möglich, und diese Einsicht schützte uns vor nutzloser nachträglicher Nörgelei und Reue. Die Kinder verließen sich darauf, dass in Momenten, in denen es ihnen schlecht ging, wir Erwachsenen klüger wären als sie selbst und ihnen zeigen könnten, wie das Blatt zu wenden und ein Ausweg zu finden war.

Peggy war besorgt, unsere Ausflüge könnten zu einfach sein und nicht genügend Arbeitsmöglichkeiten und Herausforderungen bieten, um wirklich einen Sinn zu ergeben. Also verbrachte das Team viele Treffen damit, sich Erschwernisse auszudenken, die eingeführt werden konnten, wenn alles zu seicht verlief. Dazu gehörten etwa eine Weiterfahrt während der Nacht, anstatt zu zelten, oder das Vertauschen von Routineaufgaben, sodass sich alle etwas Neuem auszusetzen hatten, zum Beispiel die Mädchen dem Aufbau der Zelte oder die Jungs der Zubereitung der Mahlzeiten. Obschon wir mit einer solchen Liste möglicher Erschwernisse gut gerüstet waren, brauchten wir fast nie auf sie zurückzugreifen. Die Straße, unsere Fahrzeuge, das Wetter und das Leben selbst sorgten für die notwendigen Herausforderungen.

Man konnte sich darauf verlassen, dass unsere Autos immer irgendwelche Schwierigkeiten machen würden: Während einer Reise fiel der Schalldämpfer des Buicks ab, sodass einer der Männer und drei Jungen ihre Mittagspause unter dem Auto verbringen mussten, um ihn wieder zu befestigen. Ein anderes Mal hielten die Kinder eine Sitzung ab und beschlossen, ihre Jobs zu wechseln; und so rotierten alle von einer Aufgabe zur nächsten. Aber die Küchengruppe fühlte sich betrogen, weil es ihr dadurch genom-

men wurde, den von ihr zubereiteten Eintopf auch selbst zu servieren; sie waren überrascht von dieser Entscheidung, weil sie der Ansicht waren, alle hätten sich gemeinsam einverstanden erklärt, die Arbeiten so reibungslos wie möglich zu erledigen, ohne zu viel Wind zu machen.

—

Überraschung belebt den Augenblick. Sie ist ein starker Verbündeter gegen die unterschwellige Trägheit vor-besprochener, vor-gedachter und vor-gelebter Aktivitäten. Wir planten unsere Ausflüge, ohne den Zielort im Voraus bekanntzugeben, und dieses Element des Unbekannten machte das ganze Unterfangen für die Kinder lebhafter.

»Wohin fahren wir?«

»Ihr kriegt eure Straßenkarten erst morgen früh, wenn wir losfahren.«

Genauso wurde mit der Küchengruppe verfahren: Nur die Chefköchin oder der Chefkoch kannte das Menu im Voraus.

Überraschung hielt die Kinder davon ab, einer unbekannten Situation mit Sorgen oder Ängsten entgegenzusehen. Viele von ihnen, genauso wie einige der Erwachsenen, plagten sich unnötigerweise mit Überlegungen, wie sie sich bei zukünftigen Ereignissen verhalten sollten. Einer Situation kann jedoch nur in der Gegenwart selbst begegnet werden, Erwartung ist bloß ein ermüdender Schattenkampf.

Indem sich die Kinder plötzlich herausgefordert sahen, wurde ihre Fähigkeit, augenblicklich mit Unerwartetem umzugehen, gestärkt – egal, ob es sich um eine durchgebrannte Sicherung, einen platten Reifen, ein zerfetztes Zelt oder einen Bänderriss handelte. Die Bereitschaft, eine schwierige Situation mit Interesse, mit Humor und mit dem Verständnis für die dem Augenblick innewohnenden Möglichkeiten anzunehmen, konnte den Kindern als Richtschnur dienen, wie sie sich dem Unvorhergesehenen stellen konnten. Den Kindern gefiel diese Einstellung und sie machten sie sich zu eigen.

—

Entsprechend der Anzahl der Kinder gab es Verantwortungsbereiche: Neben Navigatoren und Scouts hatten wir Funktionen für das Protokoll und den Reisebericht, die Kassenführung, die Autoreparatur, die Zeltwache, das Feuermachen, das Einkaufen, das Aufräumen, den Auf- und Abbau der Zelte und die Aufsicht in den Autos. Diese Verantwortungsbereiche passend zum Kompetenzniveau der Kinder zu verteilen und sie darüber hinaus täglich neu zu vergeben, verlangte uns einen permanenten Einfallsreichtum ab. Die Funktion des Chefkochs war Teenagern im Alter zwischen vierzehn und sechzehn Jahren vorbehalten. Mit Unterstützung der ihnen zugewiesenen Assistenten mussten sie täglich drei Mahlzeiten und diverse Zwischenimbisse zubereiten, wofür sie sich alles Nötige aus den Kühltaschen, den Papier- und den Plastiktüten zusammensuchen mussten, die jeden noch so spärlichen freien Platz in den Autos einnahmen. Auch wenn es darum ging, die Küchengruppe bei Laune zu halten, war die Chefköchin oder der Chefkoch gefragt.

In jedem der Wagen verfasste jeweils ein Kind das Tagesprotokoll, der Reiseberichterstatter sammelte diese ein und verwebte alles zu einem Text, der alle paar Nächte vorgelesen wurde – ein Ereignis, auf das sich stets alle freuten. So bekamen wir flüchtige Blicke durch unsentimental beobachtende Kinderaugen auf uns selbst zu sehen, über die wir uns vor Lachen häufig schütteln mussten.

—

In einem Bericht über einen zehntägigen Ausflug im Jahr 1970 heißt es:

» An diesem Tag geschahen mehrere komische Dinge. Jedes Mal, wenn wir anhielten, um zu tanken, schienen die Tankwarte ziemlich verwirrt darüber zu sein, dass wir Kinder das Benzin bestellten, während die Erwachsenen plaudernd herumstanden. [...] Einmal lotste Bills Navigator, Kevin, ihn an einer Mautstelle auf eine »Nur mit passendem Kleingeld«-Fahrspur, ohne dass dieser das passende Kleingeld bereithatte, worauf der Beamte prompt dachte, Bill sei zu dumm oder könne nicht lesen. «

Wie kriegt man ein Zeltlager um fünf Uhr morgens auf die Beine, wenn alle erst um zwei Uhr nachts in die Schlafsäcke gekommen sind? Die Feuermacher standen immer eine Stunde vor den anderen auf, um trockenes Holz zu suchen und ein Feuer in Gang zu bringen. Viele der Kinder waren in der Stadt aufgewachsen und derart fasziniert davon, im Freien Feuer zu machen, dass sie ihren Wunsch nach Schlaf leicht überwanden. Als Nächstes legte die

Küchengruppe mit dem Rasseln der Töpfe los, und schon bald standen Haferflocken und Kaffee bereit.

Die Tradition der nordamerikanischen Prärie-Indianer kannte den sogenannten »Aufpeitscher«, jemanden, der einen langen Lederriemen schwang, wenn das Lager schnell abzubrechen war. Das Überleben eines Stammes konnte von ihm abhängen. Unsere Version des Aufpeitschers lief an allen Zelten vorbei und rief die Bewohner auf, sich anzuziehen, sich zu beeilen, die Zelte abzubrechen und sicherzustellen, dass der Boden blankgefegt wurde.

Egal, wie sehr der Aufpeitscher oder die Aufpeitscherin sich auch bemühte, Trödler gab es immer. Wenn wir geplant hatten, um sechs Uhr morgens loszufahren, waren zur verabredeten Zeit nur wenige der Wagen fertig gepackt und der Großteil der Ausrüstung lag noch immer verstreut auf dem Zeltplatz herum. Üblicherweise war in Peggys Kombi zu dem Zeitpunkt bereits alles verstaut und ihre Tagesgruppe saß schon im Wagen. Wenn sie ihren Motor startete, war dies das Zeichen zum Aufbruch und alle, die fertig waren, rannten zu ihren Autos. Niemand wollte zurückgelassen werden; doch gewöhnlich fuhr Peggy los, bevor wirklich alle Autos beladen waren, und überließ es den anderen, ihr so gut und so schnell wie möglich zu folgen.

Nach und nach begriffen wir, dass es diese Unlust war, das Lager abzubrechen und zügig loszufahren, die uns stets länger als geplant zurückhielt. Die einzige Möglichkeit, das Zeltlager speditiv zu räumen, bestand darin, schnell fertig zu werden und abzufahren. Wer auch immer morgens die Autokarawane anzuführen hatte, dem musste es gestattet sein loszufahren, ohne zurückzuschauen und sich darum zu kümmern, ob die restlichen Fahrzeuge mithalten konnten oder nicht. Die anderen würden schon nachkommen; und erstaunlicherweise fanden wir auf der Autobahn meistens wieder zusammen. Existiert diese Trägheit – dieser Sog, an dem festzuhalten, was bereits Vergangenheit ist, dieser Unwille, von Neuem zu beginnen – in allem?

Wir schlugen eine Übung vor, bei der es darum ging, das Lager leise abzubrechen und ohne eine Spur zu hinterlassen: kein Müll, keine Kleidungsstücke, kein vergessener Ausrüstungsgegenstand auf der Erde, die Steine für die Kochstelle wieder an den Ort zurückgelegt, von dem sie hergeholt worden waren – nur unsere Fußspuren durften bleiben.

—

In all dem Durcheinander, den Verspätungen, den Fehlstarts und gelegentlichen Schwierigkeiten erlebten wir während der Ausflüge Augenblicke echter Magie, welche die Kinder dazu motivierten, sich erneut anzumelden, wann immer die nächste Reise anstand.

Eines der Kinder hielt im Reisebericht fest:

» Wir wollten uns den Maistanz in einer Hopi-Siedlung anschauen gehen. Dazu wollten wir uns so unauffällig wie möglich unter die indianischen Zuschauerinnen und Zuschauer der Zeremonie mischen. Unser Ziel war es, weder herumzuzappeln noch ständig aufzustehen, um irgendwelche Fragen zu stellen – kurz und gut, wir wollten nicht unangenehm auffallen.

Ich erinnere mich, wie ich versuchte, still zu sitzen, obwohl die Temperatur mehr und mehr anstieg. Es war August und es hatte seit Monaten nicht mehr geregnet, die Ernte war am Verdorren. Ohne ein Wölkchen am Himmel brannte die Sonne auf uns herab, was kaum auszuhalten war.

Der Tanz war sehr monoton. Die Indianer trommelten, sangen, stampften mit ihren Füßen und stellten irgendwelche Dinge mit Puppen aus Maisbärten an; die Hopi-Kachinas waren mit Masken und schwerem Kopfschmuck kostümiert. Es war wie von einem anderen Planeten.

Ich bemühte mich, die Bedeutung des Maistanzes zu verstehen. Wir hatten kein Programm, keinen Bezugspunkt, niemand erklärte uns irgendetwas. Und so ging es unentwegt Stunde um Stunde weiter.

Ich mochte es gar nicht, dort in der Hitze zu sitzen und der monotonen Musik und dem ebenso eintönigen Sprechgesang zuzuhören, ohne selbst etwas sagen, essen oder trinken zu dürfen oder mich bewegen zu können. Aber wir wollten, solange die Tanzzeremonie andauerte, unbedingt vermeiden, irgendjemanden um irgendetwas zu bitten.

Es war ungefähr vier Uhr nachmittags, als plötzlich Wolken den Himmel verdunkelten. Es fing tatsächlich an zu regnen. Dann stürmten fünf oder sechs heilige Clowns zu den Tänzern und hüpften unter ihnen umher. Sie hatten Wassermelonen mitgebracht, zerbrachen sie mit einem Schlag und verteilten die zackigen Stücke an das Publikum, an die Tänzer und sogar an uns.

Da saßen wir also und aßen Wassermelone und geröstetes Brot, das sie mit uns teilten; es schmeckte wie das Beste, was ich jemals gegessen hatte.

Ich hatte das Gefühl, sie feierten das Herbeirufen des Regens, der so wichtig für den Mais war, von dem sie abhingen. Das war der Grund ihres Tanzens gewesen. Von der Hitze des Tages war nichts mehr übrig geblieben und man spürte eine enorme Erleichterung, so als ob alles Notwendige erlangt worden war. Als die Mesa sich wieder leerte, sprach keiner der Indianer auch nur ein Wort mit uns und es blieb uns überlassen, über die Bedeutung dessen, was wir gesehen hatten, nachzudenken.«

Ein anderes Kind schrieb:

»Niemals vorher haben wir Götter gesehen.«

Wir hätten versuchen können, die Bedeutung des Tanzes zu erklären, aber wir entschieden uns dagegen. Wirklich neue Eindrücke zu erhalten ist schwierig, aber Überraschung hilft dabei.

—

Zwei Wochen lang wanderten unsere Teenager mit Rucksäcken auf einem Abschnitt des Long Trail am Appalachian Ridge in den Bergen Vermonts. Einer der Jungen, Chris, war irgendwie unsortiert und in schlechter Verfassung. Dauernd war er der Letzte, der die Ausrüstung gepackt hatte. Seine Kleidungsstücke und Teile seines Kochgeschirrs lagen überall im Lager verstreut, und er zeigte deutlich seinen Widerstand. Besonders gut verstand er sich auf seine Verzögerungstaktik, mit der er alle verärgerte. An seine Erfahrung erinnert er sich folgendermaßen:

»Wir wanderten auf dem Long Trail und ich hatte eine schwere Zeit. Ich war dreizehn und fühlte mich meistens miserabel. Ich hasste meine Schule, ich hasste mein Leben, mein Rucksack war mir zu groß und zu schwer. Ich war in einer schrecklichen Verfassung, körperlich wie mental, und so war meine Unzufriedenheit angesichts eines scheinbar endlosen Anstiegs nicht weiter überraschend.

Auch hielt ich mit meiner Unzufriedenheit nicht hinter dem Berg. Ich beschwerte mich dauernd, und wahrscheinlich auch laut. Natürlich war ich mir nicht im Klaren darüber, dass ich das tat. Alles was ich wusste, war, dass ich gefangen war auf dieser erbärmlichen Wanderung mit lauter Menschen, die älter und stärker waren als ich, dass meine Beine schmerzten und dass ich müde war – warum konnten wir nicht damit aufhören? Weshalb war ich überhaupt dabei?

Unsere Gruppe hatte einen Rückstand auf die anderen; teilweise war dieser darauf zurückzuführen, dass unsere erste Pause zu lange gedauert hatte, teilweise war ich der Grund. Ich war der sprichwörtliche Bummelant am Schluss, der alle aufhielt, und zwar in solch einem Ausmaß, dass die uns nachfolgende Gruppe uns bereits bei der Hälfte des Tagesmarsches überholt hatte und wir nur deshalb wieder zu ihr aufschlossen, weil sie sich entschieden hatte, eine Mittagspause einzulegen.

Klettern. Leiden. Beschweren. Mein Rücken schmerzte. Meine Schultern schmerzten. Meine Beine schmerzten.

Ungefähr zu dem Zeitpunkt, als ich dachte, ich bräche wirklich zusammen, trafen wir auf Harrys Gruppe. Als wir sie erreichten, zogen sie uns damit auf, wie langsam wir seien – was man halt »eine wohlmeinende Abreibung« nennt – und fragten, was das Problem sei.

Alle zeigten mit dem Finger auf den Bummelanten: auf mich. Harry sagte einen Moment lang nichts. Dann fragte er: »Warum setzt ihr ihn nicht an die Spitze?«

Das machte für mich überhaupt keinen Sinn, doch als er es ausgesprochen hatte, spürte ich eine Art Frösteln, als ob mir jemand kaltes Wasser auf den Rücken gespritzt hätte. Bob, unser Gruppenleiter, war sofort einverstanden und ließ mich – zum Entsetzen meiner Weggefährten – zuvorderst gehen.

Mit einem Mal war ich voller Energie, und zwar buchstäblich: Meine Gliedmaßen schmerzten nicht mehr, meine Atemlosigkeit war wie weggeblasen und ich spürte nichts mehr von der Müdigkeit und Angespanntheit, die mich bis dahin gequält hatten. Ich rannte den Berg hinauf. Ich flog. Ich fühlte mich wie ein Blitz. Ich war so schnell, dass der Rest der Gruppe Mühe hatte mitzuhalten.

Ich denke, dass Harry, indem er unserem Gruppenleiter vorschlug, mich an die Spitze zu setzen, meine Rolle veränderte. Die Rolle des Meckerers, des pummeligen Kindes, des

Sündenbocks kannte ich. Ich hasste sie, aber ich lebte sie. Doch als er mir die Rolle des Anführers gab, war ich von all dem befreit. Ich glaube, es lag an dem Vertrauen, das er mir damit schenkte. Statt anzunehmen, ich sei identisch mit meiner Haltung, forderte er mich heraus, mich neu zu erschaffen.

Es funktionierte.

Und manchmal, wenn ich mich daran erinnere, funktioniert es auch heute noch.«

Die Persönlichkeit eines Kindes ist nichts Endgültiges. Wenn es mit etwas Neuem konfrontiert wird, kann es erkennen, dass neben seiner üblichen Reaktion auch etwas anderes möglich ist. Allzu leicht nehmen wir den Widerstand eines Kindes zu ernst; wir sollten diesem Widerstand keine falsche Bedeutung beimessen. Ansonsten liefern wir es seinen eigenen Schwächen aus und verstärken diese sogar. Widerstand und Verlangen sind immer gleichzeitig da. Wenn wir einem Kind suggerieren, dass es eine bestimmte Eigenschaft oder Schwäche habe, und diese Andeutung dann unbewusst noch einige Male bekräftigen, wird das Kind diese Aussage verinnerlichen und daran glauben, dass es wirklich ist, was wir ihm einreden.

Alicé, eine der damaligen Heranwachsenden, erinnert sich an einen Camping-Ausflug:

» Wir sind irgendwo im Westen unterwegs und Peggy beschließt, wir sollen eine Party feiern mit etwas zu essen und einem Unterhaltungsprogramm. Peggy erteilt jedem von uns eine besondere Aufgabe, die wir während des Abends zu übernehmen haben. Überdies erhält jeder von uns im Geheimen ein Adjektiv, nach dessen »Manier« wir uns während der Feier verhalten sollen. Wir dürfen den anderen »unser« Adjektiv nicht verraten, doch am Ende werden wir alle versuchen, die Adjektive der anderen zu enträtseln. Peggy gab mir das Wort »unangenehm«.

Ich weiß noch, dass mir dieses Adjektiv, da ich zu jener Zeit ziemlich selbstgefällig war, ganz gut gefiel. Die Tatsache, dass ich gebeten wurde, mich »unangenehm« zu verhalten, musste bedeuten, dass ich normalerweise sehr angenehm war. Noch über Jahre hinweg gefiel mir dieses mir damals zugewiesene Adjektiv. Erst vor Kurzem habe ich begonnen, die

Lektion dieses Wortes und seiner Weiterungen in meinem Alltag zu begreifen. Heute, zwanzig Jahre später, arbeite ich noch immer mit dem, was ich damals gelernt habe.«

Was sollten wir mit Ronnie anfangen? Er war gerade siebzehn geworden und weigerte sich, an irgendetwas teilzunehmen? Ohne, dass wir es richtig bemerkt hatten, war er zu alt für die Arbeit mit den Kindern geworden. Aber er war nun mal hier, in einer unserer Arbeitswochen. Den Morgen verbrachte er damit herumzublödeln, wollte in keiner der Gruppen mitmachen und steckte andere Jungs mit seinem Verhalten an. Jim beobachtete ihn, sagte aber kein Wort. Als es Zeit für eine Kaffeepause wurde, schlug Jim Ronnie vor, den Wagen zu fahren, der als Personenbeförderung zwischen dem »Haus der Kinder« und anderen Häusern diente.

Abends, am Teammeeting der Erwachsenen, beschwerte sich Ruben: »Ronnie ist äußerst clever. Er hält uns Erwachsene ständig zum Narren. Warum belohnen wir sein schlechtes Verhalten noch, indem wir ihn den Shuttle fahren lassen?«

Jim antwortete, dass er Ronnie mit der neuen Aufgabe nicht belohnen, sondern in ihm etwas anderes abrufen wollte. »Ich glaube einfach nicht, dass Ronny wirklich das ist, als was er sich zeigt. Er hat eine Menge anderer Eigenschaften, die es vielleicht an die Oberfläche schaffen, wenn er in eine verantwortungsvolle Position versetzt wird. Vielleicht wird er versagen, vielleicht nicht, aber zumindest haben wir ihm die Möglichkeit gegeben, sich selbst besser kennenzulernen.«

Und tatsächlich war es so, dass Ronnie diese seinem Alter entsprechende Aufgabe mit großem Eifer erfüllte und sehr achtsam auf den engen Landstraßen fuhr.

—

Auf einem unserer Campingausflüge kam eines Abends einer der Teenager zu mir. Obwohl er ein hübscher und intelligenter Junge war, fehlte es ihm an Selbstvertrauen, was er mit ständigen Blödeleien zu überspielen versuchte. Er wartete, bis wir unter uns waren und sagte dann ungewohnt emotional:

»Ich möchte ein Führer sein. Sag mir, was ich tun muss. Ich bin bereit, alles dafür zu tun.«

Mir schossen eine Unmenge von Wörtern wie »verantwortlich« und »verlässlich« durch den Kopf, aber mir war klar, dass diese, wenn ich sie laut ausspräche, an ihm abprallen würden, ohne einen

Eindruck auf ihn zu machen. Also konzentrierte ich mich auf das, worauf ich mich verlassen konnte: Ich richtete meine Aufmerksamkeit auf meinen Körper. Das ist einfacher getan, als zu erklären. Ich spürte, wie die Anspannung aus meinem Gesicht wich und meine Knie locker wurden. Die Spannung in meinen Schultern verschwand. Ich konnte sogar meine Füße auf dem Boden spüren. Es war entscheidend, auf eine Intuition zu warten und gewillt zu sein, das Unbehagen über das Fehlen einer schnellen Antwort zu ertragen.

Was ist ein Führer? Ich hatte mir dieser Frage nie zuvor gestellt und in Tat und Wahrheit wusste ich es nicht. Ich stellte mir unsere Feuermacher vor, die vor Anbruch der Morgendämmerung aufstanden, damit die Köche das Frühstück zubereiten konnten, und jene, die, ohne zu zögern, bis zu den Ellbogen im kalten, schmierigen Wasser des Spülbeckens die Töpfe sauber schrubbten, und diejenigen, welche die Wagen fuhren und sich um Benzin kümmerten, während alle anderen eine Pause machen konnten, und auch die, die schwiegen und warteten, um jemand anderen aussprechen zu lassen.

»Wenn du führen möchtest, dann tu etwas, was niemand anderes tun will«, war letztendlich mein Vorschlag für ihn.

In den darauffolgenden Wochen beobachtete ich, wie er mit dieser Idee herumexperimentierte und Dinge ausprobierte. Etwas veränderte sich in ihm und in seinen Beziehungen zu den anderen. Die Leute fingen an, ihn ernst zu nehmen; er wurde fähig, etwas anzuleiten und seine Scherze entwickelten eine wertvolle Leichtigkeit.

—

Natürlich brachten die Fahrten auch immer das Element der Langweilige mit sich: ausgedehnte Strecken, auf denen es nicht viel zu tun gab, oder Zeiten, in denen wir einfach warten mussten – warten, dass der Motor ansprang, warten, dass die anderen Wagen aufschlossen, warten, bis die indianischen Zeremonien begannen, warten auf den Sonnenaufgang.

Langeweile ist ein negatives Gefühl, das auftaucht, wenn ich das ganze Universum ablehne, weil es mir gerade missfällt. An welche inneren Orte gehe ich in diesen Momenten? Während dieser Wartezeit übernehmen meine Tagträume und meine kreisenden Gedanken die Kontrolle. Wir Erwachsenen mussten in uns selbst etwas finden, was wir dieser sporadischen Geißel der Langeweile

entgegensetzen konnten, doch für die Kinder bereiteten wir Aktivitäten für solche Zeiten vor: Wir hatten Stoffquadrate dabei, aus denen ein Quilt genäht werden konnte, wir lernten die Gebärdensprache, wir listeten Pflanzen auf, wir improvisierten Lieder und Ähnliches mehr.

—

Während eines Ausflugs in meinen ersten Jahren bei der Arbeit mit den Kindern beschlossen wir eines Abends, am Straßenrand zu campieren. Ein Bauer hatte uns erlaubt, unsere Zelte auf seinen Feldern aufzuschlagen. Sogar Wasser brachte er uns. Die fünfzehnjährige Ellen war zum ersten Mal dabei. Ihre Eltern hatten sich erst kürzlich scheiden lassen und sie war unglücklich. Sie neigte dazu, sich allem zu widersetzen, worum sie gebeten wurde.

Ellen, Kate und ich hatten die Aufgabe, das Abendessen zuzubereiten. Während wir im letzten Tageslicht unsere Küche aufstellten, beobachtete Ellen ein Pferd, das ganz in der Nähe auf einer Anhöhe graste. Sie prahlte damit, dass sie zu Hause ein Pferd habe und reiten könne, wann immer sie Lust dazu verspüre. Während ich damit beschäftigt war, die Lebensmittel zu ordnen, bekam ich ein paar Ausschnitte ihrer Geschichte mit. Anstatt mir zu helfen, hielt sie zusätzlich auch Kate von der Arbeit ab. Als die beiden verschwanden, war ich fast erleichtert.

Zwanzig Minuten später tauchte Peggy auf und flüsterte mir zu: »Ellen ist verletzt. Ich muss mit ihr ins Krankenhaus. Harry wird uns fahren. Serviere das Essen, wenn es fertig ist. Warte nicht auf uns.« Und weg war sie.

Es ging das Gerücht, Ellen habe die strikte Anweisung, das Pferd des Bauers in Ruhe zu lassen, in den Wind geschlagen, sei über den Zaun geklettert und habe es ohne Sattel geritten. Als das Pferd im Galopp strauchelte, sei Ellen heruntergefallen. Auf ihre Schreie hin waren Leute zu Hilfe geeilt, Peggy und Harry hatten sie schnell ins Auto geschafft und sie ins örtliche Krankenhaus gefahren.

Wir nahmen die Mahlzeit in gedrückter Stimmung ein.

Gegen Mitternacht, nachdem das Essen beendet und das Geschirr abgewaschen war, herrschte Stille im Camp. Ich schlief tief, als plötzlich mit einer Taschenlampe in mein Gesicht geleuchtet wurde. Peggy kniete neben mir und ich war erleichtert, dass sie zurück war. Sie flüsterte: »Ellens Bein ist mehrfach gebrochen. Sie hat Schmerzen und wird wahrscheinlich nicht schlafen können. Kannst du zum Krankenhaus fahren und die Nacht über bei ihr bleiben?«

Als ich Ellens Zimmer betrat, schien sie sich über mein Kommen zu freuen. Ich setzte mich auf einen Stuhl an ihre Seite. Wir sprachen miteinander, bis sie einschlief. Dann lehnte auch ich mich zurück und schloss meine Augen. Um vier Uhr morgens hörte ich Ellen meinen Namen flüstern. Sie war bereits wach und ihr Bein schmerzte. Wir klingelten nach der Schwester, damit sie ein Schmerzmittel bringen würde, aber eigentlich wollte Ellen mit mir reden, vor allem über das, was sie in der Nacht geträumt hatte:

> »Ich habe geträumt, dass Gott die Geschichte aller Menschen aufschrieb und dass Seine Tinte das Leid der Menschen war. Als der Schmerz in meinem Fußgelenk am größten war, träumte ich, dass Er nun über mich schrieb und ich zur Spitze Seines Stifts wurde. Als mein Schmerz abklang, machte Gott mit einem anderen Menschen weiter und jemand anderes wurde zu Seinem Werkzeug.«

Ein paar Tage später flog Ellen nach Hause und ich blieb mit einer neuen Frage zurück: Als es am besagten Abend dunkel geworden war und das Essen vorbereitet werden musste, hatte ich für alle eine heiße Mahlzeit gekocht. Diese äußerlichen Aufgaben hatten mich absorbiert, aber war das in dem Moment wirklich meine Aufgabe gewesen? Vielleicht musste ich mir darüber klarwerden, dass meine wirkliche Aufgabe darin bestanden hatte, zwei Mädchen bei der Stange zu halten, die mir eigentlich hätten helfen sollen und stattdessen weggelaufen waren. Was wäre wichtiger gewesen? Was hätte ich tun sollen?

Gurdjieff hatte gesagt: *»Ich bin meine Aufmerksamkeit.«* Meine Handlungen waren aus der Routine heraus erfolgt, aber um bewusst zu handeln, braucht es ein bestimmtes Maß einer Aufmerksamkeit, die frei ist von ihrer üblichen Beschäftigung und nicht gefangen in der Tretmühle meiner Gedanken und Gefühle. Eine solche Art von Aufmerksamkeit musste ich mir erarbeiten, noch besaß ich sie nicht.

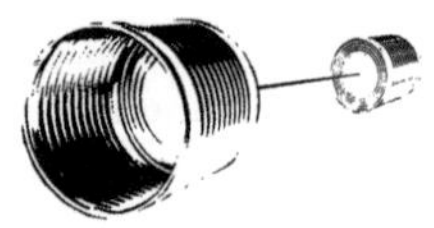

Kapitel 9

Wem oder was gilt mein Gehorsam?

Die Kinder wollten dem engen Korsett der Gewohnheit genauso entfliehen wie wir Erwachsenen.

»WAS MUSS ICH TUN, DASS MEINE KINDER AUF MICH HÖREN?«, fragte ein Elternteil Madame de Salzmann. Wir spitzten die Ohren; wir alle hatten unsere Geschichten und Fragen, was dieses Thema betraf. Wenn unsere Rolle darin bestand, den ureigenen Wunsch der Kinder zu erwecken, sodass sie aus eigener Initiative heraus handeln konnten statt aufgrund von Konditionierung oder Zwang – was sollten wir dann tun, wenn diese Art von Initiative einfach nicht zum Vorschein kommen wollte?

Was ist zu tun, wenn der Mittagsabwasch im Spülbecken liegen bleibt, die verkrusteten Töpfe und Pfannen sich stapeln und kein Kind sich blicken lässt; wenn die Werkzeuge in der ganzen Werkstatt verstreut liegen, es bereits Zeit für den Abschied ist und die Eltern mit laufendem Motor vor der Tür warten, um ihre Kinder wieder mit nach Hause zu nehmen? Wer sollte den Müll, den die Kinder hinterlassen hatten, einsammeln und zu den Abfalltonnen bringen? War es richtig, dass das Erwachsenenteam hinter den Kindern herräumte? Wie konnten wir sie zu Disziplin ermutigen?

—

»Versuchen Sie niemals, etwas mit Zwang durchzusetzen«, sagte Jeanne de Salzmann in sanftem Ton. »Sie müssen mit dem Kind so lange sprechen, bis es begreift, warum es tun sollte, worum Sie es bitten.«

Jemand aus unserer Gruppe wandte ein, dass Reden nichts bringen würde. Doch Madame de Salzmann blieb dabei.

»Sie müssen Ihre Gründe darlegen. Es ist Ihre Aufgabe, dem Kind zu helfen zu *verstehen.* Und das funktioniert niemals über: ›Weil ich es sage.‹«

Ein Vater berichtete: »Die Beziehungen, die ich zu meinen Kindern habe, scheinen durch ein starkes Pflichtgefühl belastet zu sein. Ich ›sollte‹ so und so sein, wenn ich mit ihnen zusammen bin, und auch sie ›sollten‹ so sein und so sein und nicht anders. Das lässt keinen Raum in mir für etwas anderes, für irgendetwas, das lebendiger ist.«

Jim Nott stimmte zu: »Von wo in mir kommt das her? Entspringt es nicht einer inneren Anspannung darüber, dass irgendetwas anderes fehlt? Und weil ich diesen Mangel spüre, ergreife ich die letzte Möglichkeit und befehle? Irgendetwas verschließt sich in mir und dabei verliere ich den Blick für die Kinder. Ich habe Angst vor dieser Situation; ich will auf keinen Fall so sein, und alles, was mir übrig bleibt, ist, noch angespannter zu werden. Diese Pflichtbesessenheit färbt praktisch alles, weil ich dann aus einem Bild heraus handle, das ich von mir und den Kindern habe, und ich will, dass die Kinder diesem Bild entsprechen.«

Gurdjieff hatte gesagt:

» Es ist besser, den Kindern nicht allzu viele Dinge zu verbieten, weil diese Verbote durchs eine Ohr hinein und durchs andere Ohr gleich wieder hinausgehen. Vor allem anderen müssen Sie in ihnen jenen *Impuls* zum Vorschein bringen, der ihnen dabei hilft, auf diese oder jene Art zu handeln. «

Von Zeit zu Zeit halfen einige der Teenager bei der Betreuung der kleinen Kinder. Ein Mädchen erinnert sich:

» Ich hatte es mit einem kleinen zornigen, schluchzenden, kämpfenden, schreienden und verdreckten Jungen zu tun, der sich weigerte, sich zu waschen, obwohl es fast an der Zeit war, nach Hause zu gehen. Wie sollte ich ihn nur ins Badezimmer bekommen, ohne handgreiflich zu werden und ihn eigenhändig zum Waschbecken zu schleppen? Ich sagte leise und wie im Geheimen zu ihm: »Du weißt ja, dass Wasserhähne weinen können. Es ist wirklich wahr. Sie wollen gebraucht werden und wenn du sie nicht aufdrehst, weinen sie, nachdem wir verschwunden sind.«

Er hörte auf zu schreien und schaute mich an. Dann drehte er den Wasserhahn an und ließ das Wasser laufen.

Ich sagte: »Auch die Seife hat Gefühle, und wenn du sie nicht gebrauchst, wird sie traurig sein.« Er nahm die Seife und wusch sich damit Hände und Gesicht. Er wurde nicht gezwungen. Er hatte einfach die Chance bekommen, jemandem einen Gefallen zu tun.«

Häufig zwingen wir die Kinder unter dem Vorwand, dass es »zu ihrem eigenen Wohl« sei, auf unsere Anweisungen zu hören – das ist eine Form von Schikane. Doch wenn im Erwachsenen das Verlangen nach Kontrolle aufgrund eines neuen Verständnisses abgeschwächt und gemildert wird, kann ein Kind lernen, seine eigenen aggressiven Impulse zu beherrschen.

Folgendes Gespräch fand im Jahr 1943 in Gurdjieffs Pariser Wohnung statt:

» Ich würde Sie gerne um einen Rat bitten«, sagte Frau D. »Mein kleiner Sohn versucht mehr und mehr, sich durchzusetzen. Er sagt zu allem und jedem Nein und hat durchwegs eine ablehnende Haltung. Damit er nachgibt, scheine ich lediglich zwei Möglichkeiten zu haben. Ich kann ewig auf ihn einreden und mit ihm hin und her argumentieren, aber das ist nicht immer machbar. Oder ich lenke ihn ab, gebe ihm ein Spielzeug oder etwas in der Art. Letzteres ist natürlich der einfachere Weg, aber er scheint mir nicht richtig zu sein.«

Gurdjieff: »Die zweite Lösung ist schlecht, die erste ist gut. Sprechen Sie mit ihm, indem Sie Analogien verwenden.«

Frau D.: »Das ist sehr schwierig.«

Gurdjieff: »Aber für ihn wird es dadurch einfacher. Für Sie mag es komplizierter sein, aber für ein Kind ist eine gute Erklärung sehr einfach zu verstehen. Doch Ihnen fällt es aufgrund Ihrer diesbezüglich mangelnden Ausbildung schwer, dem Kind die richtige Erklärung zu geben. Sie wurden nicht dazu erzogen, eine Lehrerin zu sein; Ihnen wurde beigebracht, wie Sie Socken zu stricken haben. Doch hier müssen Sie eine Lehrerin sein... Ich dagegen«, lachte er, »habe Löcher in meinen Socken!«

Manchmal akzeptierten die Kinder unsere Autorität, manchmal opponierten sie dagegen. Wovon war dies abhängig? Wofür trugen wir die Verantwortung? Wem gegenüber und für was waren die Kinder verantwortlich? Und was, wenn sie gar keine Autorität anerkennen wollten, insbesondere die älteren, deren Verantwortungsbereiche größer waren?

Unsere Theorien über das richtige Benehmen fielen im Angesicht der tatsächlichen Ereignisse häufig in sich zusammen. Als ich fragte: »Was muss ich anstellen, um wirklich an den Prinzipien festhalten zu können?«, antwortete Peggy, dass Gurdjieff gesagt habe, das Praktische stünde über dem Philosophischen.

Diese Antwort irritierte mich, hatte ich mich doch bisher bemüht, Ideale in die Praxis umzusetzen. Nun hieß es also im Gegenteil: Erkenne, was genau in dieser konkreten Situation vonnöten ist, und denke nicht darüber nach, wie die Situation sein sollte. »Wenn doch nur…« musste aus den Gedanken unseres Teams verbannt werden. Es ging nicht um die Frage, wie man vorgehen würde, »wenn doch nur« mehr Zeit zur Verfügung stünde, »wenn doch nur« mehr Helfer da wären, »wenn doch nur« ein paar Dinge anders wären. Vielmehr galt es zu wissen, wie mit Situationen umzugehen war, so wie sie nun mal waren. Aber genau dies stellte für mich die größte Herausforderung dar, ganz besonders, was mein eigenes Kind anging.

—

In jenen frühen Jahren begegnete ich meiner Tochter recht kritisch und einfordernd, wobei ich mir nicht sicher bin, ob ich streng oder einfach nur schnell reizbar war. Ich hatte starke Gefühle für sie, aber ich wusste nicht, wie ich diese ausdrücken konnte. Ich passte so gut es ging auf sie auf, aber in der Regel hielt ich sie auch auf Distanz; vielleicht verhielt ich mich ihr gegenüber genauso, wie meine Mutter mich behandelt hatte.

Eines Tages im Sommer hielten wir im Haus ein Teammeeting ab, während die Kinder draußen spielten. Plötzlich hörten wir von dort ein Kreischen, einen Schrei voller Entsetzten, Wut und Kummer.

»Wer schreit da?«, fragte ich.

Erst war es still, dann sagte jemand: »Es ist deine Tochter.«

Dieser Schrei hatte mich durchbohrt. Ihr Vater war vier Monate zuvor gestorben und genau in diesem Moment hörte ich ihr Leiden zum ersten Mal. Hinter ihrem gelassenen Auftreten verbarg sich die Welt ihrer Albträume und ihres Verlusts. Diesen Schrei konnte ich nicht mehr vergessen.

Von dem Moment an veränderte sich mein Verhalten gegenüber meiner Tochter. Ich begann, sie nah an mich heranzulassen, wenn auch anfänglich etwas ungeschickt und ängstlich. Mit der Zeit wurde ich zuversichtlicher und konnte sehen, dass sie mich trotz allem liebte. Nach und nach wurde ich zu ihrer Verbündeten.

Wochen später kam ich an einem Teamtreffen auf dieses Thema zu sprechen. »Dieser Schrei – ich weiß nicht, ob ihr euch noch daran erinnern könnt – hat mir klargemacht, dass ich zu streng mit meiner Tochter war.«

Das Team schwieg; keiner schaute mich an.

Also fragte ich Dorothea, die Frau, die ich im Team am nettesten fand: »Warum hast du nie etwas gesagt?«

»Wir haben es dir seit Jahren gesagt«, antwortete Dorothea, »du konntest es einfach nicht hören.«

Einige unserer problematischen Seiten, einschließlich der vielen selbstgerechten Grausamkeiten, können nur im Schutz der Dunkelheit bestehen. Jener Augenblick brachte mir Reue, gefolgt von einer neuen Freiheit.

—

Als meine Tochter um die vierzehn Jahre alt war, konnte ich beobachten, dass sie sich mir widersetzte und mein Urteil infrage stellte. Das verunsicherte und verletzte mich ein wenig, da ich ihr immer einen großen Handlungsspielraum gewährt hatte, sie um ihre Meinung bat bei Fragen, die auch sie betrafen, und ihre Anschauungen, Ideen und Entscheidungen respektierte. Ich dachte, dass wir in unserer Beziehung gut aufeinander abgestimmt seien. Doch wo waren jetzt, da sie sich zum Teenager entwickelt hatte, diese Nähe, diese Freundschaft, das Vertrauen geblieben? Waren all meine Bemühungen um sie umsonst gewesen? Alles schien in einer Flut jugendlicher Opposition und Streitigkeiten verloren gegangen zu sein.

Irgendwann trug ich diese Frage in unser Team, das sein Mitgefühl mit mir bekundete.

Dann sagte Madame de Salzmann: »Behandeln Sie Ihre Tochter so, als ob sie Ihre beste Freundin wäre. Sagen Sie nichts zu ihr, was Sie nicht auch Ihrer besten Freundin sagen würden.«

Das war alles: *als ob.*

Sie hatte nicht etwa vorgeschlagen, ich solle mich verstellen oder irgendjemandem irgendetwas vormachen, sondern mir geraten, so zu tun und so zu handeln, *als ob* der erwünschte Zustand bereits Realität wäre. In einer schwierigen Situation kann ich handeln, *als ob* alles normal wäre, und diese Haltung lenkt dann das Geschehen. Unsere Einstellung, unsere Körperhaltung und der Ton unserer Stimme beeinflussen das Ergebnis. Entscheide dich, bewusst so zu handeln, dass es deinem Ziel dient – das ist die Bedeutung hinter diesem *Als ob*.

Ein Vater fragte: »Sollten Eltern die Kumpel ihrer Kinder sein?« Ganz gewiss sollten sie sich miteinander austauschen, doch kann die Beziehung nicht die von zwei Gleichgestellten sein. Kinder brauchen von ihren Eltern etwas anderes als von ihren Kameraden. Bis das Kind gelernt hat, etwas alleine zu tun, sollten die Eltern sich darum bemühen, an seinen Arbeiten und Aktivitäten freundschaftlich teilzunehmen, da solche gemeinsamen Anstrengungen eine besondere Bindung schaffen.

Madame de Salzmann hatte nicht von bewusstem Schauspielern gesprochen, einem Konzept, das ich nicht hätte nachvollziehen können. Aber *als ob* war einfach und einleuchtend genug, um es ausprobieren zu können. Es ging ihr nicht um Disziplin, sie hatte uns zu einer neuartigen Anstrengung aufgefordert.

Ich begann, mir selbst zuzuhören, wenn ich mit meiner Tochter sprach. War mein Ton zu barsch, zu rechthaberisch oder autoritär? Würde ich zu meiner besten Freundin auf diese Art sprechen? Meine Stimme war anders, kollegialer, wenn ich mit meinen Freunden sprach.

Also strengte ich mich an, mit ihr wie mit einer Freundin zu reden. Dies erwies sich als schwieriger als gedacht; die Gewohnheit, ihr etwas vorzuschreiben, stammte aus meiner eigenen Kindheit und war tief in mir verwurzelt. Ich entdeckte meine Unterwelt, die von Misstrauen und Angst geprägt war. Sobald meine Aufmerksamkeit nachließ, fiel ich sofort in das gewohnte Verhalten zurück, das mich schimpfen, tadeln und meiner Tochter die Schuld für die Ärgernisse des Lebens in die Schuhe schieben ließ. Szenen ungerechtfertigter Vorwürfe hallten schmerzvoll in mir wider.

Irgendwann war ich fähig zu sagen: »Es ging gar nicht um irgendetwas, das du getan hast, es war nicht dein Fehler, dass ich geschimpft habe; ich habe meine Launen einfach nicht im Griff.« Aus dieser hart erarbeiteten Aufrichtigkeit entsprang etwas Neues. Mit dieser Wahrheit ging eine Aussöhnung zwischen uns beiden einher. Satt dass ich mir den Vorwurf einhandelte, den ich erwartet hatte, wurde mir sogleich verziehen! Kinder vergeben schnell, wenn wir ehrlich mit ihnen sind.

Der Lackmustest, den uns Madame de Salzmann gegeben hatte – *Würde ich dies zu meiner besten Freundin sagen?* –, half mir, zwischen Ausflüchten und der Wirklichkeit zu unterscheiden, und ließ die unvermeidlichen Reibungen zwischen meiner Tochter und mir harmonischer verlaufen.

Während ich dies übte, wuchs das Vertrauen meiner Tochter. Wie auch immer sich meine Schwächen zeigten, sie konnte sich darauf verlassen, dass ich ehrlich sein wollte, und sie konnte mich lieben. Ich hörte auf, sie für meinen Ärger verantwortlich zu machen, und akzeptierte, dass die Ursache für meinen Groll in mir selbst zu finden war. Diese Bemühung, aufrichtig zu sein, entschärfte nach und nach die bissigen Auswirkungen meiner Ausbrüche und brachte die Vergangenheit in Ordnung.

Wenn ich in ihre Augen schaute, fragte ich mich manchmal, wer hier eigentlich wem half. Mein Wunsch, dass es ihr gut gehen möge, spornte mich an. Und ihre bereitwillige Akzeptanz unterstützte mich darin, dass ich weiter daran arbeitete. Dies waren die Grenzen durchbrechenden, die überweltlichen Augenblicke.

Madame de Salzmanns Vorschlag hatte zu einem unerwarteten Ergebnis geführt. Meine Tochter und ich wurden tatsächlich beste Freundinnen.

Als ob kann überall und zu jeder Zeit ausprobiert werden. Es ist keine Lüge. Vielmehr lässt sich dadurch das für die Zukunft Erhoffte in etwas Greifbares im Hier und Jetzt verwandeln. Während man das *Als ob* erprobt, muss man sich darüber im Klaren sein, dass man etwas spielt, bis aufgrund einer unbekannten Gesetzmäßigkeit das *Als ob* wirklich wird.

—

Während einer Arbeitswoche wurde am Frühstückstisch folgende Aufgabe vorgeschlagen: »Wir werden diesen Vormittag an etwas arbeiten, das in uns allen sehr stark ausgeprägt ist: am Zorn. Irgendetwas fällt vor, irgendjemand erzählt mir etwas und augenblicklich werde ich laut. Wenn ich nun diesen Zorn aufsteigen spüre, halte ich einen Moment lang inne, nehme einen tiefen Atemzug und setze dann meine Arbeit fort.«

Mittags sagte Ronnie, dass er den ganzen Morgen über verstimmt gewesen sei, da er die für seine Arbeit notwendigen Sachen nicht habe finden können. Jim sagte daraufhin: »Es ist natürlich, unter diesen Bedingungen verärgert zu sein, aber es bringt dir rein gar nichts. Zorn verschwendet derart viel Energie. Warum sollte

ich zulassen, dass ein fehlender Nagel mich von meinem Ziel ablenkt?«

Lucy berichtete, dass sie damit beschäftigt gewesen sei, Flaschen auszuwaschen, doch diese seien von irgendjemandem immer wieder zurückgeschickt worden, damit sie sie erneut wasche, und dies habe einfach kein Ende genommen. »Warum macht uns so etwas wütend?«, fragte Jim. »Wenn mich jemand daran hindert, die Dinge so zu tun, wie ich sie erledigt haben will, steigt manchmal Zorn in mir auf.«

Während einer Arbeitswoche verknallten sich zwei Teenager in dasselbe Mädchen. Aus einer Rivalität wurde Zorn. Unter den Kindern wurde sehr selten gekämpft. Aber in diesem Fall von Ian, einem Besucher aus Kanada, und John, einem der amerikanischen Jungen, wurde aus einem Schubs ein Stoß und dann ein Schlag und schon prügelten sich die beiden auf dem Boden.

Jim, einer der Erwachsenen, war bei ihnen. In der Erwartung, er würde den Kampf beenden, rannten wir zu ihnen hinüber. Aber Jim beendete die Auseinandersetzung nicht. Er stand für eine gefühlte Ewigkeit einfach daneben und beobachtete sie, wie sie miteinander rangen und sich prügelten. Ich war schockiert. Doch er beobachtete alles sehr genau und sah, dass kein wirklicher Schaden angerichtet wurde. Schließlich trennte Jim die beiden schmutzigen und immer noch aufeinander einprügelnden Jungen voneinander und ließ sie für ein privates Gespräch in sein Zelt kommen.

Als sie wieder herauskamen, schienen sie ausgesöhnt und friedlich.

Am Abend, als die Kinder schliefen, wurde Jim vom Erwachsenenteam mit Fragen überhäuft. Warum hatte er den Kampf nicht sofort beendet? Was hatte er den Jungen erzählt, um die Sache wieder in Ordnung zu bringen?

»Sie sind keine Raufbolde. Das konnte man an der Art sehen, wie sie kämpften«, sagte Jim. »Es bestand also keine Gefahr, dass sie sich ernsthaft verletzen würden. Ich wollte sie ein bisschen kämpfen lassen, damit sie einen Geschmack davon bekämen, dass sie lernten, wie es sich anfühlt. Anschließend habe ich sie gefragt, wie sie sich während des Kampfes gefühlt hatten. Sie sagten, dass sie wütend waren. Ich fragte sie, ob ihre Wut ausgereicht hätte, jemanden zu töten, und beide erklärten, dass es sich in bestimmten Augenblicken so angefühlt hätte. Sie schienen überrascht und in diesem Eingeständnis irgendwie miteinander verbunden zu sein. Ich sagte zu ihnen: ›Nun wisst ihr, wie Kriege beginnen.‹«

Eines Sonntagmorgens war ich an der Reihe, eine Aufgabe vorzuschlagen.

»Ich sage oft Nein, wenn Leute mich um etwas bitten, oder ich sage: ›Später‹, was ebenfalls Nein bedeutet. Am heutigen Tag werde ich zu allem Ja sagen«, schlug ich vor.

Vier Kinder waren eingeteilt, gemeinsam mit mir die Töpferwerkstatt zu putzen, einschließlich des nicht verrückbaren Arbeitstisches aus Holz, auf dem wir den Ton einspannten, um unsere Skulpturen und Ziegel zu formen – ein Tisch so breit, dass niemand bis zu dessen Mitte reichen konnte. Verkrustete Schichten von trockenem Ton bedeckten das Holz und auf dem Zementfußboden waren überall Tonsprenkel. Beide bedurften energischen Schrubbens.

Die mürrische dreizehnjährige Angela war ein Mitglied dieser Gruppe und ich dachte, die Übung, Ja zu sagen, wäre die perfekte Gelegenheit, sie für eine Aufgabe zu motivieren, die sie normalerweise ablehnen würde. Also gab ich ihr einen elektrischen Bodenschrubber und schon bald war sie in die Bedienung der Maschine vertieft. Plötzlich kletterte sie mit dem Schrubber auf den Tisch, schaute zu mir herunter und fragte, ob das okay sei.

Als ich sie da oben auf dem Tisch stehen sah, war ich verärgert. So sollte die Maschine eigentlich nicht verwendet werden.

Also antwortete ich: »Nein.«

»Aber du hast doch gesagt, unsere heutige Übung laute, zu allem Ja zu sagen«, konterte Angela süffisant.

Mein Nein war so schnell gekommen, dass ich es nicht hatte kontrollieren können. Wie schmerzlich war es, dass ich eingestehen musste, meine eigene Übung vergessen zu haben! Nach ein paar wenigen, sehr langen Sekunden, zwang ich mich dazu, Ja zu sagen, und musste zähneknirschend ihr triumphierendes Grinsen über mich ergehen lassen. Mein Reflex auf etwas Unerwartetes war, mit einem Nein zu reagieren. Es hatte Angelas Widerstand bedurft, mir das bewusst zu machen. Der Tisch war nachher übrigens zum ersten Mal richtig sauber.

Während wir Erwachsenen den Vorteil der Ideen und Pläne auf unserer Seite hatten, verfügten die Kinder über eine schnelle Bereitschaft, etwas auszuprobieren. Dies wiederum half uns Erwachsenen – und gab uns oftmals Hoffnung.

Aus meinen Aufzeichnungen zu einem der Themen:

»Wenn man Dinge immer auf dieselbe, alte Weise tut, besteht keine Möglichkeit, irgendetwas Neues zu erfahren. Der Lauf meines Lebens ergibt sich aus den Augenblicken. Doch jeder Augenblick vergeht, sobald ich meine Zeit damit verbringe, über die Zukunft nachzudenken. Wenn ich es schaffe, mich daran zu erinnern, dass Hindernisse auftauchen, damit ich mich anstrengen und mein Leben erfahren kann, werde ich meinen Tag als Abfolge von Augenblicken erleben. Wenn ich mich mit einem Hindernis abmühe, bin ich hier. Und trotzdem denke ich, dass Hindernisse schlechter Natur sind – aber stimmt das überhaupt?«

An einem Morgen war es unsere Aufgabe, die Frage zu beantworten: Wem oder was gilt mein Gehorsam? Jim sagte, dass wir immer irgendjemandem oder irgendetwas in uns gehorchen und dass wir heute herausfinden sollten, wer oder was das ist.

Aus dem Arbeitsbericht:

»Robert war unangenehm überrascht, dass es keine Waschmaschine gab und er seine Wäsche mit der Hand waschen musste. Das gefiel ihm zwar überhaupt nicht, er tat es aber trotzdem. Sandy, die mit Bohnern beschäftigt und sehr müde war, zerriss versehentlich ihre Hose und mochte diese Hausarbeit auch nicht, doch sie übernahm sie trotzdem. Jim beobachtete, wie interessant es ist, dass trotz all der Dinge, die uns zum Abbrechen bringen wollen, wir dennoch durchhalten. Das bedeutet: Ich habe eine innere Stimme, die mächtig genug ist, mir Befehle zu erteilen. Was wir tun, ist, uns mit dieser Stimme zu verbinden.«

Wenn ein Kind rebelliert, kann dies ein Zeichen dafür sein, dass es nach Autorität in sich selbst sucht und diese nicht findet. Kinder wollen Leitung. Kinder brauchen jene Wahrheit, die wir zunächst einmal in unserer eigenen Lebenserfahrung finden müssen. Wenn Kinder sich widersetzten, war dies teilweise darauf zurückzuführen, dass wir Erwachsenen die falsche Sprache wählten. Was beherrschte sie in diesem Moment? Der Verstand, der Körper und die Gefühle haben verschiedene Arten zu kommunizieren. Instinktive Handlungen erfordern instinktive Anweisungen, keine Moralpredigten. Wenn ein Kind nicht tun will, worum es gebeten wird, funktioniert ein imperatives »Schau mal« besser als ein langer Wortschwall.

Folgsamkeit erfordert Unterscheidungsvermögen. Wir wollen Bereitwilligkeit und keinen blinden Gehorsam. Blindes Gehorchen ist eher ein Zeichen von Fanatismus als von Entwicklung individueller Eigenschaften. Wenn ich Folgsamkeit verlange, wer ist es dann, die fragt, und zu welchem Zweck? Antwortet das Kind oder reagiert es?

Wem oder was in mir kann ich gehorchen, und wem oder was in mir kann ein Kind gehorchen? Rollenbilder sind wesentlich, um fähig zu werden, ein Verständnis richtigen Gehorsams zu vermitteln. Das Kind sollte eher der *Stellung* von Vater und Mutter gehorchen als den Personen als solchen. Wir wollen das Kind dazu bringen, dass es seiner eigenen Stellung gehorcht. Und zur gleichen Zeit muss ich eine Anstrengung unternehmen, meine eigene richtige Rolle zu finden, um dem Kind zu helfen, seine zu finden. Als Vorbild zu fungieren, ist enorm wichtig, beispielsweise wenn es darum geht, mit welcher Haltung ich älteren Menschen begegne. Wir bitten eher um Gehorsam gegenüber dieser Beziehung als um den Gehorsam gegenüber dieser bestimmten Person. Das Kind wird dann darauf achten, diese Beziehung gebührend zu behandeln, und wird ihr gegenüber gehorsam sein.

Aufseiten des Kindes herrscht so lange Vertrauen, bis der Erwachsene dieses bricht. Und sogar, wenn dies geschehen ist, vertraut das Kind viel länger, als es eigentlich Grund dazu hätte. Es ist etwas Essenzielles im Wesen des Kindes, der »Mutter« und dem »Vater« zu vertrauen. Das Kind will Autorität, und wenn es diese erhält, antwortet es mit Dankbarkeit und Freude. Das Schlimmste für ein Kind ist es, nicht mit seiner eigenen Stellung verbunden zu sein. Verhält sich ein Kind unbotmäßig, bedeutet dies: »Ich werfe mich selbst aus etwas hinaus.« Das Gefühl, in etwas Größeres integriert zu sein, ist für das Kind extrem wichtig.

Auf diese Bedürfnisse der Kinder wollten wir also antworten, aber vorher galt es, uns selbst daran zu erinnern, dass »ich existiere«, dass »ich bin«.

—

Bei jeder einzelnen Entdeckung, die wir bei der Beobachtung der Kinder machten, wurden wir davor gewarnt, auf das, was wir bemerkt hatten, sofort zu reagieren, damit wir nicht eine mechanische Reaktion durch eine andere ersetzten. Wir hätten den

Kindern sogar unwillentlich Schaden zufügen können, wenn wir etwas, das vorher lange geduldet oder unterstützt worden war, plötzlich nicht mehr toleriert hätten. Wenn wir für den Fall einer nicht ausgeführten Aktivität Konsequenzen erklärt hatten, mussten wir uns auch daran halten.

Bei Übertretungen waren strenge, aber gerechte Konsequenzen wichtig – nicht um unseretwillen, sondern wegen der Gesetze des Universums, die sowohl die Kinder als auch uns Erwachsene einschlossen. Indem wir den Kindern beibrachten zu beherzigen, was richtig und notwendig war, und ihrer eigenen Vorstellung davon, was richtig sei, zu folgen, demonstrierten wir ihnen, wie man im Einklang mit der Natur lebt. In der Rolle der Eltern lag eine ordnungsgemäße Autorität, doch auch die Eltern selbst unterstanden einer ordnungsgemäßen Autorität, wenn sie ihre wahre Rolle erfüllen wollten – nicht die von Kameraden oder von Polizisten. Es ging darum, die Essenz zu nähren.

Gerechtigkeit war den Kindern wichtig. Sie wollten sicher sein, dass die Regeln für alle galten und dass Überschreitungen unvoreingenommen behandelt wurden. Letzten Endes ging es ihnen um Fairness.

Wenn auf den Ausflügen Schwierigkeiten auftauchten, stellten wir einen Rat aus den älteren Kindern zusammen. Die Mitgliedschaft in diesem Rat dauerte genau einen Tag lang; es gab keine durchgängigen Ratsmitglieder. Die Kinder freuten sich darauf, wenn sie an die Reihe kamen, Macht und Verantwortung auszuüben, und genossen den Respekt, der mit ihrem Einsatz verbunden war. Im Gegenzug vertrauten die Jüngeren auf die Fairness des Rates und akzeptierten dessen Beschlüsse, einschließlich der manchmal auch unbeliebten Entscheide. Eins der damals jüngeren Kinder erinnerte sich später:

> »Auf einem Ausflug Richtung Westen schikanierte ein vierzehnjähriger Junge aus lauter Wut unablässig alle anderen. Nach zwei Wochen, in denen man sich sehr um ihn bemüht hatte, entschied der Rat der Teenager, dass er schließlich zu weit gegangen sei. Sämtliche Ratsmitglieder stimmten dafür, dass der Junge nach Hause geschickt werden sollte. Er bat darum, bleiben zu dürfen. Doch obwohl er von den anderen Kindern gemocht wurde und sie Mitleid mit ihm hatten, blieben sie bei ihrer Entscheidung und er musste gehen.«

Wir hatten den Eindruck, dass die Kinder die Autorität des Rates leichter akzeptieren konnten als die unsrige. Ob sie mehr Vertrauen in ihre eigene Unvoreingenommenheit hatten als in die der Erwachsenen?

Die meisten Kinder, manchmal sogar solche, die ernsthaft schlecht behandelt worden waren, schienen es instinktiv abzulehnen, jemandem Schmerzen zu verursachen. Diese zutiefst in unserer DNA verdrahtete angeborene Abscheu vor Gemeinheiten muss geachtet werden. Gleichwohl ist Aggression ein ebenso organischer Impuls, und so ringen beide Antriebe miteinander um Einfluss und Dominanz. Das bewusste Verbinden dieser Gegensätze erzeugt einen Schmelztiegel, der ein Verständnis jenseits von Dualität erwachen lässt. In diesem Kampf kann Bewusstsein erscheinen.

—

Am letzten Nachmittag einer einwöchigen Arbeitsperiode im Sommer war ich, immer noch ein Neuling in dieser Arbeit, erschöpft und ungeduldig, außerdem war es mir zu heiß. Ich konnte kaum abwarten, dass es Abend würde und ich endlich nach Hause käme. In der glühenden Sonne rief Peggy eine Pause aus. Auf dem Anwesen gab es ein wunderbares Steinbecken, in dem wir alle schwimmen gehen wollten. Der Gedanke, gleich ins kühle Wasser zu springen, veränderte meine Stimmung. Meine Müdigkeit war wie weggeblasen und ich lief los, um meinen Badeanzug zu holen, als ich Peggy meinen Namen rufen hörte.

»Du musst die Taschen der Jungs nochmals auspacken und schauen, dass niemand fremde Kleidungsstücke eingesteckt hat. In der Wäscherei könnten die Sachen durcheinandergeraten sein. Du wirst wohl keine Zeit zum Schwimmen haben«, sagte sie.

Warum musste ich die Einzige sein, die keine Pause hatte? Ich war verärgert, obwohl mir natürlich klar war, dass ich zum Arbeiten und nicht zum Schwimmen hergekommen war. Meine Müdigkeit und Niedergeschlagenheit stellten sich wieder ein. Ich beachtete das vom Wasserbecken herübergetragene Jauchzen und Gelächter nicht weiter und sortierte zwei Stunden lang die Kleidung der Jungen. Tatsächlich war eine Menge durcheinandergekommen.

David der Kasper, David der Clown, zog immer die Aufmerksamkeit auf sich, weil er die anderen Kinder und sogar die Erwachsenen ärgerte. Als er und die anderen Jungs zurückkamen, um sich trockene Kleider anzuziehen, sahen sie, womit ich beschäftigt war, und erklärten mir, sie hätten ihre Sachen absichtlich vertauscht als Zeichen der Freundschaft, damit sie sich aneinander erinnern würden. Mein Aussortieren war also überflüssig gewesen.

David amüsierte sich über meine Verwirrung und ahmte meine Versuche, ihre Sachen zu ordnen, nach. An einem anderen Tag hätte ich seinen Unfug tolerieren oder zumindest so tun können, als ob es mir egal sei, aber an diesem Tag war ich zu frustriert. Verärgert forderte ich ihn auf, mir nach draußen zu folgen.

Wir saßen auf der Wiese, um miteinander zu sprechen, doch ich bedauerte augenblicklich meinen Ausbruch. Was könnte ich schon sagen, das David auch hören würde? Was könnte irgendetwas ändern? Er spielte mit einem Büschel Klee herum in der Erwartung, von mir zusammengestaucht zu werden. Ich hatte ihn nach draußen zitiert und jetzt? Verzweifelt versuchte ich, meine wahren Gefühle herauszufinden, ohne mich darüber zu schämen oder mich schuldig zu fühlen. Es war beängstigend, auf meine gewohnten Antworten, auf meine Sicherheit, die wissende und mächtige Erwachsene zu sein, zu verzichten und dem Unbekannten zu begegnen. Was spielte sich hier wirklich ab?

Zögerlich begann ich: »Weißt du, David, ich bin böse auf dich, weil du dich über mich lustig gemacht hast. Und ich kann nichts dagegen tun.« Es entstand eine lange Pause. »Und du machst dich über mich lustig, weil du nichts dagegen tun kannst. Lass es uns gemeinsam herausfinden.« Ich sprach über unsere Gewohnheiten, wie sie uns beherrschen, ohne dass wir uns dessen bewusst sind. Ich hörte mit dem Sprechen auf und erwartete, dass er protestieren würde, doch er hörte zu. »Auch die anderen Kinder haben Gewohnheiten. Und sie wissen, dass du versuchen wirst, sie zum Lachen bringen. Aber niemand weiß, dass du oft nichts dagegen tun kannst, dass du nicht damit aufhören kannst, auch wenn du es wolltest. Genauso wie ich es nicht schaffe. Aber dieser Augenblick kann auch anders sein. Wenn wir uns dafür entscheiden. Du kannst wählen, wie du sein willst, und ich kann ebenfalls wählen. Die anderen Jungs denken, du kommst jetzt zurück und wirst dich über alles lustig machen. Warum überraschst du sie nicht, indem du etwas anderes tust als normalerweise?«

David wägte es ab und fragte vorsichtig: »Was soll ich tun?«

Ich hatte keine Antwort auf diese Frage. Es ging nicht darum, was ich dachte, wie er sich verhalten sollte. Also sagte ich: »Sei ein

Mann. Ist es nicht das, was du sein möchtest?« Wir saßen noch ein bisschen schweigend zusammen und gingen dann zurück.

Die Jungen blickten uns erwartungsvoll an. War David ausgeschimpft worden? Sie warteten darauf, dass er mit seinen Faxen loslegen würde, doch David war selbstsicher und würdevoll wie ein Prinz.

Ich hatte mir vorgemacht, David aus Disziplingründen bestrafen zu wollen, aber eigentlich wollte ich ihn dafür bestrafen, dass er sich über mich lustig gemacht hatte. Die Wahrheit des Augenblicks lag darin, dass ich genauso hilflos gewesen war wie er. Als wir diese Einsicht miteinander teilten, veränderte sich für uns beide alles.

Die Kinder wollten dem engen Korsett der Gewohnheit genauso entfliehen wie wir Erwachsenen. Wir mussten ihnen den Weg zeigen. Wenn wir uns auf den Augenblick verlassen, kann das Wirkliche erscheinen und die gewöhnlichen Masken und Rollen fallen von selbst von uns ab. Wir können diesem Kontakt mit dem Augenblick vertrauen, auch wenn wir nicht wissen, wohin er uns führen wird.

Madame de Salzmann hatte uns gesagt:

» *Sie müssen mit dem Kind so lange sprechen, bis es begreift, warum es tun sollte, worum Sie es bitten.* «

Bevor ich um Gehorsam bitte, muss ich mir darüber im Klaren sein, wem oder was *ich* gehorche.

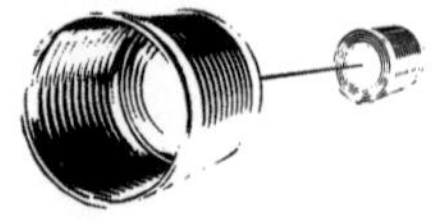

Kapitel 10

Eindrücke

Ein Augenblick auf der Bühne ist einzigartig – das Gefühl, in einem Meer von Aufmerksamkeit zu baden, weckt die Schauspieler auf.

DIE ZEIT WURDE ALLMÄHLICH KNAPP – HATTEN WIR UNS ZU viel vorgenommen? Es schien, als ob wir niemals fertig werden würden. Unser Weihnachtsprojekt, welches handgemachte Geschenke für jedes einzelne Kind, die gemalte Raumdekoration sowie eine riesige Auswahl an selbstgebackenen Süßigkeiten einschloss, schien das Team zu überfordern.

An einem unserer Treffen erzählte Jeanne de Salzmann die Geschichte, wie ihr Mann sie einmal während der Weihnachtstage zu einem Spaziergang in der Abenddämmerung eingeladen hatte. Sie waren schon weit in den schneebedeckten Wald hineingestapft, als er sie scheinbar zufällig auf eine Lichtung führte. Mit Entzücken sah sie eine drei Meter hohe Tanne, erleuchtet von winzigen Kerzen, glitzernden Ornamenten, Glaskugeln und Süßigkeiten. Ihre Verblüffung über dieses Spektakel blieb für sie unvergesslich.

»Können Sie ermessen, was er alles auf sich genommen haben musste, um den Baum zu schmücken, dann mit mir so weit in den Wald hineinzugehen und mich dorthin zu führen, damit ich unvermittelt vor ihm stünde?«, fragte sie.

Der Blick auf etwas Schönes kann unsere gewöhnliche Trägheit durchbrechen. Wenn wir achtsam genug sind, können wir eine andere Wirklichkeit zum Leben erwecken. Und so arbeiteten wir also weiter.

»Wie sollen wir dieses Jahr abschließen?«, fragte Paul die älteren Kinder. »Was würde euch gefallen?«

Während des anschließenden Schweigens konnte man förmlich hören, wie in diesen jungen Leuten zwischen elf und vierzehn Jahren Ideen auftauchten und prüfend betrachtet wurden. Schließlich sagte die zwölfjährige Mary: »Lasst uns ein Fest feiern.« Dies war zwar nicht unbedingt eine ausgefallene Idee, doch wenn ihr erlaubt würde zu wachsen, könnte sie irgendwohin führen.

»Ein Fest?«, wiederholte Paul. »Wen wollen wir einladen?«

Verschiedene mögliche Gäste wurden genannt. Einer der Jungen schlug vor, dass wir all die Brüder und Schwestern einladen sollten, die noch zu jung waren für unsere Arbeit mit den Kindern, und dass wir das Fest für sie ausrichten könnten. Dieser Vorschlag befeuerte eine Menge Enthusiasmus.

Weitere Fragen schlossen sich an: Was sollte das Thema sein? Welche Art von Dekorationen wollten wir? Welche Kostüme? Was für ein Essen? Da es Winter war, tauchte die Idee einer Weihnachtsmann-Werkstatt auf. Die Kinder beschlossen, als Elfen des Weihnachtsmanns anzuheuern und für jeden der jüngeren Gäste ein Geschenk zu basteln. Es folgten Studien und Anleitungen zu diesem neuen Handwerk, und wir alle lernten, wie man aus Holz zusammengesetzte Spielzeuge und Eisenbahnwagen herstellt.

Zusätzlich zur Spielzeugproduktion hatten wir ein ambitioniertes Programm, das Aufbauten, Dekorationen, Kostüme und Essen einschloss. Um das Fest vorzubereiten, organisierten wir mehrere Wochenenden mit Übernachtungen für die Kinder. Neben den üblichen Dramen, wie eingefrorenen Wasserleitungen und angebrannten Mahlzeiten, entsprangen diesen Arbeitswochenenden Kostüme für jeden der Weihnachtsmann-Elfen sowie fast vierzig Unikate von handgemachten Geschenken.

So verbrachten wir Wochen damit, ein Ereignis vorzubereiten, das nur wenige Stunden dauern würde. Aus bunten Stoffen, Blattwerk, Zweigen, Blumen, Kerzen, Süßigkeiten und Musik schufen wir eine Atmosphäre, die Eindruck machen sollte. Der Untere Schuppen mit seinem Zementboden, den nackten Wänden und den ramponierten Arbeitsbänken und -tischen, den die Kinder in- und auswendig kannten, wurde vollständig verwandelt. Die Wände wurden mit silberfarbenen Paneelen bedeckt, die Eingänge mit Immergrün gekränzt, in den Nischen flackerten Kerzen und von der Decke hing an unsichtbaren Fäden Gebäck, das mit durchschimmernden, glasierten Süßigkeiten verziert war. Wo auch immer man hinsah, war über Nacht etwas Unerwartetes und Hübsches entstanden. Unsere Liebe zum Detail vermittelte den Gästen das Gefühl, eine andere Welt zu betreten.

Das Fest war ein großer Erfolg. Am Ende schlug jemand eine Herausforderung vor: Könnten wir stärker sein als unsere Neugier, stärker als unser Wunsch, das, was wir begehrten, sofort und auf der Stelle zu haben? Könnten die Kinder die Geschenke ungeöffnet lassen, wenn sie verteilt würden, und schauen, wie lange sie warten könnten?

Das Teammitglied hatte gerade erst zu sprechen aufgehört, als die Jüngsten das Geschenkpapier bereits eifrig von ihren Spielzeugen rissen. Niemand störte sich daran und wir spielten gemeinsam mit ihnen und ihren neuen Spielsachen. Doch viele der älteren Kinder waren von dieser Herausforderung fasziniert. Manche warteten, bis das Fest vorbei war, um ihr Geschenk zu öffnen, andere nahmen ihr Geschenk sogar noch verpackt mit nach Hause. Alan, damals dreizehn Jahre alt, war einer derjenigen, die das Geschenk ungesehen mitnahmen. Er stellte es auf ein Regal in seinem Zimmer, wo er es jeden Tag anschaute, und öffnete es schließlich ein Jahr später zu Weihnachten.

Doch das Geschenk, das die Kinder am meisten liebten und an das sie sich am längsten erinnern sollten, war weder ein Spielzeug noch ein Spiel. Jeanne de Salzmann war mit dreißig Geschenken im Gepäck von Paris zu Besuch gekommen, und für jedes Kind gab es ein Päckchen. In einer blauen Reisetasche befanden sich neben vielen anderen Dingen Fläschchen mit *Soir de Paris*-Parfum für die Mädchen und für jeden eine kleine Spielerei sowie ein Miniaturbaguette und eine Miniaturflasche mit violettem Traubensaft. Die Kinder waren entzückt, als sie sich immer und immer wieder gegenseitig ihre Geschenke zeigten, das Brot und den »Wein«.

—

Um Wissen zu vermitteln, war das Schauspiel schon immer ein geeignetes Mittel. In der Geschichte esoterischer Schulen war das Theater etwa in den griechischen Mysterien, in den mittelalterlichen Passionsspielen, im Minnegesang und in der *Commedia dell' arte* fest verankert. In Asien waren es Kabuki, No, Bunraku, das Ramayana, die chinesische Oper, Karagöz (das türkische) und Wayang Kulit (das balinesische) Schattenspiel sowie andere Schauspielformen, welche Musik, Poesie, Spiel und Drama miteinander verbanden, um einen Impuls, tiefer nach innen zu schauen, auszulösen. Eine Theateraufführung auf dem Marktplatz oder in der Kirche war ein kraftspendendes Ereignis im monotonen Alltagsleben, eine Erzählung über das Menschsein in einem kosmischen Zusammenhang. Theaterfestspiele wagten es, Fragen aufzuwerfen

wie: Welche Bedeutung hat das menschliche Leben? Warum leiden wir? Warum sind wir hier?

Heute findet man einige der esoterischen Ideen, die Gurdjieff vermittelte, in so unterschiedlichen Werken wie Thornton Wilders *Unsere kleine Stadt* (von dem gesagt wird, es sei das am häufigsten aufgeführte Theaterstück in Amerika) oder im Spielfilm *Und täglich grüßt das Murmeltier,* der einen Menschen beschreibt, der in einem Zyklus ewiger Wiederholung gefangen ist. Und der bahnbrechende Regisseur Peter Brook zeichnete Gurdjieffs eigene Suche in seinem Film *Begegnungen mit bemerkenswerten Menschen* nach.

Wegen der Erfahrungen, die das Schauspiel zugleich in den Zuschauern und in den Darstellern hervorzubringen vermag, machte sich auch Jeanne de Salzmann dafür stark. Sie ermutigte uns, den Kindern dabei zu helfen, einerseits eigene Aufführungen zu erarbeiten, andererseits sich aber auch mit den klassischen Formen des Schauspiels zu beschäftigen. Große Fragen in einer Theaterform zu präsentieren, die den Kindern angemessen war, forderte uns als Team immer wieder heraus.

Das Erlebnis zu schauspielern bleibt unvergesslich, sogar wenn es sich um ein Laienspiel oder eine Schulaufführung handelt. Ein Augenblick auf der Bühne ist einzigartig – die Schauspieler werden sich plötzlich ihrer selbst bewusst und sind gleichzeitig doch irgendwie losgelöst. Die Intensität des Augenblicks, das Gefühl, in einem Meer von Aufmerksamkeit zu baden, weckt die Schauspieler auf. In dem Moment, wenn die Handlung beginnt, neigt die Angst dazu, unter der Hitze der Scheinwerfer und dem konzentrierten Blick der Zuschauer zu verdunsten. Die Schauspielerinnen und Schauspieler fühlen sich größer als das Leben, mächtiger. Sogar der Geschmack einer besonderen Freiheit ist möglich – etwas oder jemand anderes zu sein, als »ich« normalerweise bin. Allzu schnell ist unser Auftritt vorbei und wir müssen die Bühne verlassen, doch unser Eindruck ist von bleibender Natur.

Jemandem etwas weiszumachen, zog die jüngeren Kinder außerordentlich an. Sie liebten es, in Papas Schuhen oder mit Mamas Handtasche herumzustolzieren. Diese Nachahmung beinhaltete auch eine Frage: Wie fühlt es sich an, erwachsen zu sein? Aber wenn sie eine Rolle spielten, lag ihre Aufmerksamkeit auf dem Stück. Als wir beispielsweise *Noahs Arche* spielten, fühlten sich die Kinder durch das Verkörpern verschiedener Tiere frei, sich selbst zu entdecken und auszudrücken. Ein Vogel sein und fliegen, ein Elefant sein – wie fühlt sich das an?

Jedes Jahr brachten wir ein neues Stück auf die Bühne: Neben den Geschichten, die von den Kindern selbst kamen, adaptierten wir Erzählungen aus der indianischen Tradition, aus dem Chinesischen, dem Arabischen und aus vielen anderen Quellen. Mal waren es kurze Abrisse, ein anderes Mal erarbeiteten wir aufwändige Stücke, in denen jedes einzelne Kind einbezogen war. Kulissen, Kostüme, Begleitorchester – alles wurde von den Kindern geplant und umgesetzt.

Noch lange nach dem letzten Vorhang beeinflussten die Geschichten die Kinder; ihre Rollen und der von ihnen gesprochene Text steckten in ihren Gefühlen. Entsprechend achtsam musste das Erwachsenenteam sein, was die Auswahl der Stücke betraf, und sensibel für die Feinheiten in den Stoffen: Was war den Charakteren wichtig? Wie begegneten sie Hindernissen? Welche Mächte gab es in dem Stück?

In einer Woche statte der damalige Präsident der Gurdjieff-Stiftung in den Vereinigten Staaten, John Pentland, unserer Arbeit mit den Kindern einen Besuch ab und las ihnen ein Gedicht des persischen Poeten Firdausi aus dem zehnten Jahrhundert vor, welches den Ursprung des Schachspiels zum Gegenstand hatte. Pentland erklärte, dass dem Gedicht zufolge die weißen Figuren, eine Metapher für die Mächte des Lichts, und die schwarzen, welche für die Dunkelheit standen, gemeinsam die dualen Aspekte der Schöpfung verkörperten. Die horizontalen Quadrate auf dem Schachbrett repräsentierten den Raum und die vertikalen symbolisierten die Zeit. Schach, so sagte Pentland, wurde gespielt, um den Verstand der Prinzen zu trainieren. Wenn man weiß, wie die Figuren auf dem Brett zu spielen sind, kann man den wahrscheinlichen Ausgang zukünftiger Ereignisse vorhersehen.

Von diesem Gedicht fasziniert, begannen die Kinder, Schach zu spielen, und sprachen noch wochenlang davon. Sie schrieben und spielten ein Theaterstück, dem sie den Titel *Die Kunst von Asha* gaben. Ein riesiges Schachbrett wurde auf den Boden der Bühne gemalt und die Schachfiguren wurden von kostümierten Kindern dargestellt. Hoch über dem Brett saßen ein junger persischer König und sein Studienleiter und spielten Schach mit den lebenden Figuren. Auf ihren Befehl hin bewegten sich oder sprachen die Schachfiguren.

Am Abend der Aufführung standen fünfundzwanzig Kinder dichtgedrängt in einem provisorischen Foyer hinter der Bühne und warteten darauf, dass sie an die Reihe kämen. Die vierzehnjährige Alicé, die schwarze Dame, wollte Schauspielerin werden. Sie hoffte sehr, dieses Debut würde ihr Talent beweisen und ihre zögernden Eltern davon überzeugen, sie eine Schauspielschule besuchen zu lassen. Ihre zentrale Rolle gab vielen anderen das Stichwort für ihren Einsatz.

Kurz bevor sie auf die Bühne musste, sagte sie mit angsterfüllter Stimme: »Ich schaffe es nicht. Ich habe alles vergessen.«

Schweigen.

»Das Publikum ist nicht deinetwegen gekommen, es ist hier, weil es eure Arbeit sehen will«, sagte ich leise zu ihr.

Erleichtert erinnerte sie sich daran, dass die Leute sie nicht persönlich beurteilen würden, und so entsann sie sich wieder des Textes.

Risa, damals fünfzehn Jahr alt, erinnert sich, wie das Stück sie herausforderte:

» Ich war gebeten worden, das Bühnenbild, das Programm und die Kostüme zu entwerfen. Ich hatte keine Ahnung, wie ich das riesige Schachbrett auf dem Bühnenboden hinbekommen konnte, und so fragte ich die Erwachsenen, die aber ebenfalls keine Idee zu haben schienen. Also klammerte ich große Platten Eichenschilder zusammen und bemalte sie abwechselnd mit weißer und schwarzer Farbe. Ich dachte die ganze Zeit, dass es doch eine richtige Art geben musste, das zu bewerkstelligen, aber niemand sagte etwas dazu und so musste ich tief in meine eigene Vorstellungskraft eintauchen, um mir etwas einfallen zu lassen.

Mit den Kostümen war es das Gleiche: Wie sehen Schachkostüme normalerweise aus? Niemand schien mehr als ich darüber zu wissen. Schließlich beschloss ich, Draht für die Kopfbedeckungen zu verwenden, aber es stellte sich heraus, dass der Draht zu hart war, als dass ich ihn hätte biegen können. Harry kam mir zur Hilfe; er und seine Gruppe von Jungs brachten schließlich mit Zangen den Draht entsprechend meiner Zeichnungen in Form.

Diese Situation, in der ich mir wirklich etwas einfallen lassen musste, machte mich, was meine eigene Kreativität anging, sicherer. Ich ging nicht länger einfach davon aus, dass es nur *eine* professionelle Art, *einen* richtigen Weg gibt, wie man etwas herzustellen hat. Es war etwas ganz Besonderes, einen Spielraum dieser Art zu erfahren.«

Wir gaben den Kindern absichtlich keine fertigen Lösungen, vielmehr sollten sie Raum erhalten, eigenständig Antworten zu finden.

Anders als im Fall der Kinder, denen man zutraute, alles zu schaffen, begann meine eigene Beteiligung im Theater recht bescheiden. Bei den ersten beiden Aufführungen durfte ich nur hinter den Kulissen mithelfen. Eines Tages wurde ich eingeladen, an einer Bühnenbearbeitung eines ausgesprochen langen und komplizierten chinesischen Epos namens *Der Affenkönig* mitzuarbeiten. Das Stück, welches wir den Kindern vorlasen, hatte seine Wurzeln im taoistischen und buddhistischen Volkstum.

Der Affe war schon lange auf der Suche nach jemandem, der ihm Unsterblichkeit beibringen könnte; er musste jedoch einsehen, dass es auf der ganzen Welt niemanden gab, der an solchen Dingen interessiert war oder etwas darüber wusste. Schließlich aber fand er seinen Meister, lernte einen Zauber, der ihm Unsterblichkeit brachte, und forderte damit den Himmel heraus.

Von jenem Moment an befanden wir uns auf der Reise des Affen – oder vielmehr: Er begleitete uns auf der unsrigen. Nach einem der Kapitel stellten die kleinen Kinder fragen: »Wie konnte der Affe den Himmel entthronen?«, »Wer war der Buddha?« und »Wer war größer?« Ich spürte, dass die eine Frage, die hinter allen steckte, die sie jedoch nicht auszudrücken vermochten, lautete: Ist das wahr?

Die Geschichte endete damit, dass der Affe wirklich »der große, dem Himmel gleiche Weise« wurde.

»Und was hat er dann gemacht?«, wollte der siebenjährige Eugene wissen.

»Nun, er half dabei, das Universum zu regieren«, sagte ich, »und er hörte auf, Streiche zu spielen.«

Enttäuscht sagten die Kinder: »Oh, keine Streiche mehr?«

—

Ein achthundert Seiten dickes Buch für die Bühne zu bearbeiten, war ambitioniert. Ich wollte den langen, schwierigen Text zu einem mehr den Kindern angepassten Satzbau verdichten. Peggy bestand jedoch darauf, dass der Text originalgetreu verblieb und die Kinder sich Mühe geben sollten, den Text zu lernen. Unsere finale Version des Stücks dauerte über drei Stunden.

Als ich darum gebeten wurde, bei dem Stück auch noch Regie zu führen, war ich hocherfreut.

Der Affe sollte vom schlagfertigen Kevin gespielt werden, der imstande war, lange Passagen auswendig zu lernen. Hank, ein stämmiger Vierzehnjähriger mit einem guten Zeitgefühl für komische Einlagen, war die Besetzung für Pigsy.

»Habt ihr mich für den Pigsy ausgesucht, weil ich groß und dick bin?«, fragt er und provozierte damit allgemeines Gelächter. Hank spielte die Rolle mit Begeisterung und attackierte die anderen Figuren mit wunderbarer Körperlichkeit.

Nach der ersten Aufregung, die die Rollenverteilung mit sich gebracht hatte, zeigten die Kinder wenig Interesse daran, ihren Text auswendig zu lernen. Woche um Woche verloren sie ihre Drehbücher, was ein dauerndes Kopieren erforderlich machte. Wie konnte ich sie nur dazu bringen, ihren Text zu lernen? Der Zeitpunkt der Aufführung rückte immer näher, bis uns irgendwann nur noch ein Wochenende für die Vorbereitung blieb. Die Proben verliefen schleppend und der meiste Text kam vom Souffleur. Obwohl das Bühnenbild fertig gemalt und die Kostüme genäht waren, wollte – oder konnte – die Besetzung ihre Rollen nicht lernen.

Pflichtbewusst lernten die Mädchen ihre Reden, doch ohne die männlichen Figuren würde es keine Aufführung geben. Warum wollten die Jungen es nicht versuchen? Weder Schmeicheleien noch Drohungen führten zum Erfolg. Lediglich die Kämpfe mit den Holzschwertern wurden mit Begeisterung aufgeführt. Die Schwierigkeiten bei den Proben entsprachen der Dramatik des Drehbuchs.

Kläglich gab ich schließlich auf und akzeptierte das Schlimmste: Das Stück würde durchfallen. Ich hatte als Regisseurin versagt. Aber Peggy schien nichts aus der Fassung zu bringen, als ob sie von etwas Kenntnis hatte, was mir bisher entgangen war. Wenn ich aufhören würde, die Jungen anzutreiben, erschreckten sie sich vielleicht von selbst darüber, dass die Zeit der Vorbereitung fast um war, und realisierten, dass es keine Aufführung geben würde, wenn sie ihren Text nicht kannten. Vielleicht war es das Adrenalin der Generalprobe, jedenfalls war es unglaublich: Am Abend vor der Aufführung konnten die Jungs ihren Text. Hing es damit zusammen, dass ich innerlich aufgegeben hatte und sie sich dadurch an ihre Verantwortung erinnert hatten? Standen wir darüber hinaus unter einem anderen Gesetz? Wir hatten Kräfte in Bewegung gesetzt, hatten Bedingungen geschaffen und es war dieser Schwung, von dem die Kinder und wir Erwachsenen getragen wurden.

Am Abend der Vorstellung spielte die Natur ihren Part perfekt: Der Himmel war ruhig und flackernde Kerzenlichter beleuchteten die Biegungen und Kurven des Weges, der hinauf zum Freilufttheater führte. Eine Lichtung unter einem zwei Meter hohen Felsen bot Platz für drei Aufführungsorte: Die ebenerdige Spielfläche repräsentierte die Welt und dort saßen auch die Zuschauer; die Spitze des Felsens stellte das Himmelreich dar und konnte nur über eine Leiter erreicht werden; zusätzlich nutzten wir eine Vertiefung in der Felswand als das Reich unter dem Meer. Frisch zurechtgehobelte Baumstämme waren als Sitzreihen um eine mit Steinen eingerahmte Bühne ausgelegt. Fackeln erleuchteten die Spielfläche. Zwischen dem Gebüsch und der Bühne gab es keine ausgewiesene Abgrenzung, und so verschmolzen Zuschauer und Schauspieler miteinander.

Wir fingen an, als es dunkel wurde. Der von den Kindern gesprochene Text war zugleich Posse und Fiktion, aber auch eine Botschaft mit sehr hohem Wahrheitsgehalt.

—

Die Schlussszene war bei den Kindern eine der beliebtesten. Als die Pilger Indien, »das andere Ufer«, erreichen, begegnen sie Buddha. Sein Schüler Ananda schenkt ihnen drei wertvolle Körbe mit Schriften: den Schatz, nach dem sie gesucht hatten. Auf ihrem Weg zurück nach China entdecken sie, nachdem sie schon lange unterwegs waren, dass die Schriftrollen, die sie erhalten haben, leer sind. Mit dem Vorwurf der Unaufrichtigkeit konfrontiert, erklärt Ananda: »Aber dies sind die echten Schriften. Die Seiten müssen leer sein. Nur Leere kann die Wirklichkeit des Augenblicks, der im ständigen Wandel ist, vermitteln. Wahrheit kann nicht festgehalten werden. Und darüber hinaus«, fügt Ananda hinzu, »ist es ziemlich unwahrscheinlich, dass unsere Nachfolger Schriften gratis verteilen.«

Diesen Witz liebten die Kinder.

—

Auch wenn ich das Lob für meine Regiearbeit zu schätzen wusste, war ich davon überzeugt, dass zwar einiges von mir abgehangen hatte, sehr viel jedoch ohne mein Zutun zustande gekommen war. Obschon wir das Ereignis zum Laufen gebracht und dafür gesorgt hatten, dass es stattfinden konnte, hatte ich in einem bestimmten Moment aus dem Weg gehen müssen, um den Kindern zu ermöglichen, das Stück zu ihrem eigenen zu machen. Wir hatten die erste Note »Do« angestimmt, und indem wir beobachteten, was geschah, und den Kindern den Platz ließen, den sie auszufüllen hatten, unterstützen wir sie dabei, die Oktave* des Stücks zu vollenden.

Der Affe wurde so gut aufgenommen, dass Jeanne de Salzmann uns bat, es im folgenden Jahr für ein Publikum von vierhundert Erwachsenen zu wiederholen. Aber wir sträubten uns gegen die Vorstellung, das lange und schwierige Drehbuch einer neuen Besetzung zu vermitteln. Weshalb sollten wir die Aufführung nicht mit denselben Schauspielern wiederholen?

»Die Rollen müssen neu besetzt werden«, insistierte Peggy. Die Diskussion verlief dahingehend, dass Kinder, wie auch wir Erwachsene, sehr beeinflussbar seien und dass wir darauf zu achten hätten, den Kindern nicht bestimmte Eigenschaften zuzuschreiben. Auch wenn es sich »nur« um ein Theaterstück handelte, würde ein Charakterzug betont, wenn man diesen verstärkt abruft.

»Hank darf nicht nochmals den Pigsy geben«, meinte einer aus unserem Team. »Der Part würde eine ganz bestimmte Seite an ihm bekräftigen, eine Rolle, auf er die ohnehin schon viel zu festgelegt ist.«

Bei der nächsten Aufführung gaben wir Hank die Rolle des Buddha. Er spielte sie mit Kraft und Feierlichkeit; Eigenschaften,

* Das Gesetz der Oktave, oder das Gesetz der Sieben, nimmt in der Lehre von G.I. Gurdjieff einen wichtigen Platz ein. P.D. Ouspensky zitiert Gurdjieff diesbezüglich mit folgenden Worten:

> »Wenn wir die volle Bedeutung des Oktaven-Gesetzes begreifen, gibt es uns eine gänzlich neue Erklärung des gesamten Lebens, des Fortschritts und der Entwicklung auf allen Ebenen des von uns beobachteten Weltalls. Dieses Gesetz erklärt, warum es in der Natur keine geraden Linien gibt, und ebenfalls, warum wir weder denken noch tun können, warum alles in uns *gedacht wird,* warum alles mit uns *geschieht* und gewöhnlich auf eine Weise geschieht, die dem entgegengesetzt ist, was wir wollen oder erwarten. [...] Das Gesetz der Oktave erklärt viele Erscheinungen in unserem Leben, die unverständlich sind.«

Siehe P.D. Ouspensky: *Auf der Suche nach dem Wunderbaren,* Bern, München, Wien: O.W. Barth-Verlag, 1993, Seite 184ff [A.d.Ü].

die aus einem anderen und bisher selten beobachteten Teil seines Wesens zum Vorschein kamen. Und er war in seiner neuen Rolle genauso gut, wie er beim ersten Mal den Pigsy verkörpert hatte.

—

Spät am Abend nach der Aufführung bauten wir vorsichtig das Bühnenbild und die Requisiten ab. Wie tibetanische Butterskulpturen oder Sandbilder der Navajo-Indianer, die im Moment der Vervollständigung zerstört werden, zerstreuten wir die Illusion, dass es bei der Arbeit, die wir gemeinsam geleistet hatten, um äußerliche Resultate, um einen Gewinn gegangen war. Der Spielort, an dem wir den *Affen* aufgeführt hatten, wurde wieder in seinen ursprünglichen Zustand zurückversetzt, ohne Spuren zu hinterlassen – außer den Eindrücken, die bei den Kindern zurückblieben.

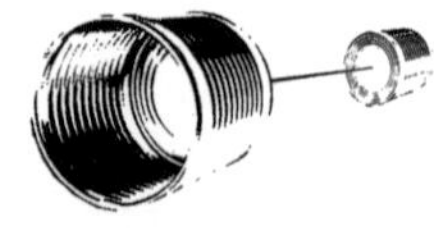

Kapitel 11

Spiele

Spiele erfüllten das Bedürfnis der Kinder, sich zu bewegen, jemanden hereinzulegen und hereingelegt zu werden, Überraschungen zu erleben und absolut bewegungslos zu verharren.

GAB ES EINEN UNTERSCHIED ZWISCHEN KINDERN UND ERwachsenen? Gurdjieff hatte gesagt, dass manche Kinder erwachsener sein können als die Erwachsenen, die sie aufziehen. Obwohl Erwachsene über mehr Erfahrung verfügen, auf die sie zurückgreifen können, sind viele von ihnen gemäß Gurdjieff in einem frühen Stadium ihrer Entwicklung stecken und inwendig Kinder geblieben. Er hatte es folgendermaßen ausgedrückt:

> »Der einzige Unterschied zwischen einem Kind und einem erwachsenen Menschen ist der Verstand. Doch alle die Schwächen sind da, ob Begehren, Überempfindlichkeit, Naivität... Es gibt keinen Unterschied: Liebe, Hass, einfach alles. Die Funktionen sind dieselben, die Aufnahmefähigkeit ist dieselbe, sie reagieren gleich und sie sind auf die gleiche Art und Weise ihren eingebildeten Ängsten ausgeliefert. [...] Ein Junge oder ein Mädchen kann im Alter von acht Jahren erwachsen sein und ein sechzigjähriger Mann ein Kind.«

Wo standen wir auf dieser Skala?

Was Absicht und Selbstbeherrschung anging, waren die Teammitglieder normalerweise den Kindern voraus. Aber um ehrlich zu sein, sah man keinen Unterschied, wenn es um Gefühle ging, um Verlangen, Beziehungen und Wünsche.

Wenn die Lunchpakete in die Autos gepackt wurden, drängten sich die Kinder, um zu sehen, wo die Tüten mit besonders beliebten Keksen oder Chips verstaut waren. Wir Erwachsenen waren daran genauso interessiert, täuschten aber Gleichgültigkeit vor.

Hinter den anerzogenen Feinheiten und Ausdrucksweisen unseres erwachsenen Alltagslebens existierten dieselben Sehnsüchte und Abneigungen. Es war unsere Aufgabe, diese inneren Gezeiten bewusst zu erleben, uns dessen, was wir fühlten und dachten, gewahr zu werden. Aber trotz alledem verschwanden wir für lange Zeiten in unseren Stimmungen, und es war kein unparteiischer Beobachter mehr zur Stelle, der hätte erkennen können, dass wir ganz und gar mechanisch lebten.

—

Um angestaute Energien wieder aufzulösen, brauchte es, wie beim Ein- und Ausatmen, ein Gleichgewicht zwischen praktischer Arbeit auf der einen Seite und Spiel und Spaß auf der anderen. Die Kinder wollten nicht, dass wir Erwachsenen ihnen einfach nur freien Lauf ließen, sondern wir mussten an ihren Spielen teilnehmen. Durch unsere Gegenwart kam eine zusätzliche Dimension »ins Spiel« und nach und nach wurde uns klar, wie wichtig dies für die Kinder war.

Weil sie in ihrem Alltag an Video und Fernsehen gewöhnt waren, kannten sie nicht viele Spiele. Die Dauerbrenner aus unserer eigenen Jugend waren ihnen unbekannt, und einige Kinder waren richtiggehend verzweifelt, wenn ihnen gesagt wurde, dass sie ihre elektronischen Spielsachen zu Hause lassen sollten, falls sie an unseren Aktivitäten teilnehmen wollten. Auch während unserer sich manchmal hinziehenden Ausflüge waren weder Radios noch Kassettenrekorder oder Videospiele erlaubt. Doch glaubten wir auch, dass es nicht unser Recht sei, den Kindern etwas wegzunehmen, ohne es durch etwas anderes zu ersetzen. Also suchte das Team nach möglichen Spielen, die wir als Kinder selbst am liebsten gehabt hatten.

Wir erkannten, dass wir uns häufig mit Spielen schwertaten, während die Kinder immer bereit waren, etwas Neues auszuprobieren. Für manche der Erwachsenen war es ganz natürlich zu spielen, andere hingegen mussten erst unzählige Abneigungen überwinden, einschließlich der Befürchtung, vielleicht albern auszusehen. Manchmal zogen wir es vor, in unseren Tagträumen nicht gestört zu werden, und waren nicht bereit, unsere Passivität zu unterbrechen. Während einer langen Autofahrt konnte es vorkommen, dass die Fahrerin oder der Fahrer sich mit der Begründung, sich aufs Lenken konzentrieren zu müssen, entschuldigte, doch sobald das Spiel abhob, wollten auch sie mitmachen.

Wir warfen Fragen in den Raum: Welche eine Sache würdet ihr auf eine einsame Insel mitnehmen? Was ist das Wichtigste auf der Welt? Was ist das Größte? Was ist das Kleinste?

Gemeinsam konnten wir uns wieder an die alten Rätsel erinnern oder wir dachten uns neue aus. Ein Junge schlug vor, dass wir jede Frage nur mit einem einzigen Wort beantworten sollten. »Was ist die einfachste Sache auf der Welt?« (Vergessen); »Was ist die schwierigste?« (Erinnern).

Auch erzählten wir den Kindern Geschichten, die wir aus Mythen und Märchen entnommen hatten, und fanden dabei heraus, dass die Abenteuer aus unserem echten Leben für sie die liebsten und bedeutungsvollsten waren.

Kinder in einer Spanne zwischen sieben und siebzehn Jahren decken eine breite Palette an Fähigkeiten ab, und es war anstrengend, das Interesse aller Kinder unterschiedlichen Alters geweckt zu halten. Doch die Kinder entdeckten selbst Wege, um die Spiele den verschiedenen Altersstufen anzupassen und dadurch für alle am Laufen zu halten. Manchmal gaben sie den jüngeren Kindern eine zusätzliche Chance, mehr Zeit oder mehr Hinweise.

So spielten wir zum Beispiel *Geographie,* bei dem wir den letzten Buchstaben eines Landes, einer Stadt oder eines Meeres zum Ausgangsbuchstaben für den nächsten Namen machten. Und wir spielten *Ich sehe was, was du nicht siehst,* aber auch *Wer bin ich?, Großmutters Truhe* und *Geister.*

Der Prinz von Wales hat seinen Hut verlor'n mit seinen rhythmischen Rufen war eins der beliebtesten Spiele. Alle saßen im Kreis und klatschen im Rhythmus und jeder Spielerin und jedem Spieler war eine Nummer zugewiesen. Wer anfing, rief in einer Art Sprechgesang: »Der Prinz von Wales hat seinen Hut verlor'n und haben tut ihn Nummer Zehn.« Worauf der Spieler mit der Nummer Zehn sofort im Takt antworten musste: »Nicht ich, mein Herr.« »Wer dann, mein Herr?«, fragte der Ausrufer. Nummer Zehn antwortete, indem er oder sie einen anderen Spieler aufrief: »Nummer Drei, mein Herr.« Dann musste Nummer Drei im Rhythmus antworten. Das Reaktionsspiel ging so lange, bis es jemand nicht schaffte, im Rhythmus zu antworten, und den Kreis verlassen musste.

Mit einer Nummer weniger im Spiel, bekamen alle verbleibenden Spielerinnen und Spieler neue Nummern zugeteilt. Man musste sich also an die neue Nummer erinnern und das Klatschen fortsetzen. Wir beobachteten uns gegenseitig, um zu sehen, wer nicht aufmerksam genug war, damit wir dessen Nummer aufrufen könnten, wenn wir an die Reihe kämen. Und während man so damit beschäftigt war, den Sturz eines Mitspielers zu planen, vergaß man prompt zu antworten, wenn man selbst aufgerufen wurde.

—

Wir spielten im Freien: rückwärtsrennen, an Mauern hochklettern, auf schmalen Balken das Gleichgewicht halten, an Seilen hangeln – je einfallsreicher wir waren, desto mehr liebten die Kinder die Spiele. Klassiker wie *Der König auf dem Hügel, Fangen, Verstecken, Simon sagt* und *Freeze* erfüllten das Bedürfnis der Kinder, sich zu bewegen, jemanden hereinzulegen und hereingelegt zu werden, Überraschungen zu erleben und absolut bewegungslos zu verharren. Spiele gaben ihnen die Freiheit, sich selbst und andere auszutesten: eine Vorbereitung fürs Leben.

Indianerspiele waren ebenfalls beliebt, wie beispielsweise mit verbundenen Augen und schnellen Schrittes im Gänsemarsch durch den Wald geführt zu werden. *Tierlaute* war ein anderes Spiel, bei dem ein Kind losrannte und dabei den Laut eines Tieres oder eines Vogels von sich gab, und dann plötzlich stillstand. Dann mussten die anderen Kinder mit verbundenen Augen versuchen, ihm zu folgen und das Tier zu benennen. Wenn die Gruppe stillstand, rannte der Rufer erneut los und signalisierte seine neue Position mit einem anderen Ruf. So schwierig es auch schien, schafften es die Kinder doch jedes Mal, den Rufer zu fangen und das Tier zu benennen, fast als ob die Fähigkeit, blind sehen zu können, bereits in ihnen schlummerte und nur darauf wartete, geweckt zu werden. Nur wenige Erwachsene wagten es mitzuspielen.

—

Für mich waren die physischen Spiele in der Regel mühsam. Ich hatte Angst davor, mich zu verletzen, und hasste es zu verlieren. Als ich irgendwann an einem heißen Sommertag einige der jüngeren Kinder zum Strand fuhr, hatte ich mir noch nicht einmal die Zeit genommen, einen Badeanzug anzuziehen. Mir selbst gegenüber begründete ich das so, dass das Baden ja etwas für die Kinder sei. Also stand ich am Strand und beobachtete sie. Schließlich konnte auch ich dem Wasser nicht widerstehen und watete bis zum Saum meines Kleides hinein. Die Kinder tummelten sich glücklich im Wasser. Eines von ihnen schwamm auf mich zu und schubste mich rückwärts über einen Komplizen, der sich hinter mich geduckt hatte. Nach dem ersten Schock darüber, vollständig bekleidet im Wasser gelandet zu sein, musste ich lachen. Als ich die Übeltäter mit Wasser bespritzte, realisierte ich, dass mir das Spielen Spaß machte. Die Kinder hatten ihre Freude daran, mich klitschnass zu sehen, und ich lachte und spielte mit ihnen. Eine meiner Barrieren war mit einem kindlichen Schubs beseitigt worden.

—

Manchmal spielten wir abends mimische Spiele. Im *Spiegelspiel* saßen sich jeweils zwei von uns gegenüber, als ob wir uns in einem bodenlangen Spiegel betrachteten. Schweigend ahmte die Spielerin jede Bewegung und jeden Gesichtsausdruck ihres Mitspielers nach, als wäre sie eine Reflexion des anderen. Große Gesten waren einfach imitierbar, aber wirklich Spaß machte es zu sehen, wie jemand die leichteste Veränderung im Gesichtsausdruck oder in der Haltung beobachtete und nachmachte. Nach ein paar Minuten wechselten die Spieler den Platz und der Spiegel wurde zu dem oder zu der Gespiegelten.

Aus dem *Spiegelspiel* entwickelte sich eine Pantomime, wenn eine erwachsene Person die Kinder aufforderte, sie schweigend nachzumachen und alle Requisiten einzusetzen, die sie dazu finden konnten. Die Kopien waren erstaunlich genau, die Kinder übersahen nichts und ihre Nachahmungen brachten die kleinsten Eitelkeiten zum Vorschein, von denen wir angenommen hatten, dass sie nicht zu erkennen seien, und die wir uns selbst kaum eingestehen konnten. Dabei waren die Kinder freundlich. Ihre natürliche Empathie bewahrte das Spiel davor, in Gemeinheiten zu enden.

Aus dem Bericht eines Kindes:

» Am Abend nach dem Essen begann Jerry, auf der Gitarre zu spielen, und die anderen sangen dazu. Dann bewegten wir uns durch den Raum und jeder musste etwas aufführen: Jean und Kate führten eine Pantomime eines Fadenspiels vor, Alicé sang eine Ballade, Peggy sagte ein Gedicht auf, Nella gab eine Pantomime über ihr Erwachsenwerden zum Besten, Evan präsentierte ein Trommelsolo auf einem Topf, Risa gab vor, sich durch ein Schlüsselloch zu schlängeln, Sylvia sang ein japanisches Lied und führte einen Tanz dazu auf, Lillian tat so, als ob sie Holz mit einer Schnur sägte, Alan kam mit

seiner Trickvorstellung, Tim spielte auf der Geige, Robert mixte einen Martini in der Luft und spuckte die Oliven aus. Dann war der Abend zu Ende.«

Einige der besten Augenblicke entwickelten sich nicht trotz, sondern gerade wegen unserer Fehler. »Erinnert ihr euch noch an unseren Ausflug, als es einmal so spät geworden war, dass wir unsere Zelte nicht mehr aufschlugen? Und dann regnete es prompt so heftig, dass unsere Schlafsäcke voller Wasser liefen und alle durchnässt umherrannten, um einen Unterschlupf zu finden?«, sagte Chris. »*Das* hat Spaß gemacht!«

—

Während einer der Arbeitswochen brachte der Maler und Verleger William Segal ein japanisches Kinderspiel mit. »Habt ihr Lust auf das *Kissenspiel?*«, fragte er und erklärte, zwei beliebige Personen, die einen Streit miteinander hätten, könnten es zusammen spielen. Schnell meldeten sich zwei der Kleineren freiwillig. Sie wurden aufgefordert, ein kleines Kissen zwischen sich zu nehmen.

Die Kinder mussten abwechselnd die erste Ecke des Kissens festhalten und sagen: »Ich bin böse auf dich, weil...« (und den Grund angeben), »und ich bin im Recht.« Nachdem beide Kinder ihren Standpunkt dargelegt hatten, wies er das erste Kind, das jetzt wieder an der Reihe war, an, die andere Ecke des Kissens in die Hand zu nehmen und zu sagen: »Du hast Recht und ich bin im Unrecht«, und dieses Mal den Streit aus der anderen Perspektive zu erklären.

Beim Halten der dritten Ecke des Kissens war es ihre Aufgabe, abwechselnd zu erklären: »Wir sind beide im Recht, weil...«

Die Kinder waren bereits beeindruckt, aber das Spiel war noch nicht zu Ende.

Indem er auf die Mitte des Kissens zeigte, ergänzte William Segal: »Das leere Zentrum ist der Ort, wo etwas ganz Neues erscheinen kann, das nichts mit dem Streit zu tun hat.«

Wir verstanden den Hinweis und servierten den Nachtisch.

»Wenn Leute sich bei einer bestimmten Frage auf gegenüberliegenden Seite befinden«, erklärte er weiter, »bedeutet dies nicht, dass sie Gegner bleiben müssen. Der Ausgang kann außerordentlich positiv sein. Die Tatsache, dass sie wegen derselben Angelegenheit miteinander verbunden sind, sogar wenn sie von unterschiedlichen Seiten herkommen, zeigt, dass sie etwas miteinander teilen. Wenn sie sich dann darauf konzentrieren, worin sie übereinstimmen, verschwinden die Differenzen. Das kann ein neuer Ausgangspunkt sein.«

»Aber manche Dinge sind zu wichtig, als dass Kompromisse gefunden werden könnten«, wandte ich ein und dachte, im Gegensatz zu anderen Leute wüsste ich die Wahrheit.

»Sehen Sie?«, antwortete William Segal. »Genau das tun Sie im Augenblick: Sie widersprechen, obwohl Sie genauso gut einverstanden sein könnten.« Als er ging, sagte er noch: »Versucht zu erkennen, was euch verbindet.«

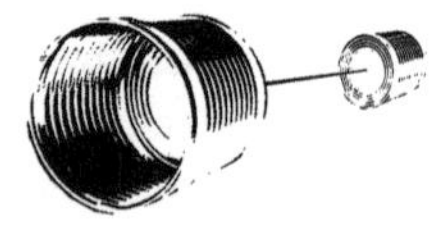

Kapitel 12

Schwierigkeiten

»Kannst du wirklich ohne Decke auf dem Boden schlafen?«, fragte ein Kind. »Ja klar,« antwortete der Indianer, »wenn ich keine Decke habe.«

MIT DEN ANDEREN ERWACHSENEN IM TEAM ZUSAMMENZU-arbeiten, gestaltete sich wesentlich schwieriger als mit den Kindern. Unsere unausgesprochene Vereinbarung, über die Misserfolge der anderen hinwegzuschauen, hielt nicht; und wie der Vater eines jugendlichen Fußballspielers, der ab und zu zum Schiedsrichter läuft, um ihm seine Meinung zu sagen, hatten auch wir immer mal wieder das Gefühl, ein anderes Teammitglied korrigieren zu müssen, wie wir es unter anderen Bedingungen nicht getan hätten. Warum die Kinder in uns solch ein Verlangen entfachten, immer recht zu haben, blieb mir ein Rätsel. Wir wussten nur, dass in uns Urgefühle wachgerufen wurden, die sich weigerten, sich unserem Erwachsenenverstand zu beugen. Manchmal gerieten wir deshalb über belanglose Dinge in Konflikt. Irgendwie verschärfte die Gegenwart der Kinder die normalen Spannungen, die bei Gruppenarbeiten aller Art auftraten. Wir fühlten uns wie auf dem Präsentierteller.

»Mit den anderen Erwachsenen ist es schwerer zusammenzuarbeiten als mit den Kindern«, gestand ich während eines Teammeetings.

»Selbstverständlich«, sagte Peggy. »Die Kinder machen immer mit.«

Wir wussten genau, dass keiner von uns diese Arbeit allein machen konnte, und so mussten wir einen Weg finden, miteinander klarzukommen. Wir brauchten uns gegenseitig, obwohl uns dies wahrscheinlich nur halb bewusst war.

Als Neil, einer der Teamkollegen, vorschlug, mir am Sonntag in der Töpferei zu helfen, nahm ich sein Angebot gerne an. Am Morgen richtete er sich am Arbeitstisch ein und begann, den Ton zu zerteilen. Ich nahm an, dass er ihn für die Kinder vorbereitete, aber stattdessen begann er, etwas zu formen. Ich war erstaunt, dass er nicht den Kindern half, erinnerte mich aber daran, dass die Arbeit, die jemand leistete, die anderen nichts anging. Während er sich also mit dem Formen seiner Figuren beschäftigte, war ich ununterbrochen in Bewegung – für einen Erwachsenen allein war es fast unmöglich, alle Kinder zu betreuen. Ich versuchte, Blickkontakt zu Neil herzustellen, doch er war vertieft in seine Handarbeit. Irgendwann konnte ich mich nicht mehr zurückhalten.

»Hilf mir«, flüsterte ich eindringlich.

Er nickte, schaute aber nicht von seiner Arbeit auf.

Ich rannte weiter zwischen den Tischen auf und ab. Die Herstellung von Ziegeln war eine komplizierte Angelegenheit. »Kannst du mir nicht helfen?«, bat ich ihn.

Er lächelte, bewegte sich aber keinen Zentimeter. Als ich über seine Schultern blickte, sah ich, dass er einen skurrilen Delfin fertiggestellt hatte und nun mit einem zweiten beschäftigt war.

Schließlich war der Vormittag vorbei und die Kinder liefen zum Mittagessen. Als ich eine abschließende Runde durch die Töpferei machte, sah ich zwischen den Ziegeln der Kinder ein Paar Delfine auf dem Regal zum Trocknen stehen. Es waren Neils. »Eigentlich ist dies die ›Arbeit mit den Kindern‹«, dachte ich empört. Ich schmiss die beiden Delfine in den Eimer mit rohem Ton und rührte ein bisschen Glasur darüber, bis die Formen verschwunden waren. Natürlich würde sich Neil aufregen, wenn er herausfände, was sich hier zugetragen hatte, aber vielleicht würde er ja auch gar nicht zum Töpfern zurückkommen. Vielleicht würde er also niemals davon erfahren.

Während des Nachmittags kamen meine Gedanken immer wieder entrüstet auf die Delfine zurück, aber als es Abend wurde, bedauerte ich mein Handeln. Ich hatte das Werk eines anderen Menschen zerstört.

Als das nächste Teammeeting in Sicht war, wusste ich, dass ich Neil erzählen musste, was ich getan hatte. Meine zornige Seite, deren Zeuge ich in der Töpferei geworden war, stand in krassem Gegensatz zu meinem Selbstverständnis. Das, was ich glaubte zu sein, war mit dem, was ich getan hatte, schwer in Einklang zu bringen. Ich musste Neil klarmachen, in welchem Dilemma ich steckte, und hoffte, er würde mir verzeihen, damit ich mir selbst vergeben konnte. Aber vor allen anderen, während des Meetings? Ich redete mir ein, dass es dafür zu persönlich sei, aber in Wirklichkeit war es mir einfach sehr unangenehm. Also bat ich ihn darum, ihn unter vier Augen sprechen zu können.

Der Anfang fiel mir schwer, aber schließlich quoll die ganze Geschichte aus mir heraus. Sein Gesicht blieb sanft und ausdruckslos. »Ist doch egal, es macht mir nichts aus«, sagte er.

»Aber es *macht* was aus... deine Delfine waren schön«, wandte ich ein, obwohl es hier definitiv nicht um die Delfine ging.

Neil lächelte nur mit seinen Mundwinkeln und weigerte sich, aus der Reserve zu kommen. Seine achtsame Höflichkeit schmerzte mich. Ich sehnte mich nach einer Konfrontation, einem Vorwurf, irgendetwas, um reinen Tisch machen zu können, aber seine Gefühle waren nicht erkennbar und ich fühlte mich allein und schuldig.

Bis zu diesem Punkt war ich mir der Notwendigkeit, unsere Probleme in den Teammeetings zu thematisieren, nicht bewusst gewesen. An diesen Treffen teilzunehmen, war ein erstaunlicher Prozess. Stets um Unparteilichkeit bemüht, suchte das Team nach Prinzipien der Zusammenarbeit und danach, wie beiden Seiten zu helfen war. Manchmal verschoben sich die Perspektiven sämtlicher Beteiligten, sodass sich ein neues Verständnis entwickeln konnte. Gemeinsam gelangten wir fast immer zu einem Grad von Objektivität, durch die unsere Konflikte gelöst wurden. Im Alleingang konnte dies nicht bewerkstelligt werden. Mit der Zeit verließen wir uns darauf, dass die Gruppe sämtliche auftretenden Schwierigkeiten löste, und tatsächlich war dies auch fast immer der Fall. Aus der Gruppenbetrachtung entwickelte sich häufig eine von gesundem Menschenverstand und Mitgefühl getragene praktische Einsicht. Und die Stimme, die zur Aussöhnung verhalf, konnte die von jeder und jedem sein.

Diese zahlreichen Treffen, an denen wir immer wieder ein harmonisches Verhältnis zwischen uns erzeugten, machte die Arbeit mit den Kindern überhaupt erst möglich. Die Karawane entwickelte ein aufkeimendes Bewusstsein, wenn die Erwachsenen die Geduld und die Offenheit mitbrachten, es erscheinen zu lassen.

» Die Gegenwart existiert, um die Vergangenheit wiedergutzumachen und die Zukunft vorzubereiten «,

hatte Gurdjieff gesagt.

Eines frühen Abends, kurz vor einem meiner ersten Treffen mit dem Team, hatte Ben, der alt genug war, um mein Vater zu sein, bemerkt, dass mich etwas bedrückte, und fragte, was das Problem sei. Ich ließ ihn wissen, dass ich auf dem Weg hierher einen meiner goldenen Ohrringe, ein Hochzeitsgeschenk, verloren hatte und diesen Verlust bedauerte, dies sei aber auch schon alles.

»Lass uns losgehen, um ihn zu suchen«, sagte Ben voller Enthusiasmus.

Seine Naivität überraschte mich; dies war New York City, wo goldener Schmuck nicht lange auf der Straße liegen bleibt. Aber er bestand darauf, dass wir uns zügig aufmachen sollten, noch bevor das Meeting beginne.

Um einer Diskussion aus dem Weg zu gehen, willigte ich ein und wir zogen Seite an Seite los, gingen den Weg zurück zur U-Bahn und suchten das Pflaster mit unseren Augen ab. Nach einigen Häuserblocks fiel mir ein schwacher Glanz in der Regenrinne auf – mein Ohrring!

Ben war begeistert. Auf dem Rückweg meinte er: »Ich habe dir ja gesagt, wir würden ihn wiederfinden. Vertrau mir einen Kilometer weit!«

Aber so viel Vertrauen konnte ich niemandem entgegenbringen, und so wusste ich nichts zu antworten.

—

Die festgefahrenen Einstellungen, die wir aus der Vergangenheit mit uns tragen, sind der Grund für unseren Kampf. Wiedergutmachung kann nur im gegenwärtigen Augenblick geschehen. Ich wollte nicht so handeln, wie ich es schon immer getan hatte, doch waren einige negative Gefühle und intellektuelle Reflexe so tief in mir verwurzelt, dass sie wirklich wie »mein Selbst« erschienen. Wie konnte ich etwas wiedergutmachen, was unsichtbar war? Wie sollte ich diese negativen Einstellungen erkennen, die sich immer wieder aufs Neue als meine Identität vorstellten und nicht als Ursache meiner Probleme? In der Intensität unserer Interaktion mit den anderen Erwachsenen kollidierten wir aufgrund der tiefsitzenden Meinungen über uns selbst und über andere. War es möglich, anders zu sein?

—

Nach dem Brunnenbauprojekt stieß Susan zu unserem Team. Sie war in meinem Alter und hatte sowohl einen Doktorgrad als auch einen Ehemann vorzuweisen. Ihre weiche Stimme und ihr hübsches Aussehen machten sie sofort beliebt. Ich akzeptierte, dass sie eine Menge wusste und bereit war, es zu teilen, und so versuchte ich, meinen Neid zu erleben und einfach zu beobachten, wie er an mir nagte, anstatt ihn zu vertreiben. Es war harte Arbeit. Doch nach und nach zeigte meine dauernde Anstrengung, mit etwas so Schmerzvollem in Kontakt zu bleiben, eine positive Wirkung. Indem ich diesem Neid erlaubte, in mein Bewusstsein zu treten, wurde er neutralisiert. Meine Aufmerksamkeit transformierte, was ich sah. Ich widerstand meinem automatischen Wunsch, Susan abzulehnen. Stattdessen hörte ich ihr zu und unterstützte sie. Mit der Zeit wurde in diesem besonderen Feuer eine echte Freundschaft geschmiedet.

—

Über ein Jahr lang hatten sich alle unsere Projekte um den Bau des Brunnens gedreht, und nun, nachdem er fertiggestellt war, suchten wir ein neues Thema. Eine Überlegung war, dass eine Reise vielleicht das Richtige wäre. Doch musste das Reiseziel auch lohnenswert sein – ein Ort, dem etwas bedeutungsvolles Neues innewohnte und der finanziell machbar und mit dem Auto erreichbar war.

»Im Onondaga-Reservat, ungefähr vierhundert Kilometer entfernt von hier, leben die Algonquin-Indianer«, schlug Susan vor. »Ich habe meine Doktorarbeit über das Volk der Mohawk geschrieben.« Die Idee, eine traditionell lebende Gemeinschaft von amerikanischen Ureinwohnern in einer mit dem Auto machbaren Entfernung zu besuchen, war aufregend. Wir beschlossen, unseren Besuch vorzubereiten, indem wir alle, die Erwachsenen wie die Kinder, ein paar Brocken der Sprache der Mohawk erlernten. Danach wollten wir uns gemeinsam aufmachen, die Indianer in ihrem Reservat zu besuchen.

»Der Kontakt mit ihnen könnte schwierig werden«, gab Susan zu bedenken und erklärte, dass die Indianer kein Bedürfnis verspürten, zur Unterhaltung irgendwelcher Touristen beizutragen; es war sogar so, dass das Reservat nur eingeladenen Gästen offenstand. Wir waren dennoch optimistisch.

Wir lasen das Buch *Abbitte an die Irokesen.** Wir erfuhren, wie die Indianer traditionell Abkommen unter sich erzielten, indem der ganze Stamm sich schweigend in langandauernden Treffen ver-

* Edmund Wilson: *Abbitte an die Irokesen.* Mit einer Studie »Die Mohawks im Stahlhochbau« von Joseph Mitchell, Ullstein Taschenbuchverlag, 1984.

sammelte, und von ihrem Respekt gegenüber einem universellen Geist, der in allen lebenden Geschöpfen wohnt. Es waren Menschen, die das Heilige in ihr Alltagsleben integriert hatten.

»Ich würde nicht zu blauäugig sein«, mahnte Ben, der bereits mit Indianern in Michigan in Kontakt gekommen war. »Nach allem, was sie durchgemacht, und nach all dem, was wir ihnen angetan haben, leben sie nicht mehr auf die traditionelle Art. Heutzutage sind sie gebrochene, alkoholkranke Menschen.« Aber wir ließen uns von ihm nicht entmutigen.

Wir lasen den Kindern indianische Legenden, Mythen über die Zeitalter der Erde, Gaunergeschichten und Sagen über das schrittweise Erscheinen der Menschheit vor. Susan fand heraus, dass im Juli ein Powwow, so etwas wie eine Generalversammlung der Indianer, in Onondaga stattfinden werde, zu dem alle Stämme eingeladen und auch Besucher zugelassen würden. Dies war *die* Gelegenheit für uns, und so schlugen wir den Kindern diesen Ausflug vor. Neunzehn Kinder meldeten sich an: Das jüngste war Susans Zweijähriger, das älteste der sechzehnjährige Daniel.

Nachdem unsere Autokarawane einen Tag lang unterwegs gewesen war, schlugen wir ein Camp auf einer Kuhweide in der Nähe des Reservats auf. Wir beeilten uns, die Wagen zu entladen und unsere Zelte aufzubauen.

Es war bereits dunkel, als wir am Powwow ankamen. Ein von einem hohen Drahtzaun umgebener Sportplatz war der ziemlich unangemessene Veranstaltungsort für die Versammlung der Stämme. Ein großes Holzfeuer brannte in der Mitte des Platzes, und dicht aneinander gedrängt saßen Hunderte indianischer Familien auf Decken, die sie auf dem Boden ausgebreitet hatten.

Nachdem wir etwas weiter weg vom Zentrum einen freien Platz gefunden hatten, breiteten auch wir unsere Decken aus; die Teenager saßen beieinander und die Kleineren blieben ganz in unserer Nähe. Die Dunkelheit und das Feuer schufen eine Atmosphäre, als seien wir an einem seltsamen Ort voller Geheimnisse. Trommeln und Sprechgesänge dröhnten von einer kahlen Holzbühne her. Eine Gruppe von Männern und Frauen, die jung, mittleren Alters oder auch alt waren, tanzten in Wildlederhemden, Jeans und Pullovern, die nicht dazu passten, und mit Silberschmuck behängt um das Feuer. Sie schaukelten und drehten sich in vollkommenem Einklang und ihre Füße stampften in sanftem Auftreten den Rhythmus auf die harte Erde.

Unsere Kinder verschwanden in der Dunkelheit, um diese geheimnisvolle Umgebung zu erkunden.

In den Pausen wurde jeweils der nächste Tanz angekündigt: »der Hase«, »der Coyote«, ein Kriegstanz. Einige unserer Heranwachsenden versuchten, sich dem Kreis der Tanzenden anzuschließen, doch der Zeremonienmeister ermahnte sie, dass es nur den Indianern erlaubt sei zu tanzen; also zogen sich die Teenager schnell wieder zurück. Das Feuer knallte und zischte.

—

Als ich am Wasserhahn anstand, wartete direkt vor mir in der Reihe ein dürrer Indianer in einem verwaschenen Flanellhemd, ausgetragenen Jeans und alten Stiefeln, seine langen Haare hatte er zu einem Pferdeschwanz gebunden. Helle, wache Augen strahlten aus einem sonnenverbrannten, mit tiefen Falten durchzogenen Gesicht. Wir lächelten uns an und er begann zu sprechen, wobei er seine Sätze immer wieder wegen eines polternden Hustens unterbrechen musste.

Henry, so hieß der Indianer, sagte, er sei ein Mi'kmaq aus dem Shubenacadie-Reservat, von ihm *res* genannt, in Neuschottland und er ziehe von einem Powwow zum nächsten. Hier war er weit weg von seinem Zuhause.

»Warum ist euch allen immer so daran gelegen, uns Indianer zu ändern?«, fragte Henry. »Wenn Gott nur eine einzige Art von Baum gewollt hätte, gäbe es nur Kiefern. Natürlich sind Rosen schön, aber überleg mal, wie traurig die Welt aussähe, wenn es nur Kiefern und Rosen gäbe. Warum wollt ihr, dass wir genauso sind, wie ihr?«

Ich wusste nicht, was ich darauf antworten sollte, also lud ich ihn ein, nach dem Tanz zu uns herüber zu kommen. Er war einverstanden. Ich führte ihn zu unserem Zeltplatz und während wir ein Auge darauf hatten, dass sein Kaffeebecher immer gefüllt war, wurde er sehr bald von den Kindern mit Fragen gelöchert.

Eine Lebensgeschichte wie die seine hatten wir noch nie gehört. Seine direkte Art, Dinge auszusprechen, war derart frappant, dass sich die Kinder im Nachhinein fast wortwörtlich an das erinnerten, was er gesagt hatte. Während er am Erzählen war, warf das Feuer eine flackernde scharfe Silhouette seines mageren Gesichts.

»Ich wurde in Shubenacadie im *res* geboren. Als ich ungefähr acht Jahre alt war, errichteten die Katholiken einen großen Bau für indianische Waisenkinder in Quebec. Das Problem war nur, dass es diese Waisen gar nicht gab. Wenn indianische Mütter oder Väter sterben, wollen alle Verwandten sich um das Kind kümmern. Das riesige Waisenheim stand also leer, und so kamen die Katholiken in das Reservat und nahmen den Eltern ihre Kinder weg.

Kurz bevor sie mich holten«, fuhr er fort, »wollten meine Eltern mir ein Geschenk machen, doch waren sie so arm, dass sie nichts hatten, was sie mir schenken konnten. So brachten sie mich in einen Wald, der einhundertfünfzig Kilometer von Shubie entfernt lag, und verließen mich dort mit der Aufforderung: ›Sohn, finde deinen Weg nach Hause allein zurück.‹«

Eine leichte Welle des Protests ergriff die Kinder. Eines fragte: »Haben deine Eltern dich denn nicht lieb gehabt?«

»Aber ja«, antwortete Henry, »sie liebten mich sehr. Ihr müsst verstehen, sie wollten mir etwas schenken, aber sie hatten nichts. Doch sie wussten, dass ich mir meiner Stärken bewusst werden und mich wie ein Mann fühlen würde, wenn ich aus dem Wald nach Hause fände.«

»Und wenn du dein Zuhause nicht wieder gefunden hättest?«, fragte eines der Mädchen. »Hätte es sie nicht schrecklich traurig gemacht?«

»Natürlich«, entgegnete Henry, »sie hätten sich sehr schlecht gefühlt, genauso, wie es bei euren Eltern wäre. Aber es war das Einzige, was sie mir geben konnten. Und als ich es dann geschafft hatte, wusste ich, dass ich mir keine Sorgen mehr machen musste, dass ich es durchstehen würde, wenn sie mich abholen kämen und ich Shubie verlassen müsste. Im Waisenhaus gefiel es mir nicht. Ständig wurden die Kinder gezwungen, sich hinzuknien und die Statuen zu küssen. Sie erklärten uns, dass diese Statuen Gott seien. Aber wir wussten genau, dass unser Vater keine Statue ist. Er ist in allem. Als ich nicht niederknien wollte, schlugen sich mich heftig. Ich verlor einige Zähne, doch ich kniete niemals.«

Als es Zeit wurde, ins Bett zu gehen, streckte sich Henry auf dem Boden aus mit dem Kopf nahe beim Feuer. Als Kopfkissen hatte er sich ein Stück Holz genommen.

»Kannst du wirklich ohne Decke auf dem Boden schlafen?«, fragte ein Kind.

Er antwortete: »Ja klar, wenn ich keine Decke habe.«

Er schaute sich den Schlafsack, den wir übrig hatten und ihm schenkten, sehr genau an. Als wir Henry Monate später erneut trafen, besaß er ihn nicht mehr. Er hatte ihn jemandem gegeben, der ihn gebraucht hatte. Und so ging er mit allem um, was ihm unter die Finger kam, egal ob es sich um ein bisschen Geld, ein Westernhemd oder ein Klappmesser handelte. Er freute sich immer über ein Geschenk, vergnügte sich eine Weile damit und – wie es die Tradition seiner Vorfahren war – verschenkte es dann weiter.

Am nächsten Tag beobachtete er, wie sich einige der Jungs damit abmühten, mit feuchtem Holz ein Feuer zu machen. Er bot an, uns zu zeigen, wie die Indianer Feuer machten, und wir nahmen das Angebot dankbar an. Er holte den Reservekanister, den er im Lieferwagen gesehen hatte, schüttete daraus nicht zu knapp Benzin über das Holz, warf ein brennendes Streichholz hinein und die Flammen schossen heiß in die Höhe. Unsere Missbilligung quittierte er mit einem Kichern. Gesunder Menschenverstand, so Henry, sei die indianische Art und Weise, etwas zu tun. Warum sollte sich irgendjemand mit feuchtem Holz rumquälen, wenn Benzin zur Verfügung stand?

Henry blieb eine Weile bei uns. Wann immer irgendetwas erledigt werden musste, war er der Erste, der bereitstand, und ebenso der Schnellste; die Teenager konnten es nicht mit ihm aufnehmen – egal, ob es darum ging, Feuerholz zu spalten, Wasser zu schleppen, ein Zelt aufzustellen oder einen Wagen zu beladen. Kleine Bündel zu schnüren, war eine seiner Spezialitäten; seine Knoten waren nicht mehr aufzubekommen. Er konnte die Axt auf zehn verschiedene Arten schwingen, um papierdünne Späne oder dicke Holzklötze herzustellen. Aber augenblicklich, nachdem die Arbeit getan war, lag Henry wieder herum und rauchte. Warum sollte man sich nicht ausruhen, wenn es nichts zu erledigen gab? Er versuchte niemals, so zu tun, als sei er beschäftigt, er spielte nie etwas vor.

—

Seine Erklärung, warum die Siedler von den Indianerstämmen »Zweiherzen« genannt wurden, ärgerte mich. Die Indianer erklärten, dass die Europäer zwei Herzen in ihrer Brust haben müssten, weil sie fähig seien, das eine zu sagen und das andere zu tun. Das Klischee des »weißen Mannes, der mit gespaltener Zunge spricht« war eine weitere Art, eine Doppelzüngigkeit zu beschreiben, die für die Indianer eine abgründige Natur symbolisierte. Henrys Geschichten drehten sich häufig um das Thema Verrat, doch trug er sie nie mit empörter Stimme vor. Was geschehen war, war geschehen. Es war vorausgesagt worden. Ich begann zu hoffen, dass unsere Beziehung zu ihm seinen Blick auf die Weißen wiedergutmachen würde, dass er erkennen würde, dass wir durchaus der Freundschaft und Ehre fähig sind.

Nach diesem Wochenende wurden auch wir zu einem der Zwischenstopps auf Henrys Wanderungen. Alle paar Monate tauchte er in unserer New Yorker Wohnung auf – in der Regel kündigte er sich kurz zuvor mit einem Telefonanruf an, in dem er uns mitteilte, dass er gerade nur ein paar Häuserblocks entfernt sei.

Im Jahr 1969 lud er uns in sein *res* ein, wo er uns mit seinen Freunden bekannt machen wollte, traditionell lebenden Indianern, die den Kindern eine Menge beibringen könnten. Wir willigten erfreut ein und planten einen Ausflug nach Shubenacadie, ins »Land der Großmutter«, wie Kanada von den Indianern früher genannt wurde.

Peggy war mit anderen Dingen beschäftigt und konnte nicht mitkommen, und das Team sah ihrer Abwesenheit leicht beklommen entgegen. Wer würde unsere Streitigkeiten schlichten? Wer würde genau zur richtigen Zeit den Impuls geben? Wer würde das Auto an der Spitze zum Aufbruch in der Dämmerung »peitschen«? Also setzten wir uns alle zusammen und beschlossen, auf eine Art zu reisen, wie es die indianischen Stämme vielleicht getan hatten, wo jeder seinen Platz genau kannte. Peggy erweiterte die Analogie noch um den Aspekt, dass wir einen Chef haben sollten, und erklärte Ben zu unserem Häuptling.

Als erfahrene Camper stellten wir nun die mitfahrenden Autos und den Lieferwagen zusammen und planten unsere Reiseroute, um am ersten Tag die Fundy Bay zu erreichen und am Meer zu zelten; am zweiten Tag wollten wir bis zur kanadischen Grenze gelangen. Im *res* wollten wir eine Woche verbringen und danach unseren zweitägigen Heimweg antreten. Wir hofften, die traditionell lebenden Indianer würden uns in ihr überliefertes Wissen einweihen, doch auch wenn sich der »indianische Weg« nur noch als Geschichte herausstellen würde, wäre unsere Reise dennoch ein Abenteuer.

Aus dem Reisebericht:

» Es war ein regnerischer Morgen in New York City, als wir uns am Treffpunkt versammelten. Um zehn Uhr waren alle eingetroffen; manche waren aber bereits vor sieben Uhr dagewesen. Zelte, Gepäck und Werkzeuge waren schon vor dem Treffen in den Lieferwagen geladen worden. Dann begann Ben von Abenteuer und Verantwortung zu sprechen. Als er seine Rede beendet hatte, sagte Henry, dass wir im Reservat willkommen seien. Er würde vorausfahren, um unsere Ankunft vorzubereiten.

Er versicherte uns, die Indianer würden uns mögen, wenn wir ein paar Höflichkeitsregeln einhalten könnten. Zunächst einmal sollen wir das gegenseitige Anfassen vermeiden, was er bei uns häufig beobachtet hatte. Darüber hinaus hätten wir zu jeder Zeit den Älteren Respekt zu zollen und dürften sie niemals beim Reden unterbrechen. Und zu guter Letzt bat er uns, niemals vor einem Mi'kmaq herzugehen oder quer vor zwei Menschen herzulaufen, die miteinander im Gespräch seien, weil dies als große Beleidigung aufgefasst würde.

Nachdem die Personenliste der Autos vorgelesen war, wurden ein Navigatoren- und ein Schatzmeistertreffen abgehalten. Dann sprach Henry ein Gebet und bat um Führung durch den Schöpfer. Als Anregung für den Tag wurde vorgeschlagen, dass wir möglichst schweigsam reisen wollten.

So fuhr die Karawane los durch New York und Connecticut und so weiter. Jede Autogruppe gestaltete ihre eigene Form von Reiseunterhaltung: Es wurden Geschichten erzählt und improvisiert, man hörte Musik oder es wurde einfach herumgehangen.

Anders als bei den früheren Ausflügen lag eine Stimmung von Sicherheit in der Luft. Wir glaubten zu wissen, wo es hinging und was wir vorfinden würden. Nichtsdestotrotz waren wir aufgeregt und gespannt.«

Als wir die Fundy-Bucht erreichten, nahm der Wind zu und peitschte die Wellen gegen die Klippen. An keinem anderen Ort der Welt steigt und fällt das Meer mit den Mondphasen um fünf Meter. Nachdem wir unser großes und die kleineren Zelte aufgestellt hatten, verteilten sich die Jungen. Sie fanden Fußwege hinunter zum Meer, wo wir sie mehrere Meter unter uns am Strand entlanglaufen sahen. Wir kochten und aßen zu Abend, und als es dunkel wurde, setzten wir uns alle zusammen. Der Regen trommelte zunächst leicht auf das Segeltuchdach des großen Zelts, wurde dann aber heftiger. Sobald jemand die Zeltwand berührte, drang an der Stelle Wasser herein, das uns durchnässte und kleine Pfützen bildete; also rückten wir näher zusammen. Die Blitze flackerten durch die kleinen Plastikfenster, unterbrochen vom grollenden Donner.

Im Licht von Taschenlampen begannen wir, die Mi'kmaq-Sage von Glooscap zu lesen, der die Erde, die Tiere und die Menschen erschaffen hatte. Die Kinder waren still und aufmerksam; sie strengten sich an, um trotz des stürmischen Wetters die Worte hören zu können. Glooscap teilte die Himmel. Er gab den Tieren Namen. Er schickte Licht. Der Sturm schenkte den Geschichten unerwartete Kraft und das Gewitter erleuchtete das Zelt und unsere Gesichter mit plötzlichen taghellen Blitzen.

Die Atmosphäre im Zelt war zum Greifen aufgeladen. Ich hatte das Gefühl, dass unser Glücksspiel mit dieser Entdeckungsreise auf dem indianischen Weg sich bereits jetzt ausgezahlt hatte.

Am nächsten Tag erwartete uns Henry auf der Straße an der Abbiegung nach Shubenacadie. Wie lange mochte er da gestanden haben? Niemand hatte eine Ahnung und er selbst sagte nichts dazu. Er setzte sich in das Auto an der Spitze und dirigierte uns zum Häuschen seiner Mutter. Eine kleine, rund Frau in den Achtzigern begrüßte uns lächelnd.

In der kommenden Nacht schliefen einige der jüngeren Kinder im Schlafsack auf dem Boden im Haus von Henrys Mutter, der Rest von uns übernachtete draußen. Gegen sechs Uhr morgens waren alle aufgestanden und wir versammelten uns auf dem Vorplatz an einem gerade entzündeten Feuer. Nachdem die Kinder gegessen hatten, merkten wir beim Spülen der Teller, dass Chris, der Jüngste, nicht aufgetaucht war. Ich fand ihn in seine Decken gehüllt und noch immer schlafend auf dem Boden.

Als ich mich über ihn beugte, um ihn zu wecken, kam Henrys Mutter an meine Seite. Sanft fragte sie mich: »Was tust du da?«

»Das Frühstück ist fast vorbei«, antwortete ich. »Ich muss ihn wecken, damit er noch etwas zu essen bekommt.«

»Warte, bis er ausgeschlafen hat. Dann wird er schon aufstehen«, erwiderte sie.

Ich merkte, wie Widerstand in mir aufstieg: Was wird aus unserem Zeitplan?

»Er ist noch so klein«, sagte sie und lächelte mich freundlich an, um mir zu zeigen, dass sie mich nicht herausfordern wollte und es nicht böse meinte. Ihr Lächeln und der freundliche Ausdruck in ihren Augen berührten mich. Kinder schlafen lassen, bis sie von selbst aufwachen? Ich beobachtete Chris und wusste, dass er ohnehin zu müde wäre, um zu frühstücken; er würde einfach still dasitzen und kläglich auf die nächstbeste Gelegenheit warten, wieder einschlafen zu können. Also ließ ich ihn in Ruhe. Henrys Mutter hatte mir ein Geschenk gemacht: nämlich hinzuschauen, wie die Dinge wirklich sind. Ein müdes Kind muss nicht wegen eines Frühstücks aufgeweckt werden, das es ohnehin aufgrund seiner Schläfrigkeit nicht essen könnte. Die indianische Art bedeutet, mit der Realität der Gegebenheiten zu leben.

Am Ausgangspunkt des Wanderpfades ließen wir unsere Fahrzeuge stehen und trugen Zelte und Ausrüstung kilometerweit die alten Forstwege entlang zu einem See, der von Kiefern und Birken umgeben war. Jeder freie Platz war mit Wildblumen übersät.

Wir versammelten uns, um den Tag zu besprechen. Was sollten wir unternehmen? Wo waren Henrys Freunde, die den Kindern etwas beibringen wollten? Henry, der mit uns wartete, verhielt sich ausweichend. Er konnte nicht genau sagen, wann sie kommen würden. Er erklärte uns, dass sie sich nicht nach der Uhrzeit richteten, aber wüssten, dass sie erwartet würden. »Sie werden bald hier sein«, sagte er.

Die Kinder, die keine Aufgaben zu erledigen hatten, freuten sich darüber, in dieser abgelegenen Idylle freizuhaben und verteilten sich im Wald und am Ufer des Sees. Aber die Männer des Teams waren unruhig: Was sollten wir nur tun, so ganz ohne Plan?

Aus einem der Zelte tauchte Henrys Mutter auf. »Ich könnte euch zeigen, wie man etwas aus Blättern herstellen kann«, sagte sie schüchtern zu mir, »Kleider.«

Also rief ich die Mädchen, wir setzen uns in einem Halbkreis um Henrys Mutter herum und beobachteten, wie sie vorsichtig Blätter von einem Zweig zupfte. Die größeren glättete und stapelte sie, die kleineren legte sie neben sich. Die feinen Blattstiele entfernte sie und benutzte sie als Nadeln, um Blatt für Blatt miteinander zu verbinden und in einer langen Reihe aufzuziehen. Eine zweite Reihe wurde an die erste geheftet und so entstand unter ihren Händen nach und nach ein grünes Blattkleid, das an den Schultern wiederum mit Blattstielen zusammengehalten wurde. Die Arbeit war geschickt und still erledigt worden. Schnell hefteten die Mädchen ihre eigenen Blattkleider zusammen und tanzten darin fröhlich auf der Lichtung. Die Sonnenstrahlen fielen auf die scharf und fein konturierten Blätter in meinem Schoß – auf eine so einzigartige Weise, wie ich es noch nie zuvor gesehen hatte. In der

Luft summte und brummte es, der Wald leuchtete und wir waren ein Teil von allem. Du bist im Himmel, so heißt es, wenn du an keinem anderen Ort sein möchtest.

Es war später Nachmittag, als schließlich zwei von Henrys Freunden über den See zu uns herübergerudert kamen. Wie die Ortsansässigen trugen auch sie alte Holzfällerhemden und sahen weder traditionell noch besonders indianisch aus, sondern schienen einfach zwei alte Männer zu sein. Für unser Gefühl sprachen sie sehr lange mit Henry auf Mohawk. Sie rauchten. Niemand wollte sie unterbrechen, aber wir fragten uns, ob wir nicht etwas planen sollten. Aber es gab keinen Plan, es konnte keinen geben: »Das ist nicht unsere Art, etwas zu tun«, sagte Henry. Wir hingegen brauchten einen Zeitplan als Schutz vor dem Chaos. Wie sollten wir für die Kinder ohne Plan einen gelungenen Tag gestalten, der für sie eine Bedeutung haben könnte? Würden wir ein schlechtes Beispiel von Ziellosigkeit und Passivität abgeben? Die Männer aus unserem Team wurden langsam nervös und warfen Henry eisige Blicke zu. Für sie war ein unstrukturierter Tag schwer zu ertragen, aber die Kinder waren glücklich.

Schließlich kündigte Henry an, dass die Indianer den Kindern zeigen würden, wie man Brot ohne Töpfe oder Pfannen herstellen kann, »so wie wenn ihr euch auf einer Wanderung befändet mit nichts außer einem Sack Mehl.« Während die Kinder in einem schludrigen Kreis herumstanden, sprintete Alfred, Henrys Neffe, in den Wald und brachte frisch zurechtgeschnittene Vierecke aus Birkenrinde. Henry kniete auf dem Boden und schüttete ein wenig Wasser und Salz in eine Tüte Mehl, knetete dann in der Tüte den Teig, bis dieser zu einer großen geschmeidigen Kugel geformt war. Wir waren still und sahen zu.

Einer der alten Männer warf ein Stück Birkenrinde auf die Erde, drückte den Teig darauf annähernd zu einem Viereck zurecht und bedeckte es mit wieder mit einem Stück Rinde. Vorsichtig hob er eine kleine, flache Mulde aus und bedeckte dann darin die Rinde mit Erde; darüber machte er ein kleines Feuer und verteilte die glühenden Kohlen. Die Indianer hockten sich neben das Feuer und rauchten, die Kinder stoben davon. Wir Teammitglieder standen unsicher herum und überlegten, wie wir jetzt die freie Zeit füllen sollten, wo es nichts mehr zu tun gab.

Nach einer Stunde war das Feuer heruntergebrannt. Henry entfernte die Erde und schälte vorsichtig die oberste Schicht Rinde ab.

Ein großer Laib Brot kam zum Vorschein, mit einer ungleichmäßigen braunen Kruste und ein bisschen an den Seiten klebender Asche. Henry riss das Brot auseinander und verteilte die noch heißen Stücke.

Die Kinder jauchzten. Es war ein köstliches, echtes, frisches Brot!

»Warum habt ihr denn nicht erklärt, was ihr macht?«, wollte einer unserer männlichen Teamkollegen wissen.

»Die Kinder konnten es doch beobachten; welchen Sinn sollte es haben, darüber zu sprechen?«, entgegnete Henry.

Für uns schien eine Erfahrung, bis wir sie in Worte fassten, nicht wirklich zu sein, möglicherweise gar nicht zu existieren. War das unsere Art: jeden Augenblick in einen Kommentar zu verwandeln und von einer Erklärung begleiten zu lassen?

Am Abend versprach uns Henry, dass wir noch einen namhaften Musiker aus Shubie hören würden, der traditionelle indianische Musik spielte. Darauf waren wir gespannt. Nach dem Abendessen kam der Mann in einem Boot über den See gerudert. Er wickelte eine kleine Geige aus einem Tuch, ging zum Feuer und begann zu spielen. Es war altes Country-Gefiedel, englische und irische Volkslieder vergangener Zeiten. Die Melodien passten irgendwie zum dunklen Wald und dem zu den Sternen aufsteigenden Funkenflug. Die Kinder, die es sich auf ihren Schlafsäcken bequem gemacht hatten, lauschten zufrieden der Musik.

Der alte Musiker spielte ungefähr eine Stunde lang. Dann war es für die Indianer Zeit geworden, am Feuer Kaffee zu trinken und zu rauchen. Danach streckten sie sich auf den Boden aus, um zu schlafen; den Kopf in Richtung Feuerstelle und auf kleinen Steinen, die als Kissen dienten.

Einer aus unserem Team, der selbst Musiker war, konnte seine Enttäuschung nicht verbergen. Es wäre doch zu schade, wenn die Kinder nun denken würden, dieses Gefiedel sei echte indianische Musik!

»Es ist Zeit, dass wir uns etwas überlegen«, sagte einer der Männer. Anstatt schlafen zu gehen, traf sich also das Team im Versammlungszelt.

Verschiedene Männer meldeten sich zu Wort:

»Das funktioniert so nicht.«

»Die Indianer haben den Kindern absolut nichts zu geben.«

»Wir müssen hier weg, bevor die Reise völlig auseinanderfällt.«

»Das hier ist keine ›Arbeit mit Kindern‹.«

»So können wir nicht weitermachen.«

»Aber sollten wir nicht die Kinder nach ihrer Meinung fragen«, warf ich ein.

»Manche Dinge sind einfach zu wichtig, als dass wir sie den Kindern überlassen könnten.«

Zu wichtig, um sie mit den Kindern zu besprechen? Diese schlechte Idee war schmeichelhaft. Vernarrt in unser Konzept, wie Indianer zu reisen, hatten wir uns gar nicht überlegt, worin der Unterschied zur gewohnten Art und Weise, mit den Kindern zusammen zu sein, eigentlich genau bestehen würde. Der Grundgedanke des Respekts hatte sich unbemerkt in die Vorstellung verwandelt, dass lediglich die Kinder uns Respekt zu zollen hatten. Schließlich waren wir die Erwachsenen. Wir hatten die Macht. Wir wussten Bescheid.

Aber diese Betrachtungsweise teilten nicht alle. Nach einer hitzigen Debatte beschlossen wir, dass jede und jeder kurz etwas dazu sagen sollte, worüber aber anschließend nicht diskutiert würde. Wir würden einfach unseren Standpunkt erklären und versuchen, zu einer Einigung zu kommen.

Der Musiker, der sich noch immer über »das Gefiedel angeblich indianischer Musik« mokierte, sprach am längsten: »Uns verbleiben noch fünf Tage mit den Kindern. Sind wir nicht dafür verantwortlich, welche Eindrücke sie mitnehmen? Was bekommen sie hier schon zu sehen? Trägheit? Passivität?« Eine weiterer Mann aus dem Team, ein Filmemacher, teilte diese Ansicht: »Wenn hier nichts stattfindet, warum sollen wir dann hier bleiben?«

Als ich an der Reihe war, sagte ich, dass die Kinder hier Eindrücke bekämen, ohne dass viele Worte darum gemacht würden. Und ich erinnerte an das Versprechen, das wir Henry gegeben hatten, fünf Tage hier zu bleiben, und dass er sich dafür eingesetzt hatte, uns die Erlaubnis zum Zelten zu verschaffen. Wenn wir plötzlich wieder abreisten, sähe es so aus, als ob das, was er uns zu bieten hatte, nicht gut genug für uns sei. Wir würden unser Versprechen brechen und wären verantwortlich dafür, dass er sein Gesicht verliert; wir würden ihn betrügen. Und was war mit den Kindern? Würden wir nicht gegen unser Prinzip verstoßen, sie nicht zu belügen?

Die beiden Männer antworteten, ich sei sentimental und verstünde nicht, was auf dem Spiel stehe.

Ben sprach als Nächster und auch er stimmte fürs Abreisen. »Hier gibt es nichts zu tun«, sagte er. Nach und nach brachte er alle Männer dazu, sich auf seine Seite zu schlagen, und die Kaskade nahm ihren Lauf: Sie übertrafen sich gegenseitig mit immer radikaleren Vorschlägen. Die Leute, die dieses Schauspiel hätten stoppen können, waren nicht unter uns: Peggy war mit anderen Arbeiten beschäftigt, und Susan, die wirklich etwas über Indianer wusste, war auf dem Ausflug ebenfalls nicht dabei.

Gegen die Ansichten der Männer stand ich mit meiner Meinung allein. Also abreisen? Ja, wir sollten abreisen; früh losfahren, gleich morgen. Nach einem Tag im Wald? Ich konnte es einfach nicht glauben.

Je mehr ich es nachzuvollziehen versuchte, desto verwirrter wurde ich. Wer hatte Recht? Was war es, was auf dem Spiel stand? Inwiefern galten hier noch unsere Prinzipien?

Es war falsch, unser Versprechen, das wir Henry gegeben hatten, zu brechen. Ich konnte den Gedanken kaum ertragen, dass auch wir ihn betrügen würden wie all die anderen Weißen zuvor. Und hatten wir bisher nicht alle unsere Entscheidungen mit den Kindern geteilt? Aber was war mit dem Team – konnten sie denn alle falsch liegen? War es egoistisch von mir anzunehmen, ich sei die Einzige im Team, die wusste, was richtig war? Wenn doch nur Peggy hier wäre! Peggy würde der Sache auf den Grund gehen und wissen, worum es in diesem Konflikt tatsächlich ging.

Obwohl sich alle dazu bereit erklärt hatten, der Reihe nach nur kurz etwas zu sagen, wiederholten sich alle, argumentierten und rechtfertigten ihre Meinungen. Draußen hatte es schon zu dämmern begonnen und ich war müde. Mittlerweile war mir klar geworden, dass es keinen Sinn mehr machte, mit den Männern zu diskutieren; sie würden ihre Meinung nicht ändern. Die Niederlage schmeckte sauer, und ich wollte nicht allein auf verlorenem Posten stehen, also gab ich nach.

»Ich übernehme die Verantwortung«, sagte Ben energisch. »Ihr könnt mir die Schuld geben.«

Es war vorbei.

Was würde als Nächstes folgen? Wie sollten wir die plötzliche Änderung unserer Pläne den Kindern erklären? Wir hatten ihnen keine Wahl gelassen, sondern kurzerhand entschieden, was das Beste sei. Nun mussten wir ihnen unseren Beschluss verkaufen. Dies war die gewohnte Erwachsenen-Kinder-Beziehung, aber nicht eine, die unsere »Arbeit mit den Kindern« reflektierte. Und was würden wir nun in den verbleibenden Tagen anstellen?

»Lasst uns einen Berg besteigen«, schlug Ben unerwartet vor. »Der Mount Katahdin ist nur eine Tagesfahrt von hier entfernt.« Der mit tausendfünfhundert Metern höchste Berg im Bundesstaat Maine lag ungefähr tausend Kilometer nordwestlich von uns. Wir könnten nochmals an der Fundy Bay einen Zwischenstopp einlegen, dann Richtung Westen nach Maine hineinfahren, ein Basislager errichten, den Berg hochklettern und uns danach auf den Heimweg machen.

Diese Idee hellte die Stimmung allerseits auf, sogar bei mir. Ich hatte noch nie einen Berg bestiegen. Die Männer beugten sich über die Straßenkarten.

Nun blieb nur noch ein Detail zu klären: Wer würde es den Kindern erklären? Und wer würde es Henry beibringen und welche Lüge sollten wir vorbringen?

Alle möglichen Erklärungen wurden vorgeschlagen. Als klar wurde, dass es wirklich keinen Weg gab, wie wir unsere Abreise rechtfertigen konnten, begann ich zu hoffen, wir würden doch bleiben. Aber dann kam jemand mit einer neuen Idee, wie wir die Lücke schließen könnten: mit Schweigen. Keine Erklärungen. Wir würden einfach unsere Abreise bekanntgeben, keine Erklärung abgeben und die Kinder denken lassen, was sie wollten. Und ich durfte Henry übernehmen; ich durfte ihm sagen, was immer ich wollte.

»Ich werde ihm die Wahrheit sagen«, warnte ich.

Aber dem Team war es egal, was ich Henry sagen würde.

Am selben Morgen brachen wir das Lager in ungebührlicher Eile ab. Ein plötzlicher Sturm war aufgekommen und beschleunigte unsere Abreise zusätzlich. Ich nahm Henry in meinem Auto mit und wir führten die Karawane aus dem Reservat hinaus.

An meinem leidvollen Gesichtsausdruck musste er abgelesen haben, dass ich meine Rolle als Verräterin nicht wirklich genoss.

Ein Schwall von Fragen waberte in jedem der Autos: Warum reisen wir ab? Was ist passiert? Wie vereinbart, gaben wir den Kindern keine Antwort. Langsam fuhren wir die asphaltierten Straßen entlang. Auf einem Hügel an der Grenze des Reservats hielt ich den Wagen für eine Pause an, um auf die anderen Autos zu warten.

Aus dem Reisebericht der Kinder (15. Juli 1970, sechster Tag):

» Um viertel nach acht Uhr morgens bereiteten die Köche das Frühstück zu. Bald danach, als wir gerade beim Lüften der Zelte und der Schlafsäcke waren, berief Jerry plötzlich ein Treffen ein. Einige zogen ihn auf: »Hast du wieder deinen Schlüssel verloren?« Aber er gab keine Antwort.

Ben sagte uns, dass wir sofort abreisen müssten. Auch Bill erweckte den Eindruck, dass wir keine Fragen zu stellen hatten. Alle Kinder waren verblüfft. Henry, genauso verwundert wie der Rest von uns, wiederholte immer wieder: »Ich weiß nicht, warum ihr gehen müsst, aber wenn ihr gehen müsst, müsst ihr gehen.« Seine Mutter lud uns leise ein, ein andermal wieder zu kommen.

Schweigend packten wir die Zelte und die Ausrüstung zusammen und schleppten sie zurück den Hang hinauf. Wir wussten noch immer nicht, wohin es jetzt gehen sollte. Trotzdem fuhren wir los.

Viele versuchten, unsere Abreise damit zu erklären, dass der starke Wind einen Hurrikan ankündigte. Andere dachten, dass Peggy oder jemand anderes krank oder gestorben sei. Viele der Kinder, die die frostige Schroffheit der Erwachsenen noch immer nicht verstehen konnten, waren verärgert oder verängstigt.«

»Als ich ein kleines Kind war, nahm mich mein Vater einmal mit hier hinauf«, sagte Henry leise. »In jenen Tagen waren diese Wälder voller Rotwild und Elche und der Himmel war voll mit Enten und Gänsen. Er sagte mir, dass das alles nicht mehr da sein werde, wenn ich zu einem Mann herangewachsen sei. Ich verstand damals nicht, wie er es meinte.« Wir schauten über das Reservat. Wildlebende Tiere gab es keine mehr; jetzt lagen dort von der Regierung errichtete Hütten und Forstwege, die den Wald schachbrettartig durchschnitten.

»Er konnte in die Zukunft schauen«, sagte Henry. Der Regen hatte aufgehört und er stieg aus dem Wagen. »Ich segne euren Weg«, sagte er. »Er wird gesegnet sein, auch wenn ihr euch nicht daran erinnert.«

Aus dem Reisebericht:

» Insgesamt gab es auf der Reise ein großes Durcheinander an Gefühlen. Vom ersten Tag an schien sich eine Kluft zwischen den Erwachsenen und uns aufzutun. Die Erwachsenen gaben sich die ganze Zeit betont verantwortungsvoll. Herumzutoben wurde dermaßen missbilligt, dass wir jedes Mal ein schlechtes Gewissen hatten, wenn wir lachten. Es gab nur wenige Minuten, die Spaß machten. Und jedes Mal, wenn die Erwachsenen uns irgendetwas tun ließen, wie Zeltaufstellen oder Packen, hatten wir Angst, bestraft zu werden. Und außerdem verließen wir Henry. Keiner von uns wollte gehen. Wir konnten sehen, dass Henry verletzt war. Und die Erwachsenen waren wiederum frostig und anstrengend. Viele von uns waren unsicher, weil wir nicht wussten, warum und wohin wir fuhren.«

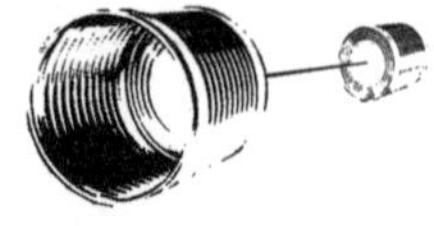

Kapitel 13

Gewissensbisse

Niemand war besonders erpicht darauf, erklären zu müssen, warum wir die Kinder angelogen hatten.

MOUNT KATAHDIN IST DER NÖRDLICHE ENDPUNKT DES Fernwanderwegs Appalachian Trail. Im Grunde genommen handelt es sich um eine über die Baumgrenze hinausragende Hochebene, die auf allen Seiten steil in das bewaldete Flachland abfällt.

In ihrer Ferienstimmung schienen die Kinder Shubenacadie bereits vergessen zu haben, als ob das Erlebte sie gar nicht berührt hätte. Aber zwischen uns Teammitgliedern war die Kälte und Distanziertheit weiterhin zu spüren. Oder bildete ich mir das nur ein? Dem abgestandenen Geruch von Zigarettenrauch nach einer Party nicht unähnlich, lag das Gefühl von Misstrauen und Scham in der Luft.

Die erste Steigung zum Berg hinauf verlief zunächst sanft, doch schon bald wurde der Weg steiler, das Atmen anstrengender und man musste durchaus einigen Willen aufbringen, die Beine in Bewegung zu halten.

Der achtjährige Kevin setzte sich plötzlich mitten auf den Pfad und weigerte sich weiterzugehen. Er war zwar müde, doch ich dachte, dass er durchaus hätte weiterwandern können, wenn er gewollt hätte. Ben schlug sich unerwartet auf seine Seite. »Ich bleibe bei ihm. Wir warten hier auf euch.« Ich suchte Bens Blick. Ben, der das Bergsteigen so sehr mochte, war bereit, mit einem kleinen Jungen zurückzubleiben, während der Rest von uns auf den Gipfel kletterte. In jedem von uns gab es so viele Widersprüche.

Wo war der Berg? Vor mir lag nur eine scheinbar senkrechte Wand aus durcheinandergeworfenen Steinen, von denen einige unvermittelt nachgaben, wenn ich auf sie trat. Wir kamen auf unserem vorsichtigen Aufstieg nur sehr langsam voran, und ich bemühte mich, so gut ich konnte, die Kinder schwankten hinter mir her.

Mit einem Mal spürte ich, wie meine Tochter mich mit ihrem Arm unter meinem Ellbogen und einem ruhigen Griff stützte. »Ich hab dich Mom«, sagte sie ganz unbekümmert, und ich realisierte, wieviel Angst ich davor hatte, den Schlund aus Geröll hinunter in den Abgrund zu stürzen. Wir kletterten gemeinsam weiter und ich war entschlossen, es bis ganz nach oben zu schaffen, egal, was passieren würde.

Als wir die Bäume hinter uns gelassen hatten, wurde der Anstieg noch schwieriger und wir mussten einen 45 Grad steilen Geröllweg hochklettern. Auf Händen und Knien kämpften wir uns weiter Richtung Gipfel. Es hatte zu nieseln begonnen. Jede Gruppe suchte Schutz unter einem der Felsvorsprünge. Sobald der Regen nachließ, machten wir uns wieder auf den Weg, doch jetzt blendete uns die Sonne, die unglaublich heiß auf uns herunterbrannte. Nach einem mehr als vierstündigen, stetigen Aufstieg erreichten wir den Gipfel. Hinter uns wand sich der Appalachian Trail zurück in den Dunst. Weit unten lagen die Seen und Wälder der Landschaft in Miniaturgröße. Unsere nachkommenden Kletterer schlossen alle zu uns auf und für ein paar lange Augenblicke teilten wir miteinander das eindeutige Gefühl von Glückseligkeit und Triumph.

Aber plötzlich kamen Wolken auf und die Aussicht verschwand. Sogar unter uns zogen Wolken vorüber. Wir standen auf der Spitze der Erde. Es wurde dunkler und kälter. Anfangs war die Kühle eine Erleichterung nach der unerbittlichen Sonne, doch mit dem abnehmenden Licht und der stetig fallenden Temperatur begannen wir zu frieren. Aus Sommer war auf einen Schlag Winter geworden, das anfänglich leichte Trommeln des Regens wurde lauter und schließlich prasselte Hagel auf den Gipfel. Ei-große Hagelkörner schlugen und piekten auf unsere Rücken, Köpfe und jedes Stückchen nackter Haut.

Ich zog einen wasserabweisenden Parka aus meinem Rucksack. Aber was war mit den Kindern, die keine Jacken mitgenommen hatten? Sie liefen wirklich Gefahr zu unterkühlen. Sie waren erschöpft und durchnässt.

»Esst euer Mittagessen«, rief ich, und wir alle kauerten uns auf dem Gipfel hin und verschlangen unsere Sandwichs und Schokoriegel. Die übergroßen Müllsäcke, in denen wir das Essen transportiert hatten, verwandelten wir mit drei Schlitzen in Regenmäntel. Wir müssen einen komischen Anblick abgegeben haben, doch wir froren nicht mehr und blieben trocken. Als wir unseren

Abstieg antraten, zwang uns ein alles verhüllender Nebel, unseren Weg vorsichtig tastend zu suchen. Es war praktisch nichts zu erkennen.

Am dunklen Himmel flackerten wunderbar anzusehende Blitze, erst weit entfernt, doch dann näher und näher kommend, bis das Licht nur wenige Meter von uns entfernt die Felsen traf. Der Berg schien unter den elektrischen Lichtbogen zu federn. Weit und breit gab es keinen Schutz.

»Runter vom Berg«, schrie einer der Männer und wir liefen los. Ohne jedwede Vorsicht rannten wir auf der Flucht vor den Blitzen Hals über Kopf den Berg hinunter; unter unseren Füßen lockerte sich das Geröll und schepperte den Abhang hinunter: keine geringe Gefahr für die anderen Bergsteiger unter uns. Was uns ganze vier Stunden des Aufstiegs gekostet hatte, schafften wir in dreißig Minuten hinunter. Aufgeregt versammelten wir uns dicht aneinander gedrängt auf einer tiefer gelegenen Wiese; wir waren in Sicherheit.

Den Kindern gefiel unser lächerlicher Aufzug in den Müllsack-Regenmänteln und sie witzelten über uns alle und über sich gegenseitig. Das Gelächter entspannte die Atmosphäre, die der Sturm mit sich gebracht hatte. Wir waren wieder zu einem Team geworden, unsere Probleme bei den Indianern waren anscheinend vergessen.

Aus dem Reisebericht:

» Die Erfahrung, die alles wieder ins Lot brachte, war der Aufstieg auf den Katahdin. Nur wenige bedauerten sie; viele dachten sogar, dass sie es wert gewesen war, Henry zu verlassen. «

Als wir wieder in New York zurück waren, erfuhr Peggy von den Einzelheiten unseres Ausflugs und wollte diese nicht auf sich beruhen lassen. Also mussten wir uns mit den Eltern der Kinder treffen und nochmals durchgehen, was falsch gelaufen war. Niemand war besonders erpicht darauf, erklären zu müssen, warum wir die Kinder angelogen hatten.

Vor diesem Treffen ging ich drei Tage lang nicht aus dem Haus, rief niemanden an und machte keine Pläne. Mehrmals musste ich unvermittelt weinen. Trotz unserer abenteuerlichen und spaßigen Bergbesteigung empfand ich unseren Ausflug als klägliches Schei-

tern. In unserer Begegnung mit den Indianern hatten wir, genau wie all die Weißen vor uns, unser Versprechen in dem Moment gebrochen, in dem sie nicht mehr in unser Konzept passten.

Wir waren dermaßen begierig darauf gewesen, »wie Indianer zu sein« oder zumindest wie das, was wir uns darunter vorstellten, dass uns das eigentliche Wesen des indianischen Weges, nämlich sein Wort zu halten, entgangen war. Geblieben war nur unsere Verstellung.

Am Treffen mit den Eltern stammelten wir irgendwas zusammen und rechtfertigten unsere unterschiedlichen Versionen des Vorgefallenen mit all ihren Widersprüchen und Scheinheiligkeiten. Die Eltern bewahrten zwar ihr Vertrauen in unseren Umgang mit ihren Kindern, nahmen aber letztendlich mit, dass wir über keine besondere Weisheit verfügten. Trotz all unserer Anstrengungen waren wir genauso fehlbar wie sie selbst. Wir hatten Fehler gemacht und als wir sie eingestanden, war es den Eltern möglich, uns zu vergeben, und dem Team, sich untereinander wieder zu versöhnen.

Dennoch konnte ich weder mit der Situation noch mit mir selbst Frieden finden. Wo waren meine Ideale geblieben? Es war unerträglich, mir eingestehen zu müssen, dass sie unter dem Druck des echten Lebens zerbröselt waren.

»Ermutigen Sie die Kinder, eigenständig zu denken«, hatte Jeanne de Salzmann uns gesagt. Ich hingegen konnte noch nicht einmal selbst eigenständig denken. Immer hatte ich nach jemand anderem Ausschau gehalten, der mich führt, aber nun war mir klar geworden, dass ich, wenn ich den Weg finden wollte, mich tiefer auf mich selbst einlassen und auf jene Stimme hören musste, die mich zur schwierigeren Alternative aufrief.

»Ermutigen Sie die Kinder, keine Angst zu haben«, lautete die Aufforderung Madame de Salzmanns.

Aber es waren Ängste, die mich beherrscht hatten: die Angst, im Unrecht zu sein, die Angst, die Bestätigung des Teams zu verlieren. Wie konnte ich Angstlosigkeit vorleben, wenn ich meiner Angst nachgab?

Als ich einige Tage später wieder in meiner Wohnung auf und ab ging, versprach ich mir, dass, was immer es auch kosten würde, ich niemals wieder wissentlich mein eigenes Verständnis korrumpieren würde. Gewissensbisse hatten mich zu dieser Klarheit gebracht. Zum ersten Mal begriff ich wirklich Gurdjieffs Worte über die »Gewissensbisse bezüglich unserer vergangenen Taten gegen unsere eigenen Überzeugen«. Diese Erfahrung wurde zu meinem Führer. Ich kann mein Gewissen nicht an irgendjemanden delegieren, auch nicht an »mein« Team.

Jede Gruppe kann vom Weg abkommen.

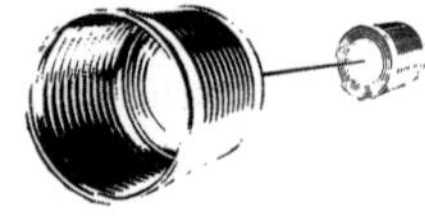

Kapitel 14

Morgendämmerung

*»Wenn wir ohnehin sterben müssen,
wozu sollen wir dann noch arbeiten?«*

»WIRD MEIN VATER STERBEN?«, WAR DIE SCHWIERIGSTE Frage, die mir je gestellt wurde. Das Mädchen war acht Jahre alt und sich der Tatsache schmerzlich bewusst, dass sein Vater, der bereits mehrfach im Krankenhaus gewesen war, nach jedem Mal schwächer als zuvor nach Hause zurückkehrte. Viele Menschen sind der Meinung, es sei falsch, mit Kindern über den Tod zu sprechen; doch manchmal ist es für sie eine durch und durch quälende Frage. Was wir über den Tod wissen, lässt sich nicht auf ein paar Fakten reduzieren. Jedes Gespräch darüber schließt größere Fragen über die Bedeutung und den Sinn des Lebens mit ein. Ein solcher Kontext kann verhindern, dass die Wahrheit als brutal erlebt wird.

Manchmal müssen Kinder von uns die Wahrheit erfahren, schon einfach deshalb, um für sich selbst zu bestätigen, was sie bereits wissen oder ahnen. Wenn ich auf den Augenblick baue und für die Gefühle des Kindes empfindsam bin, kann ich wahrheitsgetreu sein. Wer stellt die Frage? Wie wird die Information aufgenommen werden? Zu einer unmittelbaren Einschätzung gehört auch die Frage: Was ist der einfachste Weg, die Wahrheit auszudrücken?

Wenn die Wahrheit peinlich oder zu schwer ist, um sie ertragen zu können, ertappen wir uns beim Lügen. Es ist schwierig, wachsam genug zu bleiben, um in solch einem Moment weiterzusuchen; doch Aufrichtigkeit bringt häufig Erleichterung, führt gar zu einem Lachen und stellt in jedem Fall eine Verbindung zwischen dem Erwachsenen und dem Kind her.

Werden Kinder durch Lügen über den Tod, über Krankheit, Trennung und die unterschiedlichen Sorgen, die ihr Leben überschatten, vor den schmerzhaften Wirklichkeiten beschützt? Häufig hat das Kind die Wahrheit längst erfasst, und wenn eine Autoritätsperson darüber lügt, wird sein unmittelbarer Einblick nur durcheinandergebracht. Das Kind gewöhnt sich dann an, immer auf die anderen zu schauen, um zu erfahren, was stimmt. Es vertraut sich selbst nicht mehr und lässt andere die Wirklichkeit definieren. Für jemanden, der regelmäßig belogen wird, werden Selbstzweifel zur Gewohnheit.

»Wird mein Vater sterben?«

»Irgendwann wird jeder Mensch sterben«, antwortete ich. Das ist wahr. »So wird es uns allen ergehen.« Das ist wahr. Aber die Frage bezog sich auf ihren Vater. »Ich hoffe, dass er leben wird.« Das ist wahr. »Ich kenne die Zukunft nicht.« Das ist wahr. »Obwohl er sehr krank ist« (was wahr ist und wichtig auszusprechen), »hoffen wir, dass er sich erholen wird«: eine Wahrheit, die die Hoffnung des Kindes nicht zerstört.

Einfach zu fragen: «Was denkst du?«, braucht Mut und Geistesgegenwart, an denen es mir in dem Moment fehlte. Wenn wir jedoch zuhören, werden die Kinder uns letzten Endes erzählen, was sie wirklich bereits verstanden haben und was sie zu wissen ertragen können.

—

Die Frage des Mädchens über den Tod brachte meine eigene diesbezügliche Frage zu mir zurück. Als ich meine Mutter und meinen Vater im selben Jahr verloren hatte, wollte ich unbedingt verstehen, was geschehen war. Mit beiden hatte es noch so viel Unerledigtes gegeben.

Also stellte ich meine Fragen Henri Tracol, dem Präsidenten der französischen Gurdjieff-Gesellschaft, als er im Dezember 1976, dem Todesjahr meiner Eltern, zu Besuch in New York weilte: Wo mochten meine Eltern jetzt sein? Gab es sie außerhalb von mir?

Tracol antwortete: »Natürlich wäre es sehr einfach, Nein zu sagen; aber dazu habe ich keine Befugnis, weil ich es schlicht nicht weiß. Aber ich selbst habe auch kein Bedürfnis nach solch einer Vorstellung. Sie existieren in mir.«

Er fuhr fort:

» In all den Jahren mit Mr. Gurdjieff habe ich ihn drei oder vier Mal sagen hören: ›Sie und Ihr Vater und Ihr Großvater bis zurück zu Adam sind eins; sie existieren in Ihnen. Sie haben die Möglichkeit, sie zu befreien oder auch das Gegenteil zu bewirken. Die Vorstellung von einer linearen Zeit ist ein großes Hindernis. Viel näher an der Realität ist es, in Kreisläufen zu denken: Tag und Nacht, Jahreszeiten, Herzschlag, Atem. Wenn Zeit auf diese Art, also in Umläufen, verstanden wird, kann ich begreifen, dass jetzt einfach ich an der Reihe bin. Meine Eltern existieren durch mich; nur habe jetzt ich die Gelegenheit, für sie Erfahrungen zu sammeln. Nun ist es an mir, es zu versuchen.‹

Im alten chinesischen Denken wurde das Emporkommen eines Kindes als der Aufstieg sämtlicher Familienmitglieder interpretiert, und zwar der bisherigen wie auch der zukünftigen. Wenn es Schiffbruch erlitt, zog es alle mit sich in den Abgrund. Gurdjieff erzählte mir mehrmals diese Geschichte: Die chinesischen Kaiser kannten ein System der Verdienstanrechnung, und alle ihre Untertanen, ob reich oder arm, wurden entsprechend geprüft. Jene mit der höchsten Punktzahl wurden in die Position eines Ministers erhoben.

Wenn ein Minister ernannt wurde, schickte der Kaiser eine besondere Abordnung zu dem Friedhof, auf dem die Gedenktafeln der Vorfahren dieser Person aufbewahrt wurden. Nach Zeremonie und Getrommel rief ein Hauptmann: ›Hört, ihr Vorfahren des Ministers Soundso. Euretwegen, aufgrund dessen, was ihr tatet, widerfährt eurem Nachfahren die höchste Ehre: Er darf dem Kaiser dienen. Möget ihr heiter und stolz sein. Es geschieht euretwegen.‹

Wenn ein Krimineller oder ein Aufständischer exekutiert werden sollte, wurde eine ähnliche Delegation zum Heimatort des Unglücklichen gesandt. Nach Zeremonie und Getrommel rief ein Hauptmann: ›Hört, ihr Vorfahren des kriminellen Soundso. Euretwegen, aufgrund dessen, was ihr tatet, wird euer Nachfahre dem Tode zugeführt. Seid traurig und beschämt. Es geschieht euretwegen.‹«

»Manchmal fühle ich, dass ich nicht meinen Vater befreien will, sondern mich von ihm«, sagte ich.

Henry Tracol antwortete:

» Ja natürlich, das verdeutlicht genau, was ich beschrieben habe. Wir werden mit den negativen Eigenschaften unserer Eltern geboren, die sie ebenfalls von wer weiß wem empfangen haben. Sie haben sich bemüht, so gut sie konnten,

und wir haben das Glück, dass wir mit dem Kampf für sie und für uns fortfahren können. Gurdjieff sprach vom ›Wiedergutmachen der Vergangenheit‹ und von der ›Vorbereitung der Zukunft‹. Das kann nur jetzt geschehen, in diesem Augenblick. Machen Sie nicht einfach weiter wie bisher, dadurch werden Sie auch für Ihre Eltern etwas wiedergutmachen können.«

Sobald ich wieder zu Hause war, schrieb ich alles auf, was Henry Tracol gesagt hatte.

—

Etwa zur selben Zeit wurde ein damals noch unveröffentlichter Bericht von einem Treffen in Paris vorgelesen. Gurdjieff hatte dabei einer Frau, die viele Tragödien in ihrer Kindheit erlebt hatte und sich selbst bemitleidete, geantwortet:

»Wissen Sie, ›Gerechtigkeit‹ ist ein großes Wort – eine große Sache in dieser Welt. Objektive Dinge sind keine Kleinigkeiten wie Mikroben; sie unterstehen Gesetzmäßigkeiten, sie laufen so ab, wie sie es vom Gesetz her zu tun gewohnt sind. Denken Sie daran: Was man aussät, das wird man ernten. Nicht nur die einzelnen Menschen ernten, auch Familien und Völker. Oft rührt das, was auf der Erde geschieht, von etwas her, was ein Vater oder ein Großvater getan hat. Die Resultate laufen dann bei Ihnen zusammen, dem Kind oder dem Enkelkind; Sie sind es, die sie begradigen müssen. Dies ist keine Ungerechtigkeit, es ist eine sehr große Ehre für Sie. Es wird Ihnen erlauben, die Vergangenheit Ihres Vaters, Ihres Großvaters, Ihres Urgroßvaters zu regeln. Wenn Ihnen in Ihrer Jugend Missgeschicke zustoßen, bedeutet dies, dass jemand anderes diese über Sie brachte – deswegen müssen Sie ernten. Er ist tot; doch es ist jemand anderes auf der Erde, der erntet. Sie dürfen sich selbst nicht so egoistisch betrachten. Sie sind ein Glied in der Kette Ihres Blutes. Seien Sie stolz darauf, es ist eine Ehre, dieses Glied zu sein. Je mehr Sie zur Wiedergutmachung der Vergangenheit gezwungen sind, desto mehr Gewissensbisse werden Sie empfinden. Es wird Ihnen gelingen, sich an all das zu erinnern, was Sie in der Vergangenheit nicht so getan haben, wie Sie es hätten tun sollen. Jene Dinge, die Sie der Gerechtigkeit zuwiderlaufend taten, haben Ihren Großvater gekränkt. Deshalb können Sie ruhig das Zehnfache an Gewissensbissen haben und Ihr Wert wird im Verhältnis dazu anwachsen.

Sie sind nicht der Schwanz eines Esels. Sie tragen Verantwortung, sie haben eine Familie. All Ihre Familienvergangenheit und -zukunft hängt von Ihnen ab. Ihre ganze Familie hängt davon ab, wie Sie die Vergangenheit wiedergutmachen. Wenn Sie für alle etwas wiedergutmachen, ist das gut. Wenn Sie nicht für alle etwas wiedergutmachen, ist das schlecht. Erkennen Sie jetzt Ihre Situation? Verstehen Sie nun, was folgerichtig ›Gerechtigkeit‹ bedeutet? Gerechtigkeit beschäftigt sich nicht mit Ihren Bagatellen und nicht eingelösten Versprechen; sie hat mit großen Dingen zu tun. Es ist idiotisch anzunehmen, Gott kümmere Sich um die kleinen Dinge. Und genauso steht es mit der Gerechtigkeit. Gerechtigkeit berührt all diese kleinen Dinge nicht, und dennoch geschieht gleichzeitig auf der Erde nichts ohne sie. Suchen Sie nach den Gründen hierfür. Sie sind dazu verpflichtet, in Ihrer Blutslinie eine verantwortungsvolle Stellung einzunehmen; Sie müssen daran arbeiten, die Vergangenheit wiedergutzumachen. Es ist schwierig, das auf Anhieb zu verstehen.«

Um ihr unabhängiges Denken zu fördern, schlugen wir den Kindern manchmal große Fragen vor: »Welche Fragen würdet ihr stellen, wenn ihr einer wirklich weisen Person begegnen würdet?« Wir erforschten gemeinsam mit den Kindern Themen wie Gerechtigkeit, Zorn, Schicksal, Glück und die Bedeutung des Lebens und bemühten uns dabei, ihnen nicht unsere Ansichten aufzuzwingen, sondern Raum für ihre Sicht der Dinge zu lassen.

Auf einem Camping-Ausflug teilten wir die Kinder nach Alter in zwei Gruppen ein und setzten die älteren in das eine Auto, die jüngeren in das andere. Jede Gruppe wurde aufgefordert, eine Frage zu finden, die sie Madame de Salzmann stellen wollten. Als die Autokarawane für das Mittagessen anhielt, waren alle neugierig zu hören, auf welche Frage man sich in dem anderen Auto geeinigt hatte. Zu meiner Überraschung waren beide Gruppen fast exakt zur selben Frage gekommen: »Wenn wir ohnehin sterben müssen, wozu sollen wir dann noch arbeiten?«

Die älteren Kinder gingen mit dieser Frage zu Madame de Salzmann und hatten danach Schwierigkeiten, ihre Antwort wiederzugeben. Gesagt hatte sie zu ihnen: »*Der Körper stirbt und löst sich auf, doch wenn man [an sich selbst] arbeitet, setzt sich etwas fort.*«

—

Den Erwachsenen erklärte sie: »Es gibt eine Energie, die versucht, sich zu entfalten. Das ist der Grund, warum sie in einen Körper kommt. Wenn ein Mensch arbeitet und bei der Entwicklung dieser Energie hilft, wird diese Energie beim Tod auf eine höhere Ebene gelangen. Wenn man jedoch nicht arbeitet, kehrt die Energie wieder auf ihre alte Ebene zurück. Aber in dem Fall ist das menschliche Leben verschwendet.«

Als sie uns empfahl, das Wesen der Kinder zu bekräftigen, brachte uns dies zu der Frage der unparteiischen Liebe.* »Sie können das Leben nicht verstehen, ohne die Liebe zu verstehen«, sagte Madame de Salzmann. Also begannen wir, diesen Aspekt zu studieren. »Liebe hält die Sterne am Kreisen«, heißt es in einem alten Text. Und der heilige Johannes sagte: »Gott ist Liebe.« »Liebe alles, was atmet«, empfahl Buddha.

Madame de Salzmann erklärte, dass Liebe eine kosmische Kraft ist, die das ganze Universum durchzieht, und nicht nur ein Aufwallen eines Gefühls. Liebe ist noch nicht einmal persönlich. Wir gaben uns Mühe, das zu begreifen. Wie könnte Liebe nicht persönlich sein?

Liebe ich meine Kinder? Bei dieser scheinbar absurden Frage sind wir erfüllt von der heftigen Zuneigung zu ihnen, die wir nur allzu schnell als »Liebe« bezeichnen. Aber abhängig davon, ob sie sich gerade so verhalten, wie wir es von ihnen erwarteten, lieben wir sie mehr oder weniger oder gar nicht. In Gegenwart anderer Menschen kann die Art und Weise, wie unsere Kinder uns selbst spiegeln, das Maß unserer Zuneigung zu ihnen beeinflussen. Was kann in unseren Gefühlen für sie unparteiisch sein, eine bedingungslose Akzeptanz ihres Wesens statt lediglich ihres Auftretens, ihrer Handlungen und der Art, wie sie uns aussehen lassen? Unsere Art, wie wir mit den Kindern Kontakt aufnahmen, war von Parteilichkeit bestimmt. Wir liebten sie zu bestimmten Zeiten.

* »Unparteiische Liebe« ist ein von Gurdjieff eingeführter Begriff, der eine Form von Liebe bezeichnet, die »von allen anderen Funktionen, die in jedem verantwortlichen Wesen [d.h. in jedem vollständig entwickelten Menschen] vor sich gehen, vollkommen getrennt sein muss« (G.I. Gurdjieff: *Beelzebubs Erzählungen für seinen Enkel. Eine objektiv unparteiische Kritik des Lebens des Menschen,* Kapitel 23 [A.d.Ü.].

Aber Liebe kann sich unglaublich schnell in Gleichgültigkeit verwandeln und sogar in Hass. Unparteiische Liebe hingegen würde das scheinbar Gute und Schlechte im Kind einschließen, so wie Regen fällt, ohne zu unterscheiden wohin. Unsere Liebe war weit von solch einer unparteiischen kosmischen Kraft entfernt. Sogar die Liebe, die wir für unsere Allernächsten empfinden, zeigt vielleicht nur eine große Kraft, die das Prisma unseres gewöhnlichen Selbsts durchströmt.

Die Augenblicke, in denen wir die Kinder so akzeptierten, als seien sie alle gleichermaßen unsere eigenen, waren sehr selten. Aber auch wenn unparteiische Liebe noch jenseits unserer Möglichkeiten lag, konnten wir doch zumindest nach unparteiischer Aufmerksamkeit streben. Wir konnten versuchen, unseren Blick mit genügend Aufmerksamkeit auf die Kinder zu richten, um sie wirklich zu sehen, nicht einfach nur als eine Projektion unserer Vorstellung von ihnen. Wir konnten uns anstrengen, die Kinder durch den Schleier der Sprache hindurch zu hören, der Bedeutung hinter ihren Worten zu lauschen.

Aufmerksamkeit ist Liebe.

—

Wie können wir unsere Aufmerksamkeit von dem befreien, was sie gefangen hält? Damit wir uns auch nur für einen Moment wirklich auf die Kinder konzentrieren konnten, mussten wir uns von unseren üblichen Bedenken fortreißen.

Dies eröffnete neue Möglichkeiten. Wir stellten uns vor, wie die Kinder sein würden, wenn sie erwachsen wären, und brachten ihnen denselben Respekt entgegen, den wir ihrem erwachsenen Selbst entgegengebracht hätten, etwas von der unvoreingenommenen Akzeptanz, nach dem sich jedes menschliche Wesen sehnt. Wenn wir sie bewusst anschauten, bestätigten wir ihr Dasein. Wir mussten dies zumindest einmal am Tag zustande bringen, und zwar nicht dann, wenn wir ihnen gerade die Nase putzten, das Haar glattstrichen oder sie auf irgendeine andere Art zurechtmachten. Dann spürten sie, dass sie nicht nur »etwas« waren, das von den Erwachsenen oder ihren Gleichaltrigen oder ihren eigenen machtvollen Emotionen hin und her geschubst wurde. Sie wussten, dass das Universum einen Platz für sie hat. Es war, als ob Gott durch unsere Augen schaute.

Auch wenn unsere Aufmerksamkeit weiterhin schwankte und abgelenkt wurde, umfasste sie dennoch ab und zu gleichzeitig die

Kinder und uns selbst. Und bei der nächsten Gelegenheit konnten wir es erneut versuchen.

—

Verschiedene praktische Übungen halfen beim Erlangen eines aufmerksameren Zustands.

Chris, damals sechzehnjährig, erinnert sich:

» Als wir die Farm in Oregon* verließen, gab mir Peggy eine Aufgabe: ›Du musst in deinem Kopf alles festhalten, was du heute siehst und tust.‹ Sie wurde noch genauer: ›Wirklich bis hin zum letzten Detail. Und du musst dich genau an alles erinnern, und uns heute Abend, wenn wir am Campen sind, davon erzählen.‹

Ich wollte diese Aufgabe sehr ernst nehmen. Von dem Moment an, als wir nach dem Frühstück aufbrachen, ging ich im Kopf nochmals alles durch, was ich gesagt und getan hatte. Es ging ungefähr so:

Ich bin hinüber zum Waschbecken gegangen und habe mir die Hände gewaschen. Das Wasser war warm. Miles bat mich um ein Handtuch; ich gab ihm eines mit der linken Hand. Er bedankte sich. Ich drehte das warme Wasser stärker auf und verbrannte meine rechte Hand. Ich zog meine Hand zurück. Ich drehte das Wasser ab. Durch das kleine Fenster über dem Waschbecken sah ich einen Vogel von einem Ast fliegen. Cami bat mich, ein bisschen zur Seite zu gehen, damit sie etwas unter das Waschbecken stellen konnte. Und so weiter.

Mittags, als wir Richtung Süden fuhren, war ich noch immer eifrig damit beschäftigt, alles zu registrieren, was ich sagte und tat.

Dann, etwa zwanzig Minuten lang, veränderte sich die ganze Welt. Es begann mit den Bäumen. Ich war gerade dabei zu schauen, wie sie vorbeisausten, als ich sie plötzlich bemerkte. Während fast einer Stunde hatte ich diese Kiefern angeschaut und ganz plötzlich waren sie da. Sie waren grün und braun und, ja, einfach unglaublich. Als sie vorüberzogen,

* Die Two Rivers Farm in Aurora, Oregon, ist eine weitere Lebens- und Studiengemeinschaft nach den Lehren des Vierten Weges. Sie wurde in den 1950er-Jahren von Annie Lou Staveley, einer langjährigen Schülerin Gurdjieffs, gegründet und existiert noch heute [A.d.Ü.].

sah ich Farben in ihnen, die ich mir niemals zuvor in Kiefern hätte vorstellen können – alle möglichen Schattierungen von Grün, Blau und Gold. Es war, als seien sie auf eine magische Art und Weise angemalt worden, um so zu leuchten.

Dann bemerkte ich das Armaturenbrett. Dieses hässliche alte Dodge-Armaturenbrett, auf das ich den ganzen Morgen gestarrt hatte, dieses billige Stück Plastik, vibrierte plötzlich von Farben und Energie; eigentlich bewegte es sich sogar. Ich streckte meine Hand aus, um es zu berühren, und meine Hände waren genauso interessant.

Als wir in einem kleinen Park anhielten, um zu Mittag zu essen, war ich an der Mahlzeit absolut nicht interessiert; stattdessen ging ich sogleich hinüber zu einer Wiese und schritt durch die Blumen. Ich sah und roch sie, als ob es das erste Mal in meinem Leben sei.«

Aufmerksamkeit ist das Gold des Alchimisten, das nach und nach die Natur desjenigen verändert, der es anreichert. Unsere Ausflüge, Zeltlager, Feste und Spiele waren kein Selbstzweck, sondern Mittel zur Erweiterung unseres Bewusstseins. »Gott kann nicht getäuscht werden, keine Anstrengung ist je umsonst.« In demjenigen, der sich bemüht, bleibt eine unvergängliche Spur.

Doug, ein anderes damaliges Kind, erinnert sich:

»Von unserer Arbeit als Kinder, im Alter von fünf Jahren bis ich aufs College ging, ragt eine Erinnerung weit über alle anderen hinaus: nämlich Augenblicke, in denen mir schien, dass etwas wie eine schwere Bettdecke von mir hochgehoben wurde, und ich ein ungeheures Gefühl von Klarheit erlebte. Die Welt war nicht nur farbiger, ich war mir auch der Dinge um mich herum viel bewusster: der Zustand meiner Muskeln, die Gedanken und Gefühle, die sich in mir bewegten. In diesen Augenblicken konnte ich die Probleme meines Lebens in einem klaren und nüchternen Licht sehen und verspürte gleichzeitig den Wunsch, ihnen offensiv zu begegnen. Noch außergewöhnlicher ist vielleicht, dass diese Augenblicke inmitten der alltäglichsten Aufgaben geschahen, wie zum Beispiel beim Schleppen von Steinen oder auf der Suche nach einem Besen.«

Auch wenn ich nicht mehr mit der hellen Zuversicht dieser jungen Menschen durch die Welt lief, war ich doch gelegentlich dazu imstande, einen Schritt zu tun, der wirklich mein eigener war, und fest auf meinem eigenen Boden zu stehen. Mein gewöhnliches Selbst machte weiter wie bisher, doch da war auch etwas Neues. Leichtigkeit war das Zeichen, wenn dies geschah, nicht Sentimentalität oder Beliebigkeit, sondern einfach eine größere Möglichkeit, mich mit dem Augenblick zu verbinden, so als ob er neu wäre, das bewusste Wahrnehmen einer feineren Qualität von Energie inmitten des alltäglichen Lebens, lachen zu können.

Was ist das?, wunderte ich mich eines Sonntags beim Aufwachen noch vor der Morgendämmerung. Es war noch immer dunkel, als ich ostwärts zum Fluss ging. Beim Aussichtspunkt wehte ein kalter Wind durch meine Sommerkleidung. Obwohl ich zitterte, versuchte ich, mich nicht zu bewegen und einfach abzuwarten. Nichts geschah. Unten auf dem Highway zogen die Autos ihre Lichtfäden. Allmählich ließen die Bäume sich voneinander unterscheiden. Der Himmel hellte sich auf. Die geschlossenen Fensterläden der Wohnhäuser entlang der Straßen ließen erahnen, dass deren Bewohner noch schliefen, wie ich es normalerweise auch getan hätte. Ganz allmählich traten die Details der Häuser aus ihren Umrissen hervor. Stille. Nach einiger Zeit begannen die Wolken, golden aufzuleuchten. Am Himmel schossen Lerchen vorüber.

Genau in dem Moment, in dem es so schien, als würde es nie geschehen, zeigte sich ein winziger Streifen, ein Feuerring. Die Sonne ging auf.

Hilf mir, sagte ich, *mit deiner großartigen Kraft, mit deinen Strahlen des Bewusstseins. Bitte leuchte in jede meiner Zellen.*

Ich spürte eine Woge der Hoffnung, ein Hochgefühl, einen Gruß; und für einen Augenblick war ich von meinen gewöhnlichen Sorgen befreit. Eine Leere voller Freude. Dann wurde es Zeit, mich auf den Weg zu machen.

Die Arbeit mit den Kindern hatte mir diesen Moment geschenkt – und dieses neue Leben.

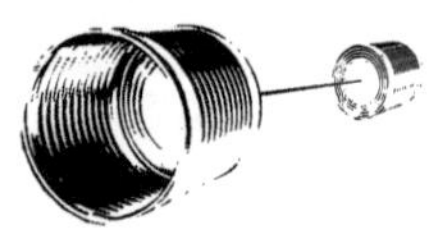

Kapitel 15

Später

Was habe ich da genau gesagt? Was bedeutete es?

IN NEW YORK GEHT DIE »ARBEIT MIT DEN KINDERN« WEITER; ältere verlassen uns, jüngere kommen dazu. Hin und wieder beschließt eine Gruppe von Teenagern, miteinander in Kontakt zu bleiben und sich regelmäßig in den Semesterferien zu treffen. Es gibt kein festgelegtes Schema. Viel hängt von der jeweiligen Kindergeneration ab und von den Erwachsenen im Betreuerteam.

Die fünfundzwanzig Kinder, von denen hier berichtet wurde, ergriffen später Berufe wie Schauspieler, Buchhalter, Luftakrobat, Bauarbeiter, Geschäftsinhaber, Regisseur, Arzt, Journalist, Maler, Fotograf, Drehbuchautor und viele andere. Typisch für sie war, dass sie viele Hobbies hatten und diversen Beschäftigungen nachgingen. Die meisten der Teilnehmerinnen und Teilnehmer sind heute verheiratet, viele von ihnen sind selbst Eltern und einige versuchen, die Erfahrungen, die ihnen wichtig waren, ihren eigenen Kindern nahezubringen. Die »Arbeit mit den Kindern« geht also in vielen Iterationsschleifen weiter.

Gurdjieffs Diktum, dass die Kinder nicht in die »Arbeit der Erwachsenen« eingeführt werden dürfen, wurde und wird weiterhin gewissenhaft befolgt. Einige der Kinder entschieden sich später, als Erwachsene, selbst an der Gurdjieff-Arbeit teilzunehmen, oder genauer gesagt, suchten sich nach einigen Jahren »in der Fremde« genau diese Arbeit aus. Doch alle bewahren, vielleicht sogar ihr Leben lang, einige der Ideale, mit denen sie als Kind in Berührung kamen. Obwohl sie sich in alle Winde zerstreut haben, bleibt die Bindung unter ihnen und zu den Erwachsenen, die mit ihnen gearbeitet haben, stark.

Was letztendlich am meisten zählte, war das Ringen der Erwachsenen, wirklich gegenwärtig zu sein, und dessen langanhaltender positiver Effekt auf die Kinder. Die Grenze zwischen Theorie und Praxis war sehr fließend. Der Kampf selbst war ein besserer

Wegweiser zum richtigen Handeln als irgendetwas Abstraktes, wie nobel es auch immer klingen mochte.

Die Anstrengung im gegenwärtigen Augenblick war und bleibt das leitende Prinzip.

Bei den Erwachsenen, die daran teilgenommen haben, riefen die unablässigen Anforderungen, die diese Anstrengung mit sich brachte, außerordentliche Erkenntnisse hervor. Arbeitsplätze im Kinderteam waren sehr begehrt, vielleicht weil hier einigen von uns geholfen wurde, selbst erwachsen zu werden.

Jahrzehnte, nachdem ich diese Erfahrungen machen durfte, kam der Anstoß zu diesem Buch von Michel de Salzmann, der Präsident des Gurdjieff-Instituts geworden war und die Arbeit seiner Mutter Jeanne fortführte. Eines Tages setzte er sich während eines Seminars neben mich und sagte: »Du bist eine Schriftstellerin? Dann schreib doch etwas über das Werk.«

»Aber ich habe Gurdjieff nie persönlich kennengelernt«, wandte ich ein, »und Leute wie P.D. Ouspensky und Maurice Nicoll haben ohnehin schon alles beschrieben.«

Er blieb hartnäckig: »Du hast deine eigene Sprache und sie klingt nicht langweilig. Schreib von deinen eigenen Erfahrungen.«

»Aber worüber soll ich denn schreiben?«, fragte ich.

Er gab keine Antwort.

Als ich ihn im darauffolgenden Jahr wieder traf, fragte ich ihn, ob ich über unsere Arbeit mit den Kindern schreiben solle. Er nickte. Ermutigt erzählte ich ihm, dass ich vorhatte, alle Leute, die an der »Arbeit mit den Kindern« beteiligt gewesen waren, zu interviewen und ihre Erinnerungen entweder als historisches Dokument oder als Praxishandbuch zu bearbeiten.

»Aber das wäre Journalismus«, sagte er. Sein Ton ließ keinen Zweifel daran, dass Journalismus nicht das war, was er sich vorgestellt hatte. »Schreib deine eigene Geschichte – was mit dir geschah und mit deiner eigenen Stimme – und arbeite dabei die Prinzipien heraus.«

»Aber ich kenne keine Prinzipien«, wandte ich ein. »Wir haben ständig alles hinterfragt.«

»Finde sie in deinen Geschichten«, antwortete er.

Was also habe ich da genau gesagt? Was bedeutete es? Ich musste genauer und gewissenhafter hinschauen, so als trüge ich die Verantwortung für den schriftlichen Pfad, den ich hinterlassen würde.

Im Verlauf der Jahre half er mir in New York und in Chandolin, in der Schweiz, meine vielen Entwürfe zu bearbeiten. Er gab mir den Mut, dieses Buch abzuschließen.

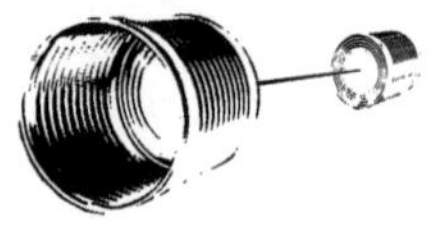

Fragen

Bevor wir die Kinder vor Herausforderungen stellen konnten, mussten wir uns selbst herausfordern

Wer waren wir? Was taten wir und was waren unsere Ziele? Wer waren die Kinder, mit denen wir arbeiteten? Wir bemühten uns zu verstehen, was unsere Verantwortung als Elternteil und als Teammitglied war.

Dies zu studieren, wurde mir zu einer Lebensader, die mir dabei half, mich während verschiedener Schicksalsschläge über Wasser zu halten: bei der Krankheit meiner Eltern, beim Tod meines Ehemannes und auch beim Abbruch des Hauses, in dem ich gelebt hatte. Gurdjieffs Ermahnung erwies sich nun als richtig: Je härter die Umstände, desto besser sind sie für die Arbeit, vorausgesetzt jemand strengt sich an. Und genauso war es: Diese schwierigen Zeiten wurde zu Wachstumsperioden. Das Studieren der Kinder war etwas Objektives, das Ordnung, Hoffnung und Augenblicke der Klarheit brachte, die mein Leben veränderten.

Die folgenden Auszüge stammen aus unseren wöchentlichen Teammeetings und den regelmäßigen Studiengruppen mit den Eltern. Alle teilten ihre Fragen und Entdeckungen mit den erfahreneren Teammitgliedern und wurden insbesondere auch von Jeanne de Salzmann inspiriert. Wenn wir mit Zweifeln oder Unstimmigkeiten ankamen, mussten wir darüber sprechen. Hier einige unserer Fragen und die darauf gegebenen Antworten:

Inwiefern kann ich Verantwortung übernehmen?
Zumindest sind wir dafür verantwortlich nachzudenken.

Ich muss sehr darum ringen, dass jener Teil in mir, der die größte Verantwortung trägt, gewinnt. Wie kann ich das tun?
Wir sind allzu passiv, was unsere Kinder betrifft. Wir müssen anfangen, ihnen gegenüber aktiver zu werden. Sie sind das Ergebnis unserer Anstrengungen. Wir geben ihnen nicht genug von uns selbst, weil wir faul sind und die Spanne unsere Aufmerksamkeit

zu kurz ist. Oft lassen wir es durchgehen, wenn sie etwas tun, was sie nicht tun sollten, oder aber wir bestrafen sie, wenn es gar nicht nötig ist. Wir sollten nur wirkliche Verdienste belohnen. Gleichzeitig müssen wir bereit sein, mehr gemeinsam mit unseren Kindern zu unternehmen, anstatt sie zu passiven Beschäftigungen wie Fernsehen zu ermutigen.

Ich habe erkannt, wie mein automatisches Vorgehen eine vorhersehbare Antwort hervorruft. Als ich es mir verkniff, etwas wie sonst üblich zu fordern, war auch die Antwort anders.
Willst du es morgen nochmals ausprobieren? Wird es wohl dasselbe sein? Es gibt keine Methode. Es ist die Beziehung, für die wir arbeiten. Ich vergesse so leicht, dass ich eine Rolle zu erfüllen habe. Gewohnheitsmäßige Aufforderungen entspringen meiner Vorstellung davon, wie das Kind zu sein hat, was so ziemlich das Gegenteil dessen ist, was die Elternrolle eigentlich verlangt. Unsere Einstellung muss eine andere werden. Wir müssen diese Beziehung wollen. Sie muss uns wichtiger sein als die Frage, ob das Kind sich die Zähne geputzt hat oder nicht. Lerne, auf eine Eingebung zu warten, die dir sagt, wie es sein sollte, wie du sein und was du tun solltest. Es wird nicht immer das Gleiche sein.

Ich sehe, dass mein Kind mehr als sein Körper ist; sein psychisches Leben braucht genauso Aufmerksamkeit. In der Regel spüre ich keine Verantwortung für die Entwicklung des ganzen Kindes.
Für das rein Äußerliche Verantwortung zu tragen, ist das Ziel im normalen Leben. Wir sind die Eltern, und weil die Kinder niemand anderes haben, auf den oder die sie schauen können, sind wir ebenso für ihr inneres Leben verantwortlich. Aber wir nehmen dies nicht ernst genug. Irgendwie fühlen wir uns verantwortlich und irgendwie doch nicht. Das Kind wächst irgendwie auf, unabhängig davon, ob wir den richtigen Platz in diesem Prozess einnehmen.

Ich erkenne, dass ich mich um das Äußere meiner Tochter sorge. Meine Aufmerksamkeit wird immer von ihrem Körper und dessen Bedürfnissen gefangen genommen: Hat sie genug zu essen? Ist sie müde? Ist sie verletzt? Um ihre inwendigen Bedürfnisse sorge ich mich nicht. Die Übung zu beobachten, was meine Aufmerksamkeit anzieht, ließ mich erkennen, wieviel Gewicht ich auf das Äußerliche lege.

Die Kinder sind in ihrem Funktionieren bereits aus dem Gleichgewicht, doch wir betonen dieses Ungleichgewicht die ganze Zeit noch dadurch, dass wir einen Akzent darauf legen, was ohnehin schon deutlich ausgeprägt ist, und den Rest ignorieren. Wir müssen das individuelle Kind studieren. Von woher handelt ein Kind? Welche Teile offenbaren sich in ihm: Ist es der Instinkt, der Antrieb, das Gefühl, der Körper, der Verstand? Welcher Teil überwiegt? Was fehlt? Was passiert, wenn das Kind gebeten wird, uns zu gehorchen? Das Kind will etwas von uns. Da ist ein Ruf. Welcher Teil ist es, der ruft?

Wie wir uns zum Kind verhalten, ist geprägt durch unser Verhaftetsein an unserem Selbstverständnis und durch die Vorstellung, die wir vom Kind haben. Wir müssen versuchen, unvoreingenommener zu schauen, als ob es das Kind von jemand anderem und nicht unser eigenes wäre. Was ist zu tun, wenn das Kind als Folge eines inneren Kampfes offener ist? Was braucht das Kind wirklich? Wenn sie Schwierigkeiten überwunden haben, sind Kinder aufnahmefähiger. Was dann?

Worin sind die Kinder wirklich von mir abhängig?
Sie sind insofern von uns abhängig, als dass wir ihnen helfen können, ihre Fehler und ihre Schwächen zu überwinden. Das Allerwichtigste, das ein Kind aus der Arbeit lernen kann, ist die Fähigkeit, in späteren Jahren die Wahl zu haben, ob es sich anstrengen will oder nicht. Da der Kampf zwischen Ja und Nein ohnehin immer weitergeht, bereitet die Arbeit die Kinder darauf vor, sich für das Ja zu entscheiden und diesem Ja zu helfen. Alles andere kann auch auf herkömmliche Art und Weise im normalen Leben erlernt werden. Diese Entscheidung für die Anstrengung kann unter besonderen, für die Kinder vorbereiteten Umständen entwickelt werden und die Kinder dazu befähigen, authentisch und unabhängig zu werden und später als Erwachsene ihr eigenes Leben führen zu können.

Was ist mein wirklicher Wunsch für mein Kind? Was sind die Mittel, das zu bewerkstelligen?
Die Kinder tragen einen Prüfstein für das Wahre in sich. Sie werden rein und essenziell geboren und müssen mit der Zeit mehr und mehr weltliche Last übernehmen. Wünschen wir uns für sie, dass sie den Sinn ihres Geborenseins, ihres Lebens und ihres Sterbens

finden? Und wie stehen wir zu diesen Fragen? Die Kinder werden bald groß geworden sein. Was für eine Art von Erwachsenen werden sie sein? Wir müssen versuchen, bei der Betrachtung unserer Kinder unseren Verstand einzubringen. Bestimmte Impulse können den Kindern in diesem Lebensabschnitt nur von ihren Eltern vermittelt werden.

Wir müssen es uns zur Aufgabe machen, jeden Tag zehn Minuten darüber nachzudenken, wie wir uns ihnen gegenüber aktiver verhalten können. Und wir müssen uns dieser Absicht viele Male am Tag erinnern.

Ich muss die Diskrepanz zwischen meiner notwendigen Rolle und dem, wie ich tatsächlich bin, erkennen. Ich versuche, die Idee des Bildes zu analysieren und wie es aufgebaut ist.
Wir sollten versuchen, auf einer tieferen Ebene zu verstehen, weshalb unsere Kinder immer zur unpassendsten Zeit etwas von uns einfordern, nämlich dann, wenn wir müde sind, beschäftigt und so weiter. Was steckt dahinter? Ich habe mir ein Bild von meinem Leben gemacht. Ich weiß nicht mehr, wie ich zu dieser Vorstellung gekommen bin, aber nun glaube ich an dieses Bild davon, was für eine Art Person ich bin und wer die Kinder sind. Wenn jemand nicht so über mich denkt, wie ich gesehen werden will, mag ich ihn oder sie nicht. Ich schließe diese Person aus.

Wie kann ich mein Kind vor Enttäuschungen bewahren?
Wenn Kinder unglücklich sind, fühlen wir uns beunruhigt. Wir wollen immer, dass sie glücklich sind. Wir lassen ihnen keine freie Hand, ihre eigenen Erfahrungen zu machen. Wenn sie manchmal mit einer Frage zurückgelassen werden – »in Galoschen zurückgelassen werden« [wie Gurdjieff zu sagen pflegte] –, könnte dies vielleicht die beste Sache für sie sein.

Gibt es etwas, das wir sofort tun sollten?
Wir müssen uns gedanklich mit unseren Kindern beschäftigen. Ihr ganzes Wesen braucht einen Erziehungsprozess. Selbstverständlich sind wir dieser Aufgabe nicht gewachsen, aber die Arbeit daran wird Früchte tragen. Es gibt zwei Strömungen. Wir wissen darum. Aus einer großen Anstrengung entspringen eine große Energie und ein großes Lebensgefühl. Wir geben den Kindern die Chance, diese doppelte Möglichkeit zu erfahren.

Wir müssen die Arbeit mit Kindern als Ausgangspunkt einer Suche verstehen. Es geht darum, wie wir ihnen gegenüber sind.

Was muss ich dabei tun?
Manches müssen wir tun, manches ist nicht unsere Aufgabe. Wir bringen beides durcheinander. Wir fallen zurück in unsere gewohnheitsmäßige Haltung. Das Problem unserer Erziehung ist, dass wir alles auf der Grundlage von Richtig oder Falsch betrachten. Wir neigen dazu, einen moralischen Ton hineinzubringen. Aber wir müssen uns dieser Falle bewusst sein, sodass die Kinder ihre eigene Erfahrung machen können. Wir müssen im Auge behalten, was jetzt gebraucht wird. Sie öffnen sich uns, wenn sie unseren Wunsch für sie spüren, unser Interesse für sie, unsere Aufmerksamkeit für sie. Dieses Elterngefühl ist spürbar und die Kinder wollen das. Aber Kinder wollen nicht das Sentimentale. Kinder sind nicht annähernd so sentimental, wie wir es sind. Ein Gefühl von Verbundenheit sollte die ganze Zeit über da sein.

Kann ich für das, was mein Kind braucht, wirklich wach sein? In neun von zehn Fällen reagiere ich nur.
Ich identifiziere mich mit meinem Kind mehr als mit irgendetwas anderem. Mein Urteil ist verzerrt. Ich kann nicht objektiv sein. Ich ziehe mich zurück und gebe dem Kind nicht, was es braucht. Kinder reagieren derart schnell auf Hilfe oder Zurückweisung. Sie verschließen sich augenblicklich, wenn ich nur gewohnheitsmäßig reagiere, und öffnen sich sofort, wenn ich mich anstrenge.

Was ist mit Lügen?
Es gibt feige Lügen, um sich selbst vor einer Bestrafung zu bewahren, und mutige Lügen, um etwas Wertvolles zu beschützen. Die Kinder kennen den Unterschied ganz genau.

Was meine Aufmerksamkeit betrifft, so merke ich, dass mir die Anliegen meiner Kinder nicht wichtiger sind, als die Wäsche zu erledigen oder zu kochen. Sie können meine Aufmerksamkeit nicht wecken, wenn ich mit etwas beschäftigt bin, das mir wichtig erscheint.
Das Kind zieht unsere Aufmerksamkeit erst dann auf sich, wenn es etwas tut, was unserem Ego zuwiderläuft. Anstatt dass wir unsere Rolle verstehen, senden wir unbewusst alle Nuancen unseres Egos aus, insbesondere unsere negativen Gefühle. Bewusste Erziehung

ist das Gegenteil von automatischen Reaktionen wie schlechte Stimmungen, Gier und so weiter. Verantwortlich sein bedeutet, für meine Manifestationen Verantwortung zu tragen; doch ich erkenne, dass ich das nicht vermag. Es gibt nur wenige Momente, in denen ich überhaupt spüre, dass ich verantwortlich sein sollte.

Die Probleme meines Kindes werden für mich erst dann lebendig, wenn ich beobachte, dass sie eine Reflexion meiner eigenen Probleme sind.
Wir erkennen die wahren Probleme des Kindes nicht, weil uns dabei das Bild, das wir von uns selbst haben, im Weg steht. Wir können nicht davon reden, dass wir unsere Kinder lieben. Wir reagieren emotional auf sie, aber dies muss hinterfragt werden. Es könnte meinem Wunsch nach Erfolg entspringen, meinem Ego, meiner Unsicherheit, meiner Gier. Die Kehrseite davon ist, dass die Kinder mich stören. Sie beeinträchtigen das Bild, das ich von ihnen habe. Ich bin für sie da, wenn *ich* dazu bereit bin, nicht wenn *sie* es möchten. Sind sie mir wirklich wichtig? Weiß ich, was auf dem Spiel steht?

Was wollen die Kinder von uns?
Was das Kind wirklich von uns will, ist, dass wir etwas von ihm fordern, dass wir ihm helfen, seine Schwächen zu besiegen, derer es sich bereits bewusst ist und wegen derer es sich hilflos fühlt. Wenn eine stimmige äußere Anforderung an das Kind gestellt wird, hilft ihm dies, gegen seine Trägheit, seinen Unwillen oder seine Abneigung anzukämpfen. Schwächen dieser Art sind auch die Quelle seiner Unausgeglichenheit. Indem wir das Kind also auffordern, sich solchen Schwächen entgegenzustellen, helfen wir ihm, seine Balance zu finden. Wenn das Kind seine Schwächen und Schwierigkeiten überwunden hat, ist es mit sich selbst mehr im Gleichgewicht. Die Reaktion ist Dankbarkeit.

Einige der vielen weiteren Fragen, die von Eltern gestellt wurden:

Wie kann ich den Impuls vermitteln, etwas auszuprobieren oder sich anzustrengen, wenn ich ihn in mir selbst nicht spüre?

Wie lerne ich zu warten, anstatt mich vorschnell einzumischen?

Was versuchen die Kinder auszudrücken, wenn sie sprechen?
Was können wir den Kindern sagen, damit in ihnen der Wunsch zu arbeiten entsteht?

Was hält mich davon ab, mich an meine Absicht zu erinnern?

Wie kann ich die Fallstricke des Zwingens und Einredens vermeiden?

Was nimmt meine Aufmerksamkeit gefangen?

Was kann mir dabei helfen zu verstehen, dass Kinder eher aus instinktiven, lebendigen und emotionalen Reaktionen heraus handeln statt aufgrund von Logik?

Haben Kinder weniger Assoziationen? Verstehen sie die Dinge wortwörtlicher?

Wie kann ich mit ihrem rasanten Tempo, das so viel schneller ist als meins, Schritt halten?

Warum entwickeln Kinder Interesse an etwas?

Sind Kinder einverstanden mit dem Ziel der Arbeit?

Warum können wir nicht natürlicher mit unseren Kindern umgehen?

Wie kann ich aufnahmefähiger werden?

Wir lieben die Kinder mit unserer Persönlichkeit. Wie können wir sie mehr mit unserer Essenz lieben?

Wozu erziehen wir sie? Was wünschen wir uns für sie, wenn sie aufgewachsen sind?

Welche Beziehung haben wir untereinander, zu unseren eigenen Eltern, Lebenspartnern und Geschwistern?

Themen

Einige Fragen für Gespräche am Mittagstisch

Diese Themen waren dazu gedacht, einen Prozess des Fragens und der freien Konversation anzustoßen. Nichts, was die Kinder sagten, wurde mit »richtig« oder »falsch« etikettiert; alles waren Meinungen, die frei geäußert und respektiert wurden. Die Kinder sollten dadurch zum Nachdenken angeregt werden.

Wer, was, wo ist Gott?

Warum gibt es Kriege?

Was ist Magie? Gibt es so etwas überhaupt?

Gibt es Gespenster wirklich?

Wie würde ich vorgehen, wenn ich mir auf einer einsamen Insel ein Haus bauen müsste? Was wäre das Erste, was ich zu tun hätte?

Wenn ich mit einem Kameraden oder einer Kameradin arbeite, kann ich mich selbst nicht sehen; aber ich kann erkennen, wie ich für die anderen aussehe, wenn ich ihn oder sie betrachte. Alles, was ich in meinem Teamkameraden sehe und nicht mag, erinnert mich daran, dass ich genau dies in mir selbst bekämpfe.

Notizen über Gespräche mit älteren Teenagern

Symbolisch gesprochen müssen Kinder auf dem Weg ins Erwachsenenleben durch eine Initiation gehen. In unserer Kultur ist dieses Ringen um das Erwachsenwerden selbstinitiiert. In einer Umgebung des Gruppendrucks können diese Bemühungen die Form riskanten Verhaltens annehmen. Die mythischen Prüfungen, mit denen sich die großen Helden konfrontiert sahen, gaben den älteren Kindern den Anstoß, sich selbst zuzutrauen, etwas Schwieriges und Nobles zu unternehmen.

Die dafür verantwortlichen Erwachsenen hielten für die älteren Kinder und Teenager eine Reihe von Vorträgen über bemerkenswerte Ausflüge und Reisen, die von bedeutungsvollen Menschen, wie Moses, Jason, Odysseus, Schwarzer Elch, Milarepa und so weiter, unternommen worden waren. Eine weitere Vortragsreihe widmete sich dem Thema Initiation: die zwölf Aufgaben des Herkules, Daniel und die Löwen, David und Goliath, Initiation zum Ritter, der Gral, Mullā Nasreddīn, die indianischen Rituale Potlatch und Popol Vuh sowie Zen-Geschichten.

Teenager sind in einem Alter, in dem das Leben viele Verlockungen für sie bereithält, sie gleichzeitig aber auch abstößt. Im Gespräch mit ihnen versuchten wir, das Gefühl des Kampfes zweier Mächte mit ihnen zu teilen, und halfen ihnen zu verstehen, wie beide Strömungen gleichzeitig erforscht werden können.

Einige der Aufgaben und Fragen für ältere Teenager

Was hält mich davon ab, auf die Art mit Leuten zusammen zu sein, wie ich es eigentlich möchte?
Ein ausgefallenes Kleidungsstück anziehen, was ich normalerweise niemals tragen würde. Meine Angst davor, was sie von mir denken könnten. Ich bin ein Sklave der Leute, dabei möchte ich doch frei sein. Du trägst etwas Merkwürdiges, weil du weißt, dass es schwer ist, sich aus dieser Sklaverei, was andere Leute denken, zu befreien. Bewahre es als dein Geheimnis; niemand darf wissen, dass es deine Aufgabe ist.

Kann ich bemerken, wie oft ich jemanden oder eine Arbeit nicht mag?

Kann ich bereit sein, bevor ich gerufen werde?

Kann ich mir selbst befehlen, mit einer Arbeit weiterzumachen, wenn etwas in mir aufhören will?

Kann ich dem Befehl, den ich mir selbst gegeben habe, für eine längere Zeit Folge leisten?

Kann ich verantwortlich sein? Warum kann ich es nicht? Habe ich Angst, zur Rechenschaft gezogen zu werden?

Kann ich den ganzen Morgen über mit meinem Partner zusammen arbeiten, ohne etwas ohne ihn zu entscheiden, auch wenn es eigentlich einfacher wäre, allein zu arbeiten?

Gibt es ein Geheimnis im Leben, das herausgefunden werden kann? Willst du es wirklich herausfinden?

Themen für Kinder im Alter zwischen zehn und dreizehn Jahren

Die Kinder waren immer an einem Test interessiert – nicht um sich aneinander zu messen, sondern um ihre eigenen Grenzen zu erweitern. Es eröffnete ihnen einen Weg, sich selbst herauszufordern.

Unsere Vorstellung war es nicht, dass die Erwachsenen die Kinder auf die Probe stellten, sondern dass die Kinder, wie die Helden in den alten Sagen, sich den Prüfungen des Lebens unterziehen sollten, um daran zu wachsen. Ein Held wählt seine eigene Prüfung, und wir gaben den Kindern die Möglichkeit, sich selbst zu prüfen.

Warum komme ich hierher?
Ich spüre, dass hier etwas Interessantes geschehen kann, insbesondere wenn ich versuche, meine Aufgabe auf eine besondere Art und Weise zu erledigen.

Ich möchte wissen, was meine Hände tun, worauf meine Füße treten. Es interessiert mich, wie sich meine Füße bewegen, worauf ich stehe. Trete ich gerade auf ein Stück meiner eigenen Arbeit, das heruntergefallen ist? Oder trample ich auf einem Kleidungsstück von jemand anderem herum?

Wie gehe ich an jemandem vorüber oder wie sitze ich neben ihr oder ihm? Bemerke ich überhaupt, dass diese Person da ist?

Wie schlägt der Hammer auf? Bin ich mir bewusst, wie ich die Materialien, meine Werkzeuge, das Essen berühre? Weiß ich, was mein Körper tut?

Um das Unmögliche zu erreichen, ist es notwendig, dass ich eine bestimmte Haltung einnehme: aufrecht in mir stehen, den ganzen Tag über. Keine Ermahnungen durch oder an irgendjemanden. Jeder muss sich um die eigene Sache kümmern.

Kann ich mich mit dem Handwerk, mit dem ich gerade beschäftigt bin, stärker verbinden? Was fordert es von mir? Wenn ich das Interesse verliere: Hat es mit der Arbeit oder mit mir zu tun?

Weitere Fragen

Was nehme ich mir vor zu tun? Was davon erreiche ich?

Können wir das, was wir tun, versuchen, perfekt zu tun? Kann ich mein eigener Richter sein und mich die Dinge, falls sie nicht gut sind, nochmals neu tun lassen?

Kann ich eine Aufgabe, die ich nicht mag oder von der mir ein Teil nicht besonders gefällt, so gut ausführen, als ob ich sie mögen würde? Interessen und Vorlieben sind dasselbe.

Kann ich für den Anfang, die Mitte und das Ende einer Aufgabe die Verantwortung übernehmen?

Hindernisse tauchen auf, wenn ich etwas möchte. Wo kein Wunsch ist, gibt es auch keine Hindernisse. Was wünsche ich mir?

Kann ich erkennen, was notwendig ist, bevor es mir gesagt wird?

Was geschieht mit meiner Arbeit, wenn mich jemand unterbricht? Und was passiert mit mir?

Kann ich besser oder schneller arbeiten als zuvor?

Wenn mir Anweisungen gegeben werden, kann ich sie genau befolgen?

Themen für Kinder zwischen sieben und zehn Jahren

Wir kommen hierhin, um stärker zu werden. Wenn mir nach Aufhören ist, kann ich dann trotzdem weitermachen?

Wir sehen, dass das Leben voller Rätsel ist. Alles ist ein Rätsel: die Maschine, der Teller mit dem Essen... Wie wurde es hergestellt, wie ist es zu dem geworden, was es ist?

Ich mache mit und plötzlich ist da etwas, was ich nicht kenne. Die unbekannten Dinge sind dazu da, dass ich mich selbst trainieren kann: meine Hände, meine Augen, meine Ohren, sogar meine Nase und meinen Mund. Alles ist eine Tür, die geöffnet werden muss. Alles muss offen sein.

Manchmal habe ich jemanden, der mir sagt, was ich tun muss – manchmal nicht. Manchmal erkenne ich den nächsten Schritt, ohne dass ich fragen muss.

Es gibt verschiedene Arten von Arbeiten: solche, die ich mag, und solche, die ich nicht mag. Ich muss beide Arten so gut wie möglich ausführen, nicht einfach auf die alte Art und Weise.

Eine Aufgabe muss erledigt werden. Wie ist meine Arbeit, wenn ich eine Aufgabe erledige, die ich mag? Wie ist sie, wenn ich die Aufgabe nicht mag? Lasse ich mich von meinen Vorlieben und Abneigungen beeinflussen?

Was passiert mit mir, wenn ich: »etwas nicht tun will«, »etwas nicht mag«, »nicht weiß wie«?

Wenn die Arbeit nicht gut gemacht wurde, muss sie nochmals gemacht werden.

Vom Umgang mit Fehlern

Fehler beheben. Fehler nicht beheben.

Können wir das zweite, dritte oder vierte Mal genauso gut arbeiten?

Wie gehen andere mit Fehlern um? Können sie mir helfen, mit meinen eigenen besser umzugehen?

Ich arbeite, so gut ich kann, dennoch weiß ich nicht, wie es zu machen ist. Dann kommt jemand, der Bescheid weiß und es mir erklärt. Was tue ich dann?

Wenn ich, so gut es geht, arbeite, aber ich einen Fehler erkenne, was tue ich? Sag ich einfach: »Schade«?

Aus einem Gespräch am Mittagstisch: Hat irgendjemand heute Morgen irgendeinen Fehler gemacht? Was war der schlimmste Fehler, den ihr je gemacht habt?

Fehler zu machen, kann besser sein, als sie nicht zu machen, weil wir daraus etwas gelernt haben.

Reisen

Den Beschluss fassen, gemeinsam zu beginnen.

Wenn ich den Erwachsenen folge, sehe ich, dass sie vor uns sind. Vielleicht können wir sie einholen, vielleicht sogar überholen.

Was wird für diesen Ausflug gebraucht? Welche Leute können die Reise mitmachen? Was sollen wir einpacken? Bin ich zu klein?

Versuchen, auf dem Weg zu bleiben, den Pfad zu finden, ihn nicht zu verlieren.

Ich habe vergessen, warum ich abgebogen bin oder eine andere Straße gewählt habe. Warum habe ich mich verirrt?

Ich helfe den anderen, indem ich sehe, was meine Teamkameraden brauchen. Ich arbeite nicht nur für mich selbst, sondern auch für meine Reisegefährten.

Uns gegenseitig erinnern, warum wir diesen Ausflug unternehmen: um etwas herausfinden, was in der Schule nicht gelehrt wird.

Ich will etwas zu Ende führen, das »größer ist, als ich es bin«.

Den Gesetzen der »größeren Reise« folgen.

Der Welt oder einem neuen Land begegnen.

Verantwortlich sein

»Auf sich selbst« gestellt sein.

Mit jenem Teil ringen, der nicht arbeiten will.

Irgendetwas gehorchen wir immer: Wem oder was gehorche ich? Kann ich mir selbst gegenüber ungehorsam sein?

Ich hänge gerne meinen Tagträumen nach. Kann ich dagegen etwas tun?

Wenn ich Fragen bezüglich meiner Arbeit habe: Kann ich die Antworten selbst herausbekommen?

Grundsätze

Die folgenden Grundätze konnten wir nicht fixfertig irgendeiner Theorie entnehmen; sie wurden in Jahren des Fragens, des Studierens, des Ausprobierens destilliert:

Verbindung ist das Allerwichtigste: Wie bist du verbunden?

Das Praktische steht höher als das Theoretische.

Achte die innere Welt des Kindes.

Vertraue dem Kind.

Glaube an die Fähigkeit des Kindes.

Kreiere eine Herausforderung, die es dem Kind erlaubt, über sich hinauszugehen – Kinder hungern nach Herausforderungen.

Strebe nach Vortrefflichkeit.

Schaffe Raum für das Unerwartete und heiße es willkommen.

So etwas wie »wenn doch nur« gibt es nicht. Beginne mit den Dingen, so wie sie sind. Akzeptiere dich selbst, so wie du bist.

Gebe nichts Vorgefertigtes; alles muss aus dem Wunsch des Kindes kommen.

Nichts ist schwierig; nur unsere Gedanken machen es dazu.

Was andere tun, zählt nicht. Ergebnisse zählen nicht. Nur der Versuch zählt.

Arbeite, *als ob* du bewusst wärest.

Was ein Mensch tun kann, können auch andere tun.

Organisiere große Veranstaltungen.

Erinnere dich daran, wie es sich anfühlte, ein Kind zu sein.

Sei ehrlich zu den Kindern.

Schließe dich den Bemühungen der Kinder an.

Liebe die Arbeit um der Arbeit willen, nicht wegen ihren Ergebnissen.

Verlasse dich auf den Augenblick; öffne dich für das, was geschieht.

Spar dein Bestes nicht für später auf.

Sei großzügig.

Höre zu: Lass die Fragen lebendig bleiben.

Die Arbeit muss echt sein.

Bestätige das Wesen des Kindes.

Eine unvollständige Chronologie

Die ersten fünfundzwanzig Jahre

Auf der ganzen Welt experimentierten Gurdjieff-Gruppen mit sinnvoller Arbeit für Kinder, und die Formen variierten. In vielen Städten umfassten die Wochenendaktivitäten Theater, Handwerk, Musik und praktische Arbeit, angefangen von Bauarbeiten bis zum Kochen. Jeanne de Salzmanns Tochter Nathalie De Salzmann de Etievan [1917–2007] gründete 1974 einen Kindergarten in Venezuelas, das *Colegio Los Hipocampitos,* das bald um eine Grundschule und danach um eine weiterführende Schule ergänzt wurde. Heute gibt es Schulen in Argentinien, Brasilien (*Escola Leonardo da Vinci*), Chile (*Colegio Etievan*), Kolumbien (*Colegio Encuentros*), Ecuador (*Centro Educativo Etievan de Quito*) und Peru (*Colegio Leonardo da Vinci*). In der französischen Provence bauten Kinder einen Bauernhof aus dem siebzehnten Jahrhundert zu einem Zentrum für Sommeraktivitäten für Acht- bis Achtzehnjährige um. In den Vereinigten Staaten wurde von Annie Lou Staveley die *Two Rivers Farm School* in Aurora, Oregon, gegründet, und Peggy Flinsch organisierte die *Blue Rock Elementary School* in White Plains, New York. Alle diese Einrichtungen unterstützen die Idee, das Kind in seiner Gesamtheit auszubilden.

Wir verschrieben uns dem Grundsatz, dass die Arbeit wirklich sinnvoll sein musste und dass Trägheit und Untätigkeit durch das Bewältigen von Herausforderungen überwunden werden konnten. Diese Bedingungen treffen zwar auf viele Gruppen zu, die mit Kindern arbeiten. Aber da wir Studierende von Gurdjieffs Ideen waren, schien es uns, dass unsere besonderen Bemühungen mit uns als Team etwas zu tun haben sollten. Wir wollten besondere Umstände schaffen, um Probleme zu lösen und Ideale zu fördern, die auch uns Erwachsene betrafen. Das war etwas anderes als nur Kinderbetreuung.

Da das Erwachsenenteam für die Arbeit mit den Kindern zentral war, wurde auf dessen Zusammensetzung viel Sorgfalt gelegt. Einfach nur ein Elternteil zu sein, reichte bei Weitem nicht aus, ebenso wenig wie eine sentimentale Art, Kinder zu mögen. Das Team setzte sich aus Menschen zusammen, die offen und direkt in ihrer Beziehung mit Jüngeren sowie untereinander waren oder es sein konnten, aus Leuten, die ohne herablassend zu sein, mit Kindern reden konnten. Handwerkerinnen und Handwerker waren nützlich, und so gehörten dem Team ausgezeichnete Schreiner, Töpfer, Weber und Musiker an. Diejenigen, die kein Handwerk beherrschten, erlernten eins.

Obwohl die Arbeit mit den Kindern anspruchsvoll war, bemühten wir uns, nicht zu ernst zu sein. Wir feierten bei jeder möglichen Gelegenheit Feste, die Wochenenden mit Übernachtungen einschlossen. Die Samstagabende waren immer etwas feierlicher; häufig gab es ein besonderes Essen, gebackene Köstlichkeiten, Improvisationen, Spiele und Musik. Alle Ernsthaftigkeit war stets mit viel Lachen unterlegt, und alles Gelächter hatte immer einen ernsthaften Hintergrund.

—

Samstagmorgens saßen die Kinder meistens auf dem Boden in der Eingangshalle der Gurdjieff-Stiftung in New York und hörten sich Geschichten, Mythen oder Volkssagen an, bevor ihre »Bewegungsklasse« begann, in der sie die *movements* erlernten, die besonderen, von Gurdjieff entworfenen rhythmischen Übungen. Es gab drei Gruppen: eine für die Fünf- und Sechsjährigen, eine für die Sieben- bis Zehnjährigen und eine für die Kinder kurz vor dem Teeangeralter bis sechzehn Jahre. Zur Gruppe gehörten immer einige junge Erwachsene, die diese Übungen erlernt hatten und die Klassen anleiteten. Die Kinder wurden gebeten, in einem bestimmten Rhythmus zu marschieren, sich eine vorgeführte Sequenz von Armhaltungen zu merken, eine schwierige Körperstellung zu halten, sich rechtzeitig weiterzubewegen und auf Anweisung loszurennen und wieder innezuhalten. Sie mochten es, auf diese Art gefordert zu werden und einen Schritt weiterzugehen, als sie es für möglich gehalten hatten.

Mit ein wenig Hilfe der Erwachsenen bereiteten die Kinder anschließend eigenständig ein riesiges Mittagessen für alle zu, die bleiben wollten. Obwohl das Haus von Lehrern, Eltern sowie einem freiwilligen Türsteher ziemlich voll war, wurden die Kinder von niemandem herumkommandiert. Die Eltern, die mitarbeiteten, gaben sich Mühe, die Anstrengungen der Kinder bewusst zu achten, sodass eine Atmosphäre entstand, in der die Kinder weniger Angst hatten, Fehler zu machen, wenn sie neue Dinge ausprobierten.

Sonntags und an einigen Wochenenden fand die »Arbeit mit den Kindern« im Corey Lane Cottage in Franklin Farms statt. In der Regel waren dort acht Erwachsene und nicht mehr als fünfundzwanzig Kinder, sodass wir nicht »überrannt« wurden. Obwohl das Programm eigentlich für Kinder zwischen sieben und siebzehn Jahren konzipiert war, nahm ab und zu auch mal ein jüngerer Bruder oder eine jüngere Schwester daran teil.

1962 wurden wir von der Gurdjieff-Stiftung in New York eingeladen, einen ungefähr zwei Meter hohen Hühnerstall in Franklin Farms für unsere Zwecke zu renovieren, und so packten wir unsere Ausrüstung in dem engen Cottage zusammen und zogen an diesen neuen Ort, dem wir sogleich den Namen »Langhaus« gaben. Damit nahmen wir Bezug auf die Bauten der Irokesen-Indianer; mich erinnerte es allerdings mehr an ein Segelschiff. Das Glasdach flutete das Gebäude mit Licht. Mit dem offenen Himmel über uns schien einfach alles möglich.

Nach einigen Jahren in unserem wunderschönen und luftigen Hauptquartier im Langhaus zog die »Arbeit mit den Kindern« mit den Erwachsenen weiter, dieses Mal auf ein neues Landgut in Armonk, New York. Uns wurde damit die Möglichkeit geboten, nochmals ganz neu anzufangen, und so bauten wir dort eine große Garage mit Steinfußboden, ohne Heizung und nur spärlichen sanitären Anlagen zu unserem neuen Hauptquartier um. Mit der Zeit installierten die Kinder Holzböden, Fenster, warmes Wasser sowie eine Heizung. Sie lernten, elektrische Leitungen zu verlegen, Fenster einzusetzen und Wände zu isolieren. Dank ihrer Arbeit wurde der »Untere Schuppen« wohnlich und zu etwas, was uns gehörte.

Chronologie

1956 Die Kindergruppen starten in Franklin Farms, Mendham, New Jersey.

1957 Die Arbeit beginnt in Peggy Flinschs Wohnung und in anderen privaten Unterkünften in New York City.

Juni 1957	Das erste Kinder-Theaterstück wird aufgeführt.
Februar 1958	Die »Arbeit mit den Kindern« beginnt im Corey Lane Cottage in der Nähe von Franklins Farms.
Mai 1958	Zwei Theaterstücke werden aufgeführt.
Dezember 1959	Kinderfest im Corey Lane Cottage.
Mai 1961	Puppenspiel an der East 61st Street: *Prinz, Prinzessin, Hexe.*
Juni 1992	"Corey Lane"-Festival: *Zweiundzwanzig Kobolde.*
August 1962	Zwei Wochen »Arbeit für Kinder und junge Erwachsene« in Franklin Farms und im Corey Lane Cottage.
Dezember 1962	Weihnachtsfeier im Langhaus in Franklin Farms.
Juni–Juli 1963	Erster Ausflug mit sieben Kindern zur Fledermaushöle in Bat Cave, North Carolina.
September 1963	Die »Arbeit mit den Kindern« in der Gurdjieff-Stiftung New York beginnt mit *movements* und Handwerk.
Mai 1964	Offene Klasse der Kinder-*movements.*
November 1964	»Arbeit mit den Kindern« an der Old Lake Street, New York.
April 1965	»Arbeit mit den Kindern« beginnt in Armonk, New York, und wird an der Old Lake Street weitergeführt.
August 1966	Erster Ausflug nach New Mexico mit siebzehn Kindern.

Dezember 1967	Kinderfest im Unteren Schuppen in Armonk.
Juni 1968	*Affen*-Theaterstück im Waldgelände in Armonk.
13. Januar 1969	*Affen*-Theaterstück im Zelt für vierhundert Erwachsene.
Juni–Juli 1969	Zehn Tage »Arbeit für Kinder und Erwachsene« in Armonk.
Juli 1969	Ausflug ins Onondaga-Indianerreservat.
Dezember 1969	Kinder-Theaterstück während eines Schneesturms in Armonk mit Jeanne de Salzmann als Gast.
Juli 1970	Ausflug ins Mi'kmaq-Indianerreservat in Shubenacadie, Neuschottland, mit neunzehn Kindern.
Dezember 1970	Vier Tage Arbeit im Unteren Schuppen in Armonk.
Juni 1971	Vier Aufführungen zweier Stücke, *Die Kunst des Asha* und *Der erste Tag,* in den ABZ Studios an der 78th Street, New York City.
Juli–August 1972	Zweiter Ausflug nach New Mexico zu indianischen Tänzen mit siebzehn Kindern.
Dezember 1972	Nikolaus-Werkstatt in den ABZ Studios.
Juni 1973	Padisha's Picknick für zweihundert Gäste in Armonk.
Dezember 1973	Weihnachts-Theaterstück *Die zwei Könige.*
Juni 1974	Vier Tage Arbeit im Unteren Schuppen in Armonk.

Dezember 1974 Theaterstück *Der Magnet.*

Juni 1975 Kinderausflug, um amerikanische und indianische Religionen zu studieren.

Juni 1978 Kinderausflug: Wanderung auf dem Long Trail.

Juni 1979 Aufführung des Kinder-Theaterstücks *Unterwegs* in Boston, Montreal und Cleveland.

Die »Arbeit mit den Kinder« wird fortgeführt – die Autorin schließt sich anderen Teams an.

Über die Autorin

Lillian Firestone ist eine amerikanische Schriftstellerin, Publizistin und Verlegerin mit russischen Wurzeln, aber geboren und aufgewachsen in China, wo ihr Vater 1928 eine Handelsgesellschaft gegründet hatte und die ausgedehnte Reisetätigkeit der Familie ihr lebenslanges Interesse an asiatischer Philosophie und Kultur begründete. In New York lernte sie in den frühen 1960er-Jahren die Ideen von G.I. Gurdjieff kennen und studierte jahrelang bei direkten Schülerinnen und Schülern von ihm, wie zum Beispiel Jeanne de Salzmann und Henri Tracol. Mit deren Hilfe wandte sie seine Lehre auf die praktische Erziehung von Kindern an. Sie war Herausgeberin des New Yorker Kunstmagazins *ArtSpeak,* ist zweimalige Gewinnerin des Putnam-Publishing-Literaturpreises und Mutter des Oscar-prämierten Drehbuchautors und Filmproduzenten Mark Boal.

Bildnachweis

Die Bildrechte der in diesem Buch wiedergegebenen Fotografien liegen bei The Children's Work Archive of the Gurdjieff Foundation of New York sowie bei Dushka Howarth – mit Ausnahme von: Seite 2: Adobe Stock / Mykola Velychko; Seite 12 (oben und unten): Standbilder aus dem Film *Some Moments with Mr. Gurdjieff and Others, France 1949* (youtube.com/watch?v=vc2J7IbI2tE); Seite 12 (Mitte) und Seite 172: The Collection of Gert-Jan Blom; Seite 209: Adobe Stock / Noam.

Weiterführende Literatur

ANDERSON, MARGRET C.: *The Unknowable Gurdjieff,* London: Routledge & Kegan Paul, 1962.

BENNETT, JOHN G.: *Das Durchqueren des großen Wassers – Die Geschichte einer Suche. Autobiografie,* Xanten: Chalice Verlag, 2011.

BENNETT, ELIZABETH & JOHN G.: *Monsieur Gurdjieff und seine Idioten – Paris 1949. Aus den Tagebüchern und Memoiren zweier Reisender in die Wirklichkeit,* Xanten: Chalice Verlag, 2016.

CATHOMAS ROBERT & JACOBSEN, HELGA [Herausgeber]: *Der spirituelle Hunger des Kindes – Von der Erziehung zum Werdenlassen des Seins,* Xanten: Chalice Verlag, 2018.

DE HARTMANN, OLGA & THOMAS: *Unser Leben mit Herrn Gurdjieff – Expeditionen ins Wunderbare,* Xanten: Chalice Verlag, 2019.

FREMANTLE, CHRISTOPHER: *On Attention – Talks, Essays and Letters Based on the Ideas of G.I. Gurdjieff,* edited by Lillian Firestone, New York: Indications Press, 1993.

GURDJIEFF, G.I.: *Beelzebubs Erzählungen für seinen Enkel – Eine objektiv unparteiische Kritik des Lebens des Menschen [»Erste Serie«],* Basel: Sphinx Verlag, 1981, drei Bände.

GURDJIEFF, G.I.: *Begegnungen mit bemerkenswerten Menschen [»Zweite Serie«],* Freiburg im Breisgau: Aurum Verlag, 1978.

GURDJIEFF, G.I.: *Das Leben ist nur dann wirklich, wenn »Ich bin« [»Dritte Serie«],* Basel: Sphinx Verlag, 1987.

GURDJIEFF, G.I.: *Aus der wirklichen Welt. Gurdjieffs Gespräche mit seinen Schülern in Moskau, Essentuki, Tiflis, Berlin, London, Paris, New York, Chicago. Aus den Jahren 1917–1931,* Basel: Sphinx Verlag, 1982.

HULME, KATHRYN: *Unentdecktes Land – Ein geistiges Abenteuer,* Freiburg i.Br.: Herder Verlag, 1968.

MARTIN, BRUNO: *Der verwirklichte Idiot – Die kunstvolle Psychologie von G.I. Gurdjieff,* Norderstedt: BoD, 2008.

MARTIN, BRUNO: *Gurdjieff-Praxisbuch – Übungen, Rituale und heilige Tänze zur Entfaltung des Bewusstseins,* Darmstadt: Schirner Verlag, 2008.

NOTT, CHARLES STANLEY: *Teachings of Gurdjieff – A Pupil's Journal,* London: Routledge & Kegan Paul, 1961.

OUSPENSKY, P.D.: *Auf der Suche nach dem Wunderbaren – Perspektiven der Welterfahrung und der Selbsterkenntnis,* Bern, München, Wien: Scherz Verlag, 1978.

OUSPENSKY, P.D.: *Ein neues Modell des Universums,* Basel: Sphinx Verlag, 1986.

PETERS, FRITZ: *Meine Kindheit mit Gurdjieff,* Köln: Edition Innenwelt, 2014.

RAVINDRA, RAVI: *Sehnsucht des Herzens,* Gießen: Brunnen-Verlag, 2003.

DE SALZMANN, JEANNE: *Die Wirklichkeit des Seins – Der Vierte Weg Gurdjieffs,* Xanten: Chalice Verlag, 2017.

TCHEKHOVITCH, TCHESLAW: *Gurdjieff, a Master in Life,* Toronto: Dolmen Meadow Editions, 2006.

VAYSSE, JEAN: *Unterwegs zum Selbst – Begegnung mit der Lehre Gurdjieffs,* Basel: Sphinx Verlag, 1985.

WALTER, KENNETH: *Venture with Ideas,* London: Luzac Oriental, 1996.

Chalice Verlag

Was ist das Wesen des Kindes? Was bedeutet Kind*heit* als Archetyp, als spirituelles Ideal und lebendige Wirklichkeit? Wie können wir Kindern helfen, das zu werden, was zu sein sie von der Schöpfung gedacht sind? Was können wir von ihnen lernen, da wir doch aufgerufen sind, zu werden wie sie? Wie können wir ihnen in liebender Achtsamkeit begegnen und ihnen die Art von Nahrung verschaffen, die sie in unserer Zeit brauchen? Dieses Lesebuch bietet Denkanstöße, Erfahrungsberichte und Verhaltensvorschläge aus dem Weisheitsschatz der mystischen Überlieferungen der verschiedenen Religionen wie auch von maßgeblichen Wegbereitenden einer neuen ganzheitlichen Pädagogik. Nicht nur Eltern, Betreuende und Erziehende sind hier angesprochen, sondern alle, die die »versöhnende Kraft des Kindes« (Gurdjieff) verstehen möchten, die »Achtung haben vor den Geheimnissen und den Schwankungen der schweren Arbeit des Wachsens« (Janusz Korczak) und die es sich zur Aufgabe machen, das Kind als »lebendiges menschliches Bild der Wahrheit zu umsorgen« (Bülent Rauf). Und weil letztlich »alle Bildung Selbstbildung ist« (Edith Stein), geht es dabei immer auch um unser »inneres« Kind, das, »wenn die Zeit reif ist, in uns geboren wird« (Reshad Feild). Dieses Buch kann uns helfen, zu verstehen und unsere Kinder zu lehren, was Gott zu jeder und jedem Einzelnen von uns sagt: »Du bist Mein Schmuck; du bist Meine Schönheit; du bist Meine Vollkommenheit; du bist Mein Name« (al-Dschīlī).

ISBN 978-3-942914-34-5
480 Seiten

WEITERE TITEL IM CHALICE VERLAG

Die fesselnd geschriebene und reich illustrierte Lebensgeschichte des kompromisslosen Sinnsuchers, inspirierenden Denkers und kreativen Wissenschaftlers John G. Bennett zeichnet ein spannendes Historienbild der spirituellen Strömungen des zwanzigsten Jahrhunderts. Nach einem prägenden Nahtoderlebnis im Ersten Weltkrieg lernt »JGB« bereits als junger Leiter des britischen Geheimdienstes in Istanbul, am Brennpunkt zwischen Ost und West, den Sufismus kennen und seine späteren Lehrer P.D. und Madame Ouspensky sowie den rätselhaft genialen G.I. Gurdjieff. Auch während seiner weiteren beruflichen Karriere – als Rechtsvertreter der osmanischen Sultanserben, als Mathematiker an der einheitlichen Feldtheorie, als Forscher in der Kohleindustrie und als innovativer Bildungsreformer – sucht Bennett unerschrocken weiter und fragt intelligent und respektvoll, mit universaler Bildung und gesundem Menschenverstand nach der gemeinsamen innersten Wahrheit aller Religionen. Seine jahrzehntelange Lehrtätigkeit und seine bahnbrechenden Schriften beeinflussen Tausende sinnsuchender Menschen und machen östliche Meister wie Pak Subuh, Shivapuri Baba, Idries Shah und Hasan Shushud im Westen bekannt. Schließlich findet Bennett, am Ende seines hier mit beeindruckender Ehrlichkeit bilanzierten Lebens, den Weg zur absoluten Befreiung.

ISBN 978-3-942914-02-4
525 Seiten

Diese Tagebücher aus dem Jahr 1949 zeichnen ein plastisches Bild der letzten Monate im Leben des rätselhaft-genialen spirituellen Lehrers Gurdjieff in Paris anhand der Beobachtungen und persönlichen Eindrücke zweier mit Entschlossenheit nach Selbsterkenntnis Suchender. Während John G. Bennett vorwiegend seine bohrenden Fragen und inneren Kämpfe bei der Umsetzung von Gurdjieffs Lehren schildert, beschreibt Elizabeth einfühlsam und humorvoll die Ereignisse und Personen in der illustren Gruppe von Schülern aus aller Welt, die sich an der Rue des Colonels Renard Nr. 6 um ihren Meister scharten. Für diejenigen, die wach genug waren, bot jeder Augenblick in seiner Gegenwart eine Möglichkeit zu lernen – zum Beispiel beim Ritual der Trinksprüche während der Mahlzeiten, mit dem Gurdjieff seine »Wissenschaft der Idiotie« zu veranschaulichen pflegte: eine schonungslose Bestandsaufnahme des »schlafenden Menschen« und der zahlreichen Unwägbarkeiten bei seinem Streben nach Selbstbefreiung.

Der zweite Teil dieses mit seltenem Fotomaterial reich illustrierten Doppelbandes bilden die Memoiren von Elizabeth Bennett. Darin beschreibt sie spannend und selbstkritisch ihre Jugend, den Beginn ihrer inneren Suche, ihr Zusammentreffen mit John G. und ihren gemeinsamen Lebensweg, den die beiden kompromisslos in den Dienst am »großen Werk« stellten und auf dem sie für Tausende spirituell Suchender zu wichtigen Wegweisern wurden.

ISBN 978-3-942914-14-7
348 Seiten

Wie leben wir *richtig*, sodass wir unser körperliches, geistiges und seelisches Daseinspotenzial verwirklichen und mit unserer Umwelt, unseren Mitmenschen und uns selbst in Achtsamkeit und Mitgefühl umgehen und Sinn und Zweck unseres Lebens auf der Erde erfüllen können? Der Shivapuri Baba, einer der beeindruckendsten Menschen des 19. und 20. Jahrhunderts, der ein salomonisches Alter von 137 Jahren erreichte, lehrte das Prinzip des »Rechten Lebens«, das in seinen Grundlagen bestechend einfach und gerade deshalb problemlos übertragbar ist auf jede Epoche, Gesellschaft, Kultur und Religion. Nachdem er 24 Jahre in absoluter Einsamkeit im indischen Dschungel gelebt, danach auf seiner Pilgerreise 40 Jahre lang den gesamten Erdball zu Fuß umrundet und zahlreiche historische Persönlichkeiten wie die Königin Victoria, George Bernhard Shaw oder Theodore Roosevelt beraten hatte, ließ er sich 1926 in Nepal nieder, wo er die Erkenntnisse seiner Erfahrung der spirituellen Verwirklichung lehrte. Obschon bereits zu Lebzeiten als großer Heiliger verehrt, lehnte er jeglichen Kult um seine Person vehement ab. Auf seine Bitte, seine Lehre der drei Disziplinen Rechten Lebens für die moderne Welt einfach und verständlich darzulegen, schrieb John G. Bennett diesen Klassiker der spirituellen Literatur: eine praktische Anleitung, wie wir – egal in welcher religiösen Tradition wir zuhause sind – die richtigen Prioritäten setzen, ganzheitlich leben und zu Selbsterkenntnis und Gottesschau gelangen können.

ISBN 978-3-942914-26-0

240 Seiten

Sex ist eine der machtvollsten Kräfte in unserem Leben, und doch vermögen nur die wenigsten Menschen, ihn ganzheitlich zu betrachten. Weit über Fortpflanzung und Vergnügen hinaus kommt ihm besondere Bedeutung für die spirituelle Transformation des Menschen zu. Suchenden, denen sich zu diesem Thema schwierige Fragen stellen, bietet dieses Buch neue Denkanstöße und überraschende Blickwinkel auf eines der größten Wunder und tiefsten Rätsel der Schöpfung. In den hier zusammengestellten Auszügen aus seinen Vorträgen behandelt der Naturwissenschaftler, Philosoph und spirituelle Lehrer Bennett Themen wie den Ursprung der Sexualität, ihr Verhältnis zur Liebe, die Bedeutung des Geschlechtsakts, die komplementären Rollen von Mann, Frau und Kind, Ehe und Partnerschaft, Fortpflanzung, Elternschaft, Kreativität, »negativen Sex« sowie psychologische und gesellschaftliche Aspekte.

»Die innere Spaltung des Menschen ist die Trennung seiner geistigen und materiellen Hälften. Sie führt zur Unzufriedenheit und Suche, die seine Transformation erst ermöglichen. Die wirkliche Freude am Sex liegt weder in gedanklicher Stimulation noch in emotionaler Erregung, sondern in verbesserter Klarheit, Kraft und Stärke der Erfahrung auf allen Ebenen. Im Geschlechtsakt können wir wahrhaft wir selbst sein, und dies sollte uns in Sachen Sex sehr feinfühlig machen.«

ISBN 978-3-942914-06-2
120 Seiten

»Chanting«, das meditative, rhythmische Singen einfacher Tonfolgen, wirkt spürbar fördernd für unser körperliches, seelisches und geistiges Gleichgewicht. Dieses archaische Vokaltönen steigert unser Wohlbefinden und vermag, im stressigen Alltag eine heilende Wirkung auf vielen Ebenen zu entfalten. Besonders in der Verbindung mit Meditationstechniken und Bewegungsformen wie zum Beispiel Yoga oder Qi-Gong gewinnt »Heilsingen« als Therapieform immer größere Bedeutung. Dabei liegt dem Chanting ein jahrtausendealtes spirituelles Wissen über das Verbinden von »Himmel und Erde« zugrunde, das in hinduistischen und buddhistischen Mantras ebenso anklingt wie in gregorianischen Chorälen und vielen Gesangsritualen indigener Völker auf der ganzen Welt. Dieser praktische Ratgeber ist auch für ungeübte Sängerinnen und Sänger bestens geeignet. Er führt in verschiedene Methoden des Vokaltönens ein und präsentiert viele Chanting-Übungen sowie begleitendes Tonmaterial zum Gratis-Download aus dem Internet. Der Autor vermittelt seine Anleitungen auf Basis jahrzehntelanger Erfahrung als Musiker und mit einem profunden Wissen über die grundlegenden Zusammenhänge von Chanting und Harmonielehre, Schwingungstheorie, Oktavengesetz, Atemkunst, Körperarbeit, Meditation, Achtsamkeit und Geomantie. Dabei lernen wir auch, den »Klängen« von Kunstwerken der Malerei oder von Kraftorten in der Natur zu lauschen und deren Resonanz in uns heilend wirksam werden zu lassen.

ISBN 978-3-942914-36-9
212 Seiten

Guter Geschmack will gelernt sein: *Le bon-goût s'apprend.* Das gilt insbesondere für das spirituelle Schmecken der Einheit des Seins. In dieser einzigartigen Anthologie beschreiben liebestrunkene Sufis, wahrheitshungrige Gnostiker, erkenntnisdurstige Geisterseher und verschmitzt-weise Skandalgurus, hingebungsvolle Brotbäcker, humorbegnadete Geschichtenerzähler, ägäisverzauberte Lebensreisende und extremfastende Meisterspione Möglichkeiten und Wege, das Feine vom Groben zu unterscheiden, das Obere mit dem Unteren zu verbinden und so die scheinbare Trennlinie zwischen dem Körperlichen und dem Spirituellen zu überwinden. Wenn wir die ›Küchenarbeit an uns selbst‹ in der richtigen, nämlich dienenden Haltung angehen, kultivieren wir in uns diesen guten, feinen Geschmack für die Nähe Gottes. Bewusstes Kochen und Gekochtwerden lässt uns die Heiligkeit in der Transformation von Äußerem und Innerem entdecken.

Neben Ausgesuchtem von Dschalāl ad-Dīn Rūmī, Bahauddin Walad, Hafis, Khalil Gibran, Bülent Rauf, Reshad Feild, Muzaffer Ozak, G.I. Gurdjieff, P.D. Ouspensky, Idries Shah, Osho, Scotus Eriugena, Emanuel Swedenborg oder Henry Miller finden sich hier zum ersten Mal auf Deutsch vorliegende Trouvaillen von Annemarie Schimmel, Muḥyīddīn Ibn 'Arabī, John G. Bennett, Christopher Bamford und Paul Dukes.

ISBN 978-3-942914-20-8
324 Seiten

Der erste Teil der autobiografischen Trilogie von Reshad Feild: ein echter Klassiker der modernen spirituellen Literatur und eines der großen Selbstzeugnisse mystischer Sinnsuche, das in den vergangenen vierzig Jahren weltweit Hunderttausende von Lesern beeindruckt hat.

In dieser packend erzählten Geschichte begleiten wir einen jungen Engländer auf seiner abenteuerlichen Suche nach der wirklichen Bedeutung des Lebens und den allerletzten Wahrheiten. Unter der Führung des geheimnisvollen Antiquitätenhändlers Hamid, der sich im Laufe dieses ›metaphysischen Roadmovies‹ als ein strenger spiritueller Lehrer entpuppt, entwickelt sich Reshads Interesse an den Derwischen des Nahen Ostens zu einer äußeren wie inneren Entdeckungsreise zu heiligen Stätten, weisen Menschen und tiefen Einsichten in die Wirklichkeit der Welt. Unter härtesten Prüfungen, die sein westliches Denken erschüttern, wird er in die inneren Lehren des Sufismus eingeführt und mit den Geheimnissen des Atems, der spirituellen Bedeutung der Jungfrau Maria und den gemeinsamen Wurzeln der jüdischen, christlichen und islamischen Traditionen vertraut gemacht. Schritt für Schritt beginnt er, die Heiligkeit allen Lebens zu verstehen, und erfährt die Liebe als die Erste Ursache der Schöpfung, bevor ihm schließlich die Erkenntnis der Einheit des Seins gewährt wird.

»Eine eloquente Orchestrierung, die von sehr hoher Kreativität zeugt« (*The Times*). »Wenn Sie sich für die Weisheit dieses Buches öffnen, wird es Ihr Leben verändern« (Ellen Burstyn).

ISBN 978-3-942914-11-6
216 Seiten

Ein Schatz tiefer Einsichten aus spiritueller Perspektive in das große Mysterium des Atems. Inspirierende Vorträge, praktische Übungsanleitungen und eine Auswahl poetischer Texte aus unterschiedlichsten Traditionen laden uns ein, den Atem als Wunder auf vielen Ebenen zu erforschen.

Was ist dieser Atem? Welche Bedeutung liegt in diesem Leben spendenden Geheimnis? Wie wichtig ist das bewusste Atmen für echte spirituelle Transformation? Was sagt uns die Tatsache, dass unser Leben all seine Möglichkeiten zwischen einem Einatmen und einem Ausatmen entfaltet? Wie hängt das alles mit dem Rhythmus des Universums und der Zeit zusammen? Welche Rolle spielt der Atem im »Werden des Seins« aus dem immerwährenden »Schoß des Augenblicks«? Wie können wir Nahrung einatmen und sie ins alchimistische Exilier destillieren, das wir für die nachhaltige Verwandlung unseres Lebens brauchen? Wie können wir ausatmen, um die Atmosphäre in einem Raum oder in einer Situation zu verändern, in Verantwortung für unsere Mitmenschen und für die »kommende Welt«? Was könnte es bedeuten, dass Jesus »auf dem Wasser wandelte« und dass »Atem und Geist eins sind«? Welches ist die esoterische Beziehung zwischen Maria, Jesus, dem Geist Gottes, *Ruh Allāh,* und Christus?

Vor dem Hintergrund seines lebenslangen Studiums der inneren Essenz der Sufi-Lehren liefert uns der Autor Gedankenanstöße und praktische Tipps zur Atemarbeit in unserem Alltag.

ISBN 978-3-942914-09-3
172 Seiten

Ein liebenswürdiger Bär, der Shakespeare und ʿIbn Arabī liest, mit seinem Freund Jones bei Bier und Whiskey über die hintergründige Tragikomödie des Lebens philosophiert und obendrein Saxofon spielt wie ein junger Gott – solche vielfarbigen Fäden verwebt Rafi Zabor hier zu höchst unterhaltsamer, humorvoller, großartiger Literatur, die den Leser von der ersten bis zur letzten Seite fesselt. Auf seinem herzergreifend menschlichen Selbstfindungsabenteuer schlägt sich unser tierischer New Yorker Held mit seiner glühenden Leidenschaft für wahrhaft guten Jazz durch dorniges Dickicht seinen Einstieg ins Musikerleben. Er bewährt sich auf der Flucht vor der Polizei und hinter Gefängnismauern, tourt mit ziemlich abgedrehten Bandmitgliedern durch die amerikanische Provinz, spielt sich in verrauchten Jazzclubs die Seele aus dem Leib und gerät in die Fänge einer brennenden Liebe zur schönen Biologin Iris, bevor er nach vielen Irrungen und Wirrungen schließlich sein wirkliches Zuhause findet. Den Klängen dieses Lebens in mitreißenden Rhythmen, bezaubernden Akkordfolgen und überraschenden Tempowechseln folgend, wächst uns in diesem Buch ein großer Liebender und Menschenfreund mit seinen tiefen geistigen Einsichten und seiner unerschrockenen Daseinsfreude mit jeder Zeile näher an unser Bärenherz. Phantasievoll, spannend, intelligent, witzig, cool und sehr erotisch – kurzum ein jazziger Roman auf hohem sprachlichem Niveau in der meisterhaften deutschen Übersetzung von Karsten Singelmann.

ISBN 978-3-942914-22-2

528 Seiten

Eine ebenso spannende wie humorvolle, tiefgründige wie lehrreiche Liebes- und Abenteuergeschichte über Verlust und Neubeginn, über den Auszug aus der eigenen kleinen Welt und das Erwachen im großen Unbekannten. Es treten auf: Daud, ein erfolgreicher Kaufmann von der Mittelmeerinsel Aruad; Takla, eine junge Köchin im berühmten Nonnenkloster von Saidnaya; und Shams, ein alter Ziegenbock aus den Hügeln über Damaskus. Diese drei Unerschrockenen begleitet die *Damaszener Trommel* durch die syrische Landschaft des neunzehnten Jahrhunderts, mit ihrem vielgesichtigen Kaleidoskop von Völkern, Kulturen und Religionen aus der Levante, auf ihrer abenteuerlichen Reise durch Zeit und Raum und darüber hinaus. Eine zauberhafte Erzählung über Liebe und Selbsterkenntnis, Mut und Vertrauen, Schicksal und Bestimmung, Hingabe und Freiheit. In dieser modernen Tausendundeine-Nacht-Geschichte voller Überraschungen erleben wir die Abgründe des allzu Menschlichen und höchste Menschlichkeit, Niedertracht und Großmut, kriminelle Machenschaften und spirituelle Höhenflüge und begegnen Bösewichten und Helden, Narren und Weisen – und jeder Menge Ziegen. Christopher Ryan studierte Persisch und Osmanisch und schrieb als profunder Kenner der Menschen und Traditionen im Nahen Osten viele Jahre für englische Zeitschriften. In der *Damaszener Trommel* zieht er uns augenzwinkernd in den Bann einer höheren Wirklichkeit, die er im Stil des Magischen Realismus lebendig werden lässt.

ISBN 978-3-942914-21-5

300 Seiten